KB047640

글로벌 트렌드
2035

이 도서의 국립중앙도서관 출판예정도서목록(CIP)은 서지정보유통지원시스템 홈페이지(http://seoji.nl.go.kr)와 국가자료공동목록시스템(http://www.nl.go.kr/kolisnet)에서 이용하실 수 있습니다. (CIP제어번호: CIP2017003158)

G L O B A L

T R E N D S

글로벌 트렌드 2035

진보의 역설

미국 국가정보위원회(NIC) 지음 | 박동철 외 옮김

P A R A D O X

O F

P R O G R E S S

Contents

일러두기

이 책은 미국 국가정보위원회에서 2017년 1월에 발표한 "Global Trends: Paradox of Progress"를 완역한 것입니다.

미국 국가정보위원회 및 '글로벌 트렌드' 보고서에 관한 자세한 정보 및 원문은 다음 웹페이지(영문)에서 찾아보실 수 있습니다. ☞ https://www.dni.gov/index.php/about/organization/national-intelligence-council-global-trends

옮긴이의 글

여전히 세계 유일의 초강대국 지위를 누리는 미국은 패권 유지를 위해 전 세계를 대상으로 정보활동을 벌이고 있다. 세계경찰의 일익을 담당하는 미국 정보공동체는 CIA, FBI 등 16개 정보기관(20만 명)으로 구성되며, 연간 약 700억 달러의 예산을 쓰고 있다. 특히 9·11 사태에 대한 반성으로 2004년에 정보개혁·테러방지법이 제정되고 정보공동체를 통할하는 막강한 권한이 부여된 국가정보장(Director of National Intelligence: DNI) 직책이 신설되었다. 국가정보위원회(National Intelligence Council: NIC)는 국가정보장의 직속기관(국가정보장실 조직은 국가정보위원회, 국가대테러센터 등 7개 센터와 감찰실 등 15개 실로 구성) 가운데 하나다.

국가정보위원회는 국가정보관(National Intelligence Officer: NIO)으로 불리는 12명의 분야별·지역별 전문가를 중심으로 매년 외부 위협을 전략적으로 평가한 국가정보판단서(National Intelligence Estimate: NIE)를 생산해 정보공동체 내에 배포하며, 특히 중장기 전략과 정책 구상을 위해 1997년 11월부터 4년마다 향후 20년을 내다보는 미래 예측 보고서를 작성해 왔다. 이 책은 그 여섯 번째 작품인 『글로벌 트렌드: 진보의 역설(Global Trends: Paradox of Progress)』(2017년 1월)을 완역한 것이다.

국가정보위원회는 종래 관행대로 트럼프 행정부 출범을 앞두고 향후

4년간의 국정운영을 구상하는 데 참고토록 이 보고서를 제출하고 대외적으로 공개(2017년 1월 9일)했다. 이 보고서 공개가 당초 예상보다 한 달 정도 늦어진 것은 지난해 러시아가 사이버 해킹을 통해 미 대선에 개입했다는 의혹을 둘러싸고 트럼프와 정보공동체 간 알력이 있었기 때문일 것이다. 이번 보고서는 종전과 달리 제목에 오해를 불러일으킬 연도 표기를 없앴으며(번역서에는 기존 '글로벌 트렌드' 시리즈와 구분하기 위해 책 제목에 '2035'를 넣었다), 2035년까지의 세계 추세에 관한 장기 예측 외에 각 지역별 정세에 관한 향후 5년의 단기 예측을 추가했다. 후자는 국가정보위원회의 미래 예측 프로젝트가 4년 임기의 신행정부 정책에 맞춤형으로 봉사하기 위한 조치로 평가된다.

이 프로젝트를 진두지휘한 그레고리 트레버턴 국가정보위원회 의장은 하버드와 컬럼비아 대학 교수를 거쳐 하원 정보위원회와 국가안보회의(National Security Council: NSC)에서 근무한 후 국가정보위원회 부의장과 랜드연구소 글로벌 위험·안보센터 소장을 역임했다. 국가안보·정보 분야에 정통한 그는 최근에 『정보화 시대의 국가정보 개편』, 『정보 분석의 혁신』(2010, 한울) 등을 저술한 석학이다. 그는 자신의 저서에서 '정보의 정치화'도 문제지만 정책과 무관한 정보는 더 큰 문제라고 지적했는데, 이러한 지론에 따라 이번 프로젝트에서 '정보의 정책 관련성'을 특별히 강조하면서 보고서 틀까지 확 바꾼 것으로 보인다.

트럼프 신임 대통령은 선거 과정에서 '미국 우선주의(America First)'를 내세워 세계경찰 역할을 축소하는 신고립주의 성향을 보였지만, 현실에서는 그러한 파격적인 공약을 그대로 이행하기보다 기존 노선을 존중하는 유화적인 정책이 불가피할 것이다. 이에 따라 경제적으로는 보호무역주의를 강력히 추진하고, 외교나 안보 면에서는 공세적 개입보다는 동맹국들의 비용 추가 부담을 요구하면서 미국의 패권 전략을 유지할 것으로 보인다.

지금 한국은 저성장과 양극화, 정치적 격변, 북한 핵 등 안팎으로 엄중한 도전에 직면해 있다. 이에 대응하여 한국의 정치권과 차기 정부는 국가체제를 재정비해야 하고 기업은 새로운 성장 동력을 찾아야 할 것이다. 인불원려난성업(人不遠慮難成業)이라는 말 그대로 근시안적 처방보다 멀리 보는 해법이 필요한 이때, 세계의 장기 추세와 그 함의를 보여주는 이 보고서가 우리의 정치 리더십과 기업이 미래 비전을 설계하는 과업에 하나의 준거가 되리라고 확신한다. 끝으로 이 책이 출간되는 데 지원을 아끼지 않은 한울엠플러스(주) 편집부에 깊이 감사드린다.

2017년 1월

옮긴이를 대표하여

박동철

미국 국가정보위원회 의장 서한

미래에 관해 생각하는 것은 필수적이지만 어려운 일이다. 위기가 계속 발생하기 때문에 우리 시야에 들어오는 일일 머리기사 너머로 무엇이 있는지 본다는 것은 거의 불가능하다. 이러한 환경에서, 상투적 표현이지만, '우물 밖'을 생각한다는 것이 결국에는 우물 안에 머무르는 경우가 허다하다. 바로 이 때문에 4년마다 국가정보위원회는 향후 20년에 걸쳐 어떠한 힘과 선택이 우리가 사는 세계의 모습을 결정할 것인지 평가하는 중요한 작업을 수행한다.

그러한 작업 시리즈의 여섯 번째인 이번 판에 대해 우리는 자랑스럽게 생각하며, '글로벌 트렌드: 진보의 역설'이라는 제목을 붙였다. 이번 판은 보고서처럼 보이지만 하나의 초대장으로서 미래가 어떻게 펼쳐질지에 관해 더 토론하고 탐구하도록 초대하는 것이다. 분명히 우리는 확실한 '답'을 가지고 있다고 주장하지 않는다.

장기적 사고는 전략을 구상할 때 대단히 중요하다. '글로벌 트렌드' 시리즈를 통해 우리는 미래에 관한 핵심적 가정과 기대, 불확실성을 재검토하게 된다. 서로 얽혀 있고 아주 엉망인 세계에서 우리가 장기적으로 보려면 향후 몇십 년에 걸쳐 어떤 쟁점과 선택이 – 반드시 최대 표제어가 되지는 않더라도 – 가장 중요할 것인지에 관해 어려운 질문을 던져야 한다.

또한 테러리즘, 사이버 공격, 바이오기술, 기후변화 등과 같은 쟁점은 중대한 이해관계가 걸려 있으며, 그 해결에는 지속적인 협동이 필요하기 때문에 장기적 시각이 중요하다.

우리는 미래를 내다볼 때 두려울 수 있으며 확실히 겸손해진다. 사태는 우리의 두뇌가 저절로 접속되지 않을 만큼 복잡하게 전개된다. 경제적·정치적·기술적·문화적 힘들이 어지럽게 충돌하기 때문에 우리는 최근의 극적인 사태를 더욱 중요한 사태와 혼동할 수 있다. 사람들이 '합리적으로' 행동할 것이라고 가정하는 것은 솔깃하기도 하고 대체로 온당하지만, 비슷한 환경에서 지도자나 단체, 군중, 일반 대중은 아주 다르게 – 또한 예상 밖으로 – 행동할 수 있다. 예를 들어, 우리는 대부분의 중동 지역 정권이 매우 취약하다는 것을 오랫동안 알고 있었으나, 2011년 아랍의 봄 때 일부 정권은 무너지고 일부는 무너지지 않았다. 우리는 대부분의 역사가 주기적으로 변화하면서 전개된다는 것을 경험상 알고 있으나, 일반적으로 내일이 오늘과 대동소이할 것으로 기대하는 것이 인간의 본성이다. 이러한 기대는 빗나갈 때까지는 대체로 미래에 관한 가장 안전한 예측이다. 나는 늘 레이건 대통령의 '악의 제국' 연설과 그 제국, 즉 소련의 소멸 사이에 인생에서도 비교적 짧은 시간인 10년이 채 걸리지 않았다는 사실을 상기한다.

또한 우리가 의식하지 않고 머릿속에 넣고 다니는 가설이 미래 예측을 어렵게 만든다. 최근 문득 떠오른 것인데, 대부분의 미국인은 '번영 가설'을 마음 깊숙이 간직하고 있으나 거의 인식하지 못한다. 우리는 번영과 더불어 모든 것이 좋아진다고, 다시 말해 사람들이 더 행복해지고 더 민주적으로 되며 남들과 전쟁할 가능성이 줄어든다고 상정한다. 그러나 우리는 이러한 가설이 전혀 맞지 않는 ISIS(이라크·시리아 이슬람국가) 같은 단체와 맞서고 있다.

미래에 관해 생각할 때에 따르는 이러한 도전 과제를 고려해, 우리는 특정한 세계관에 매달리기보다 분석의 기본을 폭넓게 원용하여 고수하려고 했다. 2년 전 우리는 핵심적 가설과 불확실성을 파악하는 연습을 시작했는데, 미국 대외 정책의 기본 가설은 놀랍게도 너무 많았으며 반쯤 효력을 상실한 것이 다수였다. 우리는 추세를 식별하고 검증하기 위해 연구를 수행하고 미국 정부 내외의 수많은 전문가와 상의했다. 우리는 블로그를 통해 초기의 주제와 주장을 검증했다. 우리는 36개 국가·지역을 방문하여 전 세계 온갖 계층의 2500여 명 인사에게 아이디어를 구하고 조언을 들었다. 우리는 핵심적 불확실성이 여러 가지 미래에 어떻게 투영될 것인지 상상하기 위해 다수의 시나리오를 개발했다. 그리고 국가정보위원회는 다양한 흐름을 모으고 다듬어서 이 책 속에 담았다.

'글로벌 트렌드' 시리즈의 이번 판을 관통하는 중심 주제는, 달라지는 권력의 본질이 어떻게 국가 내에서 또는 국가 간에 갈등을 증가시키는가, 그리고 성가신 초국가적 쟁점과는 무슨 관계가 있는가다. 본문은 핵심 추세를 제시하고 그 함의를 탐구하며 독자에게 세 가지 시나리오를 제공해 여러 가지 선택과 동향이 향후 수십 년에 걸쳐 어떤 식으로 다양하게 작용할 것인지를 상상하도록 돕는다. 부록 두 편이 상세한 내용을 제시하는데, 첫 번째 부록은 세계 각 지역별로 5년 예측을 제시한다. 두 번째 부록은 핵심 글로벌 트렌드에 관해 차례로 좀 더 많은 맥락을 제공한다.

국가정보위원회가 정기적으로 세계정세에 관한 공개 평가서를 발간한다는 사실에 놀라는 사람들이 더러 있으나, 우리의 의도는 미래의 위험과 기회에 관해 정통한 공개 토론을 고무하는 데 있다. 나아가 '글로벌 트렌드' 시리즈가 비밀로 분류되지 않는 것은 우리의 일상 업무를 지배하는 보안성 검토가 1~2년 이상을 내다보는 데 그리 도움이 되지 않기 때문이다. 정말로 도움이 되는 것은 전문가와 공무원뿐 아니라 학생, 여성단체,

기업가, 투명성 옹호자 등과 폭넓게 접촉하는 일이다.

이 프로젝트를 완성하는 데는 많은 사람의 품이 들었다. 수전 프라이 박사가 이끌고 리치 엥겔, 필리스 베리, 헤더 브라운, 케네스 다이어, 대니얼 플린, 자네타 포드, 스티븐 그루브, 테런스 마킨, 니콜라스 무토, 로버트 오델, 로드 스쿠노버, 토머스 스토크, 그 밖의 수십 명의 부(副)국가정보관(Deputy NIO) 등 재능이 뛰어난 구성원들이 소속된 국가정보위원회의 '전략적 미래 그룹'에서 이 힘든 작업을 수행했다. 우리는 중앙정보국(CIA)의 빼어난 그래픽·웹 디자이너들과 생산 팀뿐 아니라, 신중하고 꼼꼼하게 검토해준 국가정보위원회 편집관들의 노고를 치하한다.

『글로벌 트렌드』는 미래에 관한 국가정보위원회의 견해를 반영하며, 미국 정보공동체의 조율된 공식 견해나 미국의 정책을 나타내는 것은 아니다. 오래된 독자들은 이번 판 제목에 연도 표시(전판의 제목은 『글로벌 트렌드 2030』이었다)가 없다는 사실에 주목할 것이다. 이는 연도를 표시하면 정밀하다는 오해를 불러일으킬 것으로 생각했기 때문이다. 우리로서는 향후 수십 년에 걸친 '장기'를 내다보지만, 미국의 새로운 행정부를 위한 시간표상 앞으로의 5년을 탐구하는 것이 더 적절하다고 보고 이번 판에 반영했다.

우리는 『글로벌 트렌드』가 여러분의 사고를 확대하기 바란다. 여러분이 앞날에 대해 아무리 낙관적이거나 비관적이라도 세계가 당면한 핵심 쟁점과 선택을 탐구하는 일은 수고할 가치가 있다고 우리는 믿는다.

미국 국가정보위원회 의장

그레고리 트레버턴(Gregory Treverton)

Gregory F Treverton

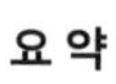

요약

우리는 역설의 시대에 살고 있다. 산업화·정보화 시대의 성취에 힘입어 과거 어느 때보다 더 위험하면서도 기회가 더 풍부한 세계가 만들어지고 있다. 가능성이 이길지, 아니면 위험성이 이길지는 인류의 선택에 달려 있을 것이다.

과거 수십 년간의 진보는 역사적인데, 그 과정에서 사람들이 연결되고 개인·단체·국가의 힘이 증대했으며 10억 인이 빈곤에서 벗어났다. 그러나 바로 이 진보가 또한 아랍의 봄, 2008년 세계 금융위기, 민중영합주의(populism), 즉 반(反)기득권 정치의 세계적 부상 등과 같은 충격을 낳았다. 이러한 충격은 성취가 매우 취약했음을 드러내며, 그에 따른 세계 판도의 심층 변화는 가까운 미래가 어둡고 힘들 것이라는 징조다.

향후 5년 동안 국가 내에서, 그리고 국가 간에 갈등이 고조될 것이다. 점차 복잡다단해지고 있는 세계적 도전이 임박함에 따라 세계의 성장이 둔화될 것이다. 확대일로에 있는, 국가와 단체, 유력 개인의 영역이 지정학을 형성할 것이다. 좋건 나쁘건 새로운 세계 판도는 냉전에 이은 미국 지배 시대의 종식을 향해 다가가고 있다. 아마 제2차 세계대전 이후 등장한 룰 기반의 국제질서도 그럴 것이다. 국제적으로 협력하고 대중이 기대하는 대로 통치하기란 훨씬 더 힘들 것이다. 비토 세력은 고비마다 협동을 저지하겠다고 위협하는 한편, 정보의 '메아리 방들'은 끊임없이 경쟁하는 현실을 부추김으로써 세계적 사건에 대한 공감대를 저해할 것이다.

이러한 협력 위기의 근저에는 경제문제부터 환경, 종교, 안보, 개인의 권리에 이르는 일련의 쟁점에 걸쳐 정부의 적정한 역할을 둘러싼 지역·국가 내의 분열과 국가 간의 차이가 작용할 것이다. 도덕적 범위 – 누구에게 무엇을 빚졌는가 – 를 둘러싼 논란이 더욱 두드러지는 한편, 국가 간에 가치관과 이해관계가 벌어짐으로써 국제안보가 위협받을 것이다.

이처럼 명백한 혼란에 대해서는 질서를 강제하는 것이 솔깃한 유혹으로 다가오겠지만, 궁극적으로 그러한 조치는 단기적으로 비용이 너무 크며 장기적으로 실패할 것이다. 여러 영역에서 수적으로 늘어나고 힘이 세진 지배적 행위자들은 재정 제약과 채무 부담이 가중된 저성장 시대에 수용할 수 없을 정도로 자원을 요구할 것이다. 국내적으로 그렇게 되면 민주주의가 종식되고 독재나 불안정으로 이어질 것이다. 유형적 힘이 여전히 지정학적 국력에 필수적이겠지만, 미래의 가장 강력한 행위자는 경쟁과 협력을 위한 네트워크와 관계, 정보력에 의지할 것이다. 이것이 1900년대 강대국 정치의 교훈이다. 강대국들이 그 교훈을 배우고 또 배워야 했지만 말이다.

미국과 소련의 대리전, 특히 베트남 전쟁과 아프가니스탄 전쟁은 냉전 이후 분쟁과 오늘날 중동, 아프리카, 남아시아에서 벌어지고 있는 전투의 전조였다. 오늘날 이러한 지역의 전투에서는 힘이 약한 일방이 비대칭 전략과 이념 및 사회 갈등을 통해 타방의 승리를 거부한다. 점차 기승을 떨치는 작은 단체와 개인이 신기술과 아이디어, 관계를 이점으로 활용함으로써 앞으로 수십 년 동안 테러리즘 위협이 증가할 것이다.

한편 국가는 여전히 고도의 존재감을 발휘할 것이다. 중국과 러시아는 대담해질 것이나, 역내 침략국과 비국가행위자들은 자신의 이익을 추

구할 틈새를 찾을 것이다. 미국에 관한 불확실성, 내부 지향적인 서구, 분쟁 예방과 인권을 위한 규범의 붕괴 등이 중국과 러시아로 하여금 미국을 견제하도록 고무할 것이다. 중국과 러시아가 그러는 과정에서, 양국의 '회색지대' 침공과 다양한 형태의 교란은 열전의 문턱을 넘지는 않겠지만 심각한 오판 위험을 초래할 것이다. 유형적 힘으로 상황 악화를 관리할 수 있다는 과신은 국가 간 분쟁의 위험을 냉전 이후 최고 수준으로 높일 것이다. 비록 열전을 회피하더라도, 기후변화와 같이 '가능한 분야의 국제 협력'이라는 현행 패턴은 국가 간 가치관과 이해관계의 중대한 차이를 가리며, 역내 패권 주장을 억제하지 못한다. 이러한 추세는 세력권으로 나뉘는 세계를 향하고 있다.

국내 전선의 상황이 그다지 좋지 못한 국가가 많다. 수십 년 동안의 세계화 통합과 기술 발전에 힘입어 부자들은 더 부유해지고 10억 명(대부분이 아시아인)이 가난에서 벗어났지만, 그 때문에 서구의 중산층이 공동화되고 세계화에 대한 반발이 일어나기도 했다. 현재의 이주 흐름은 과거 70년보다 더 큰데, 이는 복지 재원 고갈과 일자리 경쟁 심화라는 망령을 불러일으키고 있으며 토착주의와 반엘리트주의 충동을 자극하고 있다. 기술로 인한 노동시장 교란은 성장 둔화와 더불어 앞으로 빈곤 축소를 위협하고 국내 갈등을 고조시킬 것이며, 이는 다시 국가 간 갈등을 유발하는 민족주의를 부추길 것이다.

그러나 가까운 미래가 이처럼 암울할 것으로 단정할 수는 없다. 향후 5년이나 20년이 밝을 것이냐 어두울 것이냐는 다음과 같은 세 가지 선택에 달려 있다. 첫째, 개인의 힘이 증대되고 경제가 급변하는 시대에 정치 질서를 창출하기 위해 개인과 단체, 정부는 어떻게 서로에 대한 기대를 재조정할 것인가? 둘째, 개인과 단체뿐 아니라 주요 강대국들은 어떻게 국제적 협력과 경쟁의 새로운 형태와 틀을 짤 것인가? 셋째, 정부나 단체,

개인은 기후변화나 혁신적 기술 같은 글로벌 쟁점에 대해 오늘날 어느 정도까지 대비할 것인가?

세 가지 이야기 내지 시나리오 – '섬', '궤도', '공동체' – 는 중요한 추세와 선택들이 어떻게 교차하여 미래에 이르는 여러 경로를 만들 것인지를 탐색한다. 이 시나리오들은 단기적 변동에 대해 각각 국가 수준(섬), 지역 수준(궤도), 준국가·초국가 수준(공동체)에서 보이는 서로 다른 반응을 강조한다.

- **섬 시나리오**는 세계경제의 구조조정을 조사하는데, 여기서는 세계경제가 장기간의 저성장 내지 제로성장에 이르러 경제 번영의 전통적 모델과 세계화가 계속 확대될 것이라는 가정에 대해 이의를 제기한다. 이 시나리오는 세계화에 대해 대중의 반발이 커지고 신기술이 일과 직업을 변모시키며 정치 불안이 고조됨에 따라 사회의 경제적·물리적 안전 요구를 충족시켜야 하는 정부가 직면하는 도전 과제를 강조한다. 이 시나리오에서 내부 지향의 유혹을 받는 정부가 마주할 선택은 다변적 협력에 대한 지지를 철회하고 보호무역주의 정책을 채택하는 것이지만, 경제 성장과 생산성의 새로운 원천을 발굴하는 길을 찾아낼 다른 선택도 있다.
- **궤도 시나리오**는 갈등의 미래를 탐사하는데, 여기서는 주요 강대국들이 국내 안정을 유지하려고 하면서 자국의 세력권을 추구하는 경쟁을 벌임으로써 갈등이 조성된다. 이 시나리오는 민족주의 발호 추세, 분쟁 유형 변화, 파괴적 신기술 등장, 세계 협력 축소 등이 어떻게 엮여서 국가 간 분쟁 위험을 높이는지를 검토한다. 이 시나리오는 정부가 결정할 정책 선택에 따라 안정과 평화가 강화되거나 갈등이 더욱 악화될 것임을 강조한다. 이 시나리오에는 특별히 핵무기 이

야기가 포함되었는데, 홧김에 핵무기를 사용한 것이 세계의 마음을 하나로 만들어 다시는 핵무기가 사용되지 않는다는 내용이다.

- **공동체 시나리오**는 대중의 기대가 커지는 반면에 중앙정부의 역량은 줄어들면서 지방정부와 민간 행위자들이 활약할 공간이 열리며 통치의 의미에 대한 전통적 가정에 의문이 제기되는 과정을 보여준다. 여기서 정보기술은 모든 것을 가능하게 하는 핵심적 조력자이며, 기업이나 옹호단체, 자선기관, 지방정부가 중앙정부보다 더 민첩하게 서비스를 제공함으로써 주민을 자기편으로 끌어들인다. 대부분의 중앙정부는 여기에 저항하지만, 일부 권력을 신흥 네트워크에 이양하는 중앙정부도 있다. 중동부터 러시아에 이르기까지 어디서나 통제는 더 힘들다.

책 제목인 '진보의 역설'이 함축하듯이 단기적으로 위험을 야기하는 추세는 장기적으로 더 좋은 결과를 가져올 기회를 창출할 수도 있다. 세계가 다행히 이러한 기회를 이용할 수 있다면 미래는 우리의 세 가지 시나리오가 시사하는 것보다 더 자애로울 것이다. 놀람과 불연속성으로 가득 찬 새로운 세계 판도에서 그러한 기회를 이용할 능력이 가장 큰 국가나 단체는, 여건 변화에 적응하고 뜻밖의 역경에 부딪혀도 굴하지 않으며 재빨리 회복 조치를 취할 수 있을 만큼 회복력 있는 국가나 단체일 것이다. 이들은 기반시설, 지식, 관계에 투자함으로써 충격이 경제적이든 환경적이든 사회적이든 사이버를 통한 것이든 간에 그 충격을 관리할 수 있을 것이다.

이와 비슷하게 가장 회복력 있는 사회는 여성이든 소수집단이든 아니면 최근의 경제·기술 추세로 타격을 입은 사람이든 모든 개인의 잠재력을 끌어내서 포용하는 사회일 것이다. 이러한 사회는 역사의 흐름을 거스르기보다 그 흐름을 타면서 끊임없이 팽창하는 인간 기량을 활용해 미래를 창조할 것이다. 모든 사회에는 가장 암울한 환경에서도 혁신적 기술을 채용해 다른 사람의 복지와 행복, 안전을 증진시키기를 택하는 사람들이 있을 것이다. 그 반대되는 경우로 파괴적 세력이 전에 없이 득세할 수도 있지만, 정부와 사회가 풀어야 할 핵심 과제는 어떻게 개인적·집단적·국가적 자산을 혼합해 지속적인 안전과 번영, 희망을 낳는 방향으로 나아갈 것이냐다.

GLOBAL TRENDS
PARADOX OF PROGRESS

미래 지도

THE MAP OF THE FUTURE

우리의 미래 이야기는 하나의 역설에서 시작해 그 역설로 끝난다. 그 역설이란 지난 수십 년간의 진보에도 불구하고, 가까운 미래가 어둡고 힘든 미래가 될 것임을 시사하는 세계적 추세가 다른 한편에는 좀 더 희망적이고 안전한 미래를 낳을 선택의 기회도 내포하고 있다는 사실이다. 이 보고서에서 우리는 여러 시점, 여러 시각에서 미래를 탐구하고 갑자기 불연속성이 나타날 위험과 천천히 움직이는 깊은 변화를 설명하며 결정 시점을 표시한다.

우리는 세계의 판도를 바꾸는 '**핵심 추세**'의 탐사부터 시작하여 현재의 역설을 밝힌다. 또한 우리는 최근 들어 세계정세가 왜 어떻게 더욱 도전적으로 되었는지를 진단하기 위한 방편으로서 그러한 핵심 추세가 어떻게 '**힘·거버넌스·협력의 본질을 바꾸고**' 있는지 논의한다.

별다른 개인적·정치적·기업적 선택이 없기 때문에 추세와 역학 관계의 현행 궤적이 '**갈등이 고조되는 가까운 미래**'에도 이어질 것이다.

우리는 기어를 바꾸어 '**먼 미래를 보는 세 가지 시나리오, 즉 섬, 궤도, 공동체**'를 통해 추세가 향후 20년에 걸쳐 어떻게 전개될 것인가 그 궤적을 탐사한다. 각 시나리오는 밝은 미래와 어두운 미래 중 어디로 향하게 될지를 가르는 결정 시점을 식별하고, 대외 정책 기획과 구상을 위한 함의를 도출한다.

끝으로 우리는 미래에 그저 대응하기보다 미래를 창조하는 데서 맞이할 잠재적 기회와 대가에 관해 세 가지 시나리오가 제시하는 교훈을 논의한다.

이 보고서 전반에 걸쳐 우리는 핵심 추세들이 수렴하면 언제든지 등장할 수 있는 불연속성의 유형을 강조하고자 미래를 상상하며 쓴 머리기사를 실었다.

세계의 판도를 바꾸는 추세

TRENDS TRANSFORMING THE GLOBAL LANDSCAPE

2035년까지 글로벌 트렌드와 핵심적 함의

부국은 고령화되나 빈국은 그렇지 않다. 생산가능인구는 중국, 러시아와 부유한 국가에서 감소하지만 개발도상국, 특히 아프리카와 남아시아의 가난한 국가에서는 증가해 경제·고용·도시화·복지에 대한 부담을 가중시키고 이주를 부추긴다. 선진국과 개발도상국 모두 훈련과 평생교육이 중요할 것이다.

세계경제가 변화한다. 가까운 미래에는 낮은 경제 성장이 지속될 것이다. 주요 경제가 노동력 감소와 생산성 증가 둔화를 겪는 한편, 많은 부채와 약한 수요, 그리고 세계화에 대한 회의를 품은 채 2008~2009년 금융위기에서 회복될 것이다. 중국은 오랫동안 중점을 두었던 수출과 투자로부터 소비자 주도 경제로의 전환을 시도할 것이다. 저성장이 개발도상국의 빈곤 감소를 위협할 것이다.

기술이 발전을 가속화하지만 불연속성을 야기한다. 급속한 기술 진보는 변화의 속도를 높이고 새로운 기회를 창출하지만, 승자와 패자의 차이를 더욱 키울 것이다. 자동화와 인공지능은 경제가 적응할 수 있는 속도보다 더 빠르게 산업 재편을 강요하면서 잠재적으로 노동자를 대체하고 빈곤국의 통상적인 발전 경로를 제약할 것이다. 유전체(게놈) 편집과 같은 바이오기술은 의료 등의 분야를 혁신하면서 도덕적 견해차를 부각시킬 것이다.

사상과 정체성이 배척의 물결을 일으킨다. 세계가 점차 연결되고 성장이 약화됨으로써 사회 내에서 그리고 사회 간에 갈등이 증가할 것이다. 좌우 양편에서 민중영합주의가 팽배하여 자유주의를 위협할 것이다. 일부 지도자는 통제를 뒷받침하기 위해 민족주의를 이용할 것이다. 종교는 영향력이 점차 중대해지면서 다수 국가에서 정부보다 더 큰 권위를 누릴 것이다. 거의 모든 국가에서 경제력이 여성의 지위와 리더십 역할을 신장시킬 것이나, 그에 대한 반발도 일어날 것이다.

통치하기가 점점 힘들어진다. 대중은 정부가 안전과 번영을 제공하기를 요구하나, 세수 부진, 불신, 양극화, 신흥 쟁점 증가 등이 정부 성과를 저해할 것이다. 기술 덕분에 정치적 조치를 저지하거나 회피할 수 있는 행위자의 범위가 늘어날 것이다. 비정부기

구(NGO), 기업, 유력한 개인 등 행위자 수가 급증함으로써 세계적 쟁점을 관리하기가 점점 힘들어지며, 결과적으로 포괄적 노력이 줄어들고 임시변통이 많아질 것이다.

분쟁의 성격이 변화한다. 주요 강대국 간 이해 대립, 테러 위협 증대, 취약국가의 불안정 지속, 치명적 교란기술 확산 등으로 인해 분쟁 위험이 증가할 것이다. 장거리 정밀무기, 사이버, 로봇 시스템 등을 이용해 원격지에서 기반시설을 겨냥할 수 있고 대량살상무기 제조 기술에 접근하기도 쉬워지면서 사회 교란이 더욱 빈발할 것이다.

기후변화, 환경 및 보건 이슈가 주목받을 것이다. 지구의 위험 요소 일단이 제기하는 임박한 장기 위협은 협력이 어려워지더라도 집단적 대응 조치를 요구할 것이다. 기상이변, 물과 토양 오염, 식품 불안 등이 더 자주 사회를 교란할 것이다. 해수면 상승, 해양 산성화, 빙하 해빙, 오염 등이 생활 형태를 바꿀 것이다. 기후변화를 둘러싼 갈등이 증가할 것이다. 여행 증가와 열악한 보건시설로 말미암아 전염병을 관리하기가 더욱 어려워질 것이다.

결론

이러한 추세는 전례 없는 속도로 수렴하여 통치와 협력을 더욱 어렵게 하고, 권력의 본질을 바꾸며, 나아가 세계의 판도를 근본적으로 바꿀 것이다. 특히 경제·기술·안보 추세에 따라 결과에 기여할 수 있는 국가·단체·개인의 수가 늘어날 것이다. 국가 내에서는 각종 사회와 각급 정부가 서로에 대한 기대를 재조정할 때까지 정치질서가 여전히 자리 잡지 못하고 갈등이 심할 것이다. 국가 간에는 냉전 이후의 일극 시대가 지나갔으며, 1945년 이후의, 룰에 기초한 국제질서도 사라질 것이다. 일부 주요 강대국과 역내 침략국은 힘으로 이익을 관철하려고 할 것이나, 비토 세력이 늘어난 상황에서 전통적 형태의 유형적 힘으로는 성과를 확보하고 유지할 수 없음을 알게 되면서 무위로 돌아가는 결과를 맞이할 것이다.

냉전 이후 시대가 드디어 새로운 전략적 맥락을 찾고 있다. 최근과 미래의 추세들이 향후 20년 동안 전례 없는 속도로 수렴하여 쟁점의 수와 복잡성을 증가시킬 것인데, 그중에서 사이버 공격, 테러리즘, 기상이변 등과 같은 여러 쟁점은 교란 발생이 임박한 위험 수준이다. 인구 변동은 노동과 복지, 사회 안정성에 부담을 줄 것이다. 부국은 고령화되고 있는 반면에 대부분의 빈국은 고령화가 아니라 남성이 더 많아지는 상황을 겪고 있다. 도시에 거주하는 인구는 늘고 있으며, 일부 도시는 해수면 상승, 홍수, 폭풍해일 등에 더욱 취약해지고 있다. 더 나은 생활을 꿈꾸거나 분쟁의 공포를 피해 이주하는 사람도 늘고 있다. 기술, 특히 대량 자동화가 노동시장을 교란하면서 좋은 일자리를 찾는 경쟁이 세계적 현상이 되었다. 또한 기술이 전에 없이 사람들을 연결시키면서 개인과 작은 단체의 힘은 더욱 증대될 것이다. 이와 동시에 가치관, 민족주의, 종교는 점차 사람들을 갈라놓을 것이다.

국가 수준에서 대중의 기대와 정부의 성과 사이에 간극이 벌어질 것이며, 민주주의 자체를 더 이상 당연시하지 않을 것이다. 국제적으로 개인과 작은 단체의 힘이 더욱 커지면서 기후변화와 같은 주요 글로벌 과제에 대해 집단행동을 조직하기가 더욱 어려워질 것이다. 특히 국제기구는 새로운 유력 개인과 민간단체를 어설프게 포용하면서 미래의 과업을 감당하지 못하는 모습이 더욱 두드러질 것이다.

한편으로 분쟁의 위험이 증가할 것이다. 전쟁은 점점 더 전쟁터에 국한되지 않고 원격지에서 사이버 무기를 사용하거나 내부의 자살 테러리스트를 동원해 사회 교란을 목표로 하게 될 것이다. 대기오염과 물 부족, 기후변화가 조용히 가하는 만성적 위협은 점차 피부로 느껴질 것인데, 이러한 쟁점에 대한 진단과 처방을 둘러싸고 세계가 여전히 분열 상태에 있는 탓에 충돌로 비화하는 횟수가 과거보다 늘어날 것이다.

부국은 고령화되나 빈국은 그렇지 않다

세계의 인구는 증가율이 둔화되기는 하지만, 여전히 증가하며 고령화되고 도시화될 것이다. 국가별 효과는 제각각일 것이지만, 대체로 세계의 주요 경제 대국은 고령화되고 개발도상국은 젊은 구조를 유지할 것이다. 세계 인구는 2035년까지 약 73억 명에서 88억 명으로 뛸 것으로 예측된다. 아프리카(여타 지역에 비해 출산율이 2배)와 일부 아시아에서 생산가능인구가 급증하고 있는데, 이는 각국 정부와 사회가 교육, 기반시설 등 핵심 부문에 대한 투자를 얼마나 늘리느냐에 따라 경제 발전을 가져올 수도 있고 재난이 될 수도 있다.

급속히 고령화되는 국가와 만성적으로 젊은 국가에서 모두 노동과 복지 형태가 극적으로 바뀔 것이다. 60세 이상 인구가 세계에서 가장 빠르게 증가하는 연령 집단이 되고 있다. 성공적인 고령화 사회라면 노동 연령 성인의 감소를 상쇄하기 위해 노인과 청년, 여성의 노동력 참여를 늘릴 것이다. 중위연령은 2035년에 일본(52.4세), 한국(49.4세), 독일(49.6세) 등 여러 국가에서 최고점에 이를 것이다. 특히 쿠바(48세), 러시아(43.6세), 중국(45.7세) 등과 더불어 유럽이 고령화의 충격을 크게 받을 것이다. 미국은 고령화 속도가 느리며(2035년 중위연령이 약 41세에 도달), 생산가능인구 증가세를 유지할 것이다.

- **만성적으로 젊은 인구구조**(평균 연령이 25세 이하)가 일부 아프리카와 아시아, 특히 소말리아, 아프가니스탄, 파키스탄, 이라크, 예멘 등에 도전 과제를 안길 것이다. 역사적으로 이러한 국가는 폭력과 불안정에 빠지는 경향이 있었다. 그러나 젊은 국가라도 부양받는 노인의 수가 증가할 것이며, 이것이 기반시설과 사회안전망에 대한 수요를

가중시킬 것이다.

전 세계적으로 향후 20년 동안 노동 연령에 도달하는 인구의 수가 과거 20년에 비해 급감 – UN 추정에 의하면, 1995~2015년 12억 명에서 2015~2035년 8억 5000만 명으로 감소 – 할 것이다. 그러나 이들 신규 근로자 대부분이 남아시아와 아프리카에서 나올 것인데, 이들이 속한 경제는 부족한 기반시설, 제한된 교육체계, 부패, 여성을 위한 기회 결여 등으로 말미암아 현대의 세계경제에서 새로운 일자리를 창출하는 데 이미 애를 먹고 있다.

- 여성의 노동력 편입을 늘리는 것은 오랜 문화적 규범으로 인해 특별한 도전을 제기할 것이나, 맥킨지글로벌연구소(McKinsey Global Institute)의 연구에서는 그러한 조치가 산출과 생산성을 제고할 수 있을 것으로 평가된다. 이 연구에 의하면, 각 지역별로 여성의 역할과 상대적 보수가 그 지역에서 가장 평등한 국가 수준에 필적하도록 향상된다면 세계의 GDP(국내총생산)가 2025년까지 10% 이상 증가할 수 있을 것이다. 맥킨지글로벌연구소는 교육, 금융·정보화 접근, 법적 보호, 보육에 대한 보상 등을 개선하는 것이 경제적 양성평등을 제고하는 데 매우 중요하며 궁극적으로 모든 근로자에게 이롭다고 강조했다.

도시에 거주하는 인구가 늘고 있다. 인구학적 추세를 볼 때, 늘어나는 도시 인구를 뒷받침하기 위해 필요한 서비스와 기반시설을 공급하는 데 효과적인 공공 정책을 요구하는 대중의 압력이 가중될 것이다. 오늘날 인류의 2분의 1 이상이 도시에 살고 있는데, 이 수치가 2050년까지 3분의 2로 증가할 것으로 예측된다. 의료, 연금, 복지, 고용, 병력 충원 등의 시스

2015~2035년 생산가능인구(15~64세) 변화 추정

세계의 생산가능인구는 남아시아와 아프리카 제국에서 가장 많이 증가할 것이다. 이 들 국가는 교육 수준이 가장 낮은 편이며, 이에 따라 고숙련노동자에게 유리할 진화하는 세계경제에서 불리한 처지에 있다.

생산가능인구는 중국과 유럽에서 가장 많이 감소할 것이다. 중국과 유럽에서는 아마 숙련노동자와 서비스 부문 근로자에게 가장 많은 고용 기회가 주어질 것이다.

전 세계적으로 저부가가치 제조업은 역사적으로 빈곤국 경제 발전의 디딤돌이자 야심찬 근로자들이 영화를 누리는 지름길이었으나, 자동화와 인공지능, 그 밖의 제조업 발전이 효과를 나타내면서 비숙련노동자가 덜 필요해질 것이다.

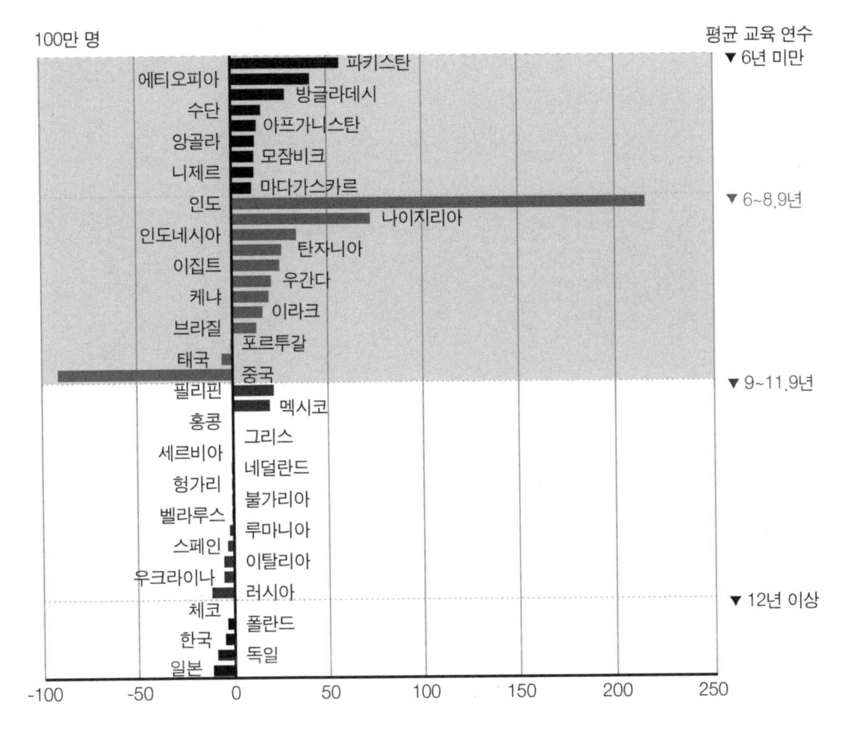

주: 도표에 표시된 40개국은 생산가능인구의 절대 수치 증감이 가장 큰 국가들임.
자료: UN 인구 데이터(중위 추정).

템을 조정하는 고령화 국가는 인구학적 추세를 성공적으로 견뎌낼 것이다. 반면에 인구구조가 젊은 국가는 교육과 고용에 중점을 두면 이득을 볼 것이다. 이주민·노동 정책을 둘러싸고 가까운 미래에도 여전히 대립이 있을 것이다. 물론 장기적으로 그러한 정책은 훈련과 교육을 통해 고령화 사회의 심각한 노동력 부족을 해소하는 데 기여할 것이다.

- 인구 증가는 해수면 상승, 홍수, 폭풍해일에 취약한 지역에 계속 집중될 것이다. 전 세계 해안 저지대에 사는 인구가 2035년경에는 2000년보다 약 50%(아시아에서 1억 5000만 명 이상, 아프리카에서 6000만 명) 증가할 것이다. 방콕, 호찌민, 자카르타, 마닐라 등 거대도시 다수가 과도한 지하수 추출과 자연적인 지질 활동 때문에 계속 가라앉을 것이다.

이주하는 사람이 증가한다. 사람들이 경제적 기회를 추구하고 분쟁과 환경 악화를 피하고자 이주하면서 향후 20년 동안 이주 흐름이 높은 수준을 유지할 것이다. 국제 이주자(즉, 자신의 출생 국가 밖에서 거주하는 사람)와 강제 이주자의 수가 2015년 사상 최고의 절대 수준을 기록했는데, 국제 이주자가 2억 4400만 명, 강제 이주자가 약 6500만 명에 달했다. 요컨대, 세계에서 112명 중 한 명이 난민이거나 국내실향민 또는 망명 신청자인 셈이다. 지역 간의 중대한 소득 격차, 분쟁 지속, 지겨운 인종·종교 갈등 등으로 말미암아 국제 이주자, 난민, 국내실향민 및 망명 신청자의 수는 계속 증가할 것이다. 환경 스트레스가 더욱 뚜렷해지면서 이주하는 사람 수는 높은 수준을 유지하거나 증가할 것이다.

그리고 남성이 더 많다. 중동과 동아시아, 남아시아의 다수 국가에서 여성 대비 남성 수가 최근 들어 증가하는 것은 이들 국가가 압박을 받고

모든 규모의 도시 팽창으로 세계 도시 인구가 급증한다

2015~2035년 사이 세계 인구의 20% 증가는 대부분 도시에서 발생할 것인데, 이는 이미 증가하고 있는 도시 인구에 농촌 지역으로부터의 유입 인구가 보태지기 때문이다. 모든 규모의 도시가 수적으로 계속 증가할 것이다. 이 가운데 주민이 1000만 명 이상인 '거대도시(megacity)'는 호주를 제외한 모든 대륙에서 발견될 것이다.

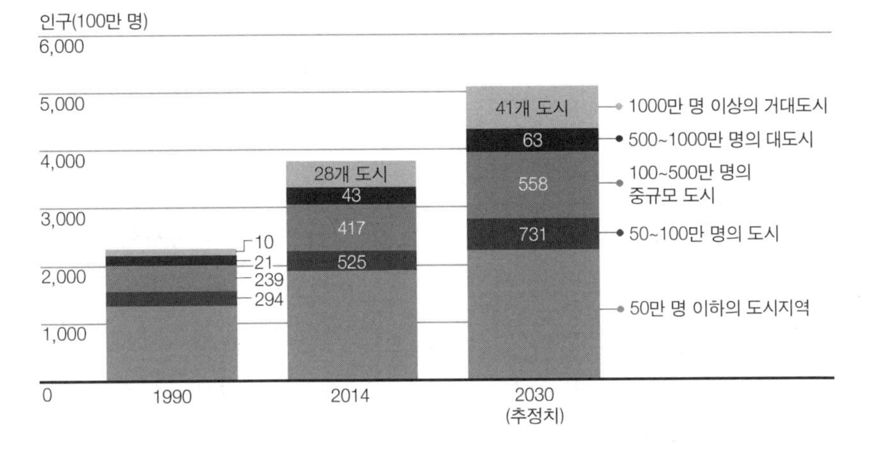

자료: UN, Department of Economics and Social Affairs, "World Urbanization Prospects, 2014 Revision."

있음을 시사하는 동시에 문화의 지속적 영향을 반영하는 것이다. 주로 여아 낙태와 살해, 방임 등으로 말미암아 중국과 인도에서는 이미 상당수 남성이 결혼하지 못할 것으로 전망되고 있다. 성비 불균형을 시정하는 데는 수십 년이 걸리며, 그사이에 범죄와 폭력이 증가할 것이다.

세계경제가 변화한다

세계의 모든 경제가 가까운 미래에, 그리고 먼 미래에 크게 변화할 것이다. 부유한 경제는 생산가능인구가 줄고 과거 탄탄했던 생산성 증가세가 시들해지더라도 최근의 경제 성장 쇠퇴를 멈추고 생활방식을 유지하려고 할 것이다. 개발도상국은 극빈 탈출을 위한 최근의 진전을 유지하고 급증하는 생산가능인구를 경제에 흡수하려고 할 것이다. 선진국과 개발도상국 모두 새로운 서비스·부문·직업을 발굴해 자동화 등 기술 때문에 사라지는 제조업 일자리를 대체하는 동시에 새로운 일자리를 채울 노동자를 교육·훈련시켜야 할 것이다.

극빈자가 감소한다. 1990년 이후 중국 등 주로 아시아 국가들의 경제 개혁에 힘입어 약 10억 인의 생활수준이 역사적으로 높아진 덕분에 세계의 '극빈자'(하루 2달러 미만으로 생활) 비중이 35%에서 10%로 감소했다. 하루 2달러로 산다는 것이 쉽지는 않지만, 하루하루 연명하는 수준은 넘는다. 그러나 생활수준 향상은 미래에 대한 기대와 불안을 키우면서 행동을 변화시킨다.

서구의 중산층이 쪼그라든다. 세계적인 저비용 제조 붐이 – 경쟁 심화에 따른 비용 절감 압력이 일부 작용한 자동화와 더불어 – 지난 수십 년에 걸쳐 미국과 유럽 중산층의 임금과 고용에 타격을 가했다. 그러나 동시에 그러한 붐이 개발도상국에는 새로운 기회를 가져다주었으며, 전 세계적으로 소비재 가격을 극적으로 끌어내렸다. 비용 대비 효율을 높이기 위한 무자비한 운동을 가장 극적으로 보여주는 것이 임금의 정체다. OECD(경제협력개발기구)에 의하면, 미국과 독일, 일본, 이탈리아, 프랑스의 실질 중위 가계 소득이 1980년대 중반부터 2008년 세계 금융위기까지 매년 1% 미만으로 증가했다. 2015년에 미국은 약간 나아졌지만 지난 금융위기가 끝난 이후

극빈 상태에 있는 세계 인구(1820~2015년)

소비(또는 소득) 수준이 실질 구매력평가지수(국가 간 물가 차이와 인플레이션을 고려해 조정됨)를 기준으로 하루 1.9달러 이하면 극빈으로 정의된다.

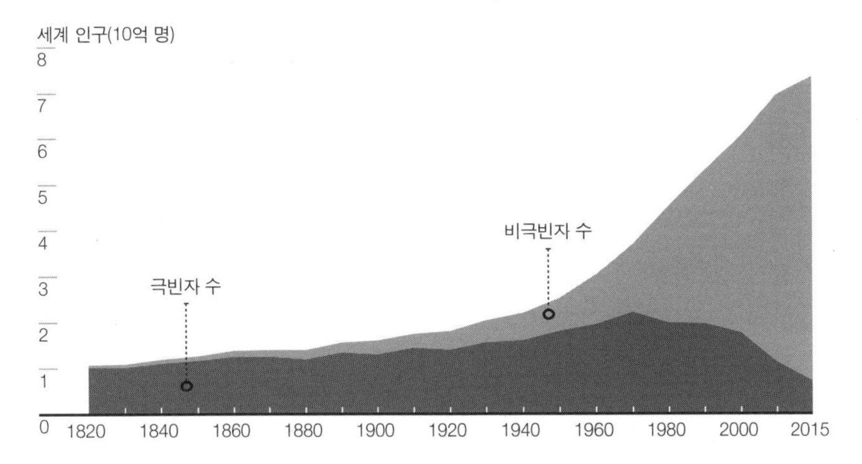

자료: World Bank, Bourguignon, Morrisson을 바탕으로 Max Roser가 재구성함. OurWorldinData.org

에도 사정이 거의 달라지지 않았다. 맥킨지글로벌연구소의 추정에 의하면, 2014년 현재 실질소득이 2005년 수준이거나 그 미만인 선진국 가계가 전체의 3분의 2에 달한다.

성장이 약할 것이다. 향후 5년 동안, 세계의 주요 경제가 2008년 위기에서 회복하는 속도가 느린 데다 공공 부문의 부채 급등을 관리함에 따라 세계경제가 성장을 재개하는 것은 계속해서 어려움을 겪을 것이다. 게다가 중국이 소비에 기반을 둔 경제 성장 쪽으로 전환하기 위해 대대적인 노력을 기울이는 데서 보듯이, 세계경제는 자유무역을 위협하는 정치적 압력에 직면할 것이다. 결과적으로 대부분의 경제 대국이 적어도 가까운

[

2018년의 긴급뉴스 헤드라인을 상상하며

'로빈 후드해커' 온라인 상거래 마비시켜 시장 발칵

2018년 11월 19일, 뉴욕

'로빈 후드해커'라는 사람에 의한 수많은 공격이 있은 뒤 미국과 캐나다, 유럽에서 크리스마스 쇼핑 시즌 시작을 일주일 앞두고 온라인 상거래가 서서히 중단되었다. 해킹 공격이 온라인 결제계좌를 변경해 신용이나 부채로 최대 10만 달러까지 공여함으로써 대혼란을 초래한 것이다. 특히 광란의 온라인 쇼핑을 촉발해 판매자들이 모든 디지털 거래를 폐쇄해야 했다. 이 교란으로 세계 금융시장이 폭락하고 대부분의 거래소에서 거래가 정지되었다. 해킹이 얼마나 오래갈지, 그리고 얼마나 퍼질지 불확실하기 때문이다.

]

미래에는 역사적 기준에서 보아 보통 이하의 성적을 기록할 것 같다. 약한 성장은 최근의 빈곤 감소 성과를 위협할 것이다.

- 세계 3대 경제에 속하는 중국과 EU(유럽연합)는 장기적 성장을 뒷받침하기 위해 고통스러운 대대적 개편을 계속 추진할 것이다. 최대의 와일드카드인 중국은 생활수준 향상을 계속 추진하는 동시에 국가 주도의 투자 위주 경제에서 소비자와 서비스 중심 경제로의 전환을 계속 추진할 것이다. 한편 EU는 높은 부채 수준을 관리하고 EU 프로젝트의 장래를 둘러싼 심각한 정치적 분열을 관리하는 데 고심하면서 경제 성장을 제고하고자 애쓰고 있다.
- 금융위기, 중산층 몰락, 소득 불평등에 대한 대중의 인식이 높아지면서 – 그 근원은 모두 2008년 경기 침체 이전이다 – 서구에서는 무역자유화가 이익보다 비용이 더 크다는 정서가 자라났다. 그 결과, 70년

세계 소득 백분위(구매력평가 기준)로 본 실질소득 변화 (1988~2008년)

1989~2008년 사이의 실질 가계소득 변화를 나타내는 '코끼리 모양 도표'를 보면, 세계경제에서 세계화가 가장 활발했던 – 그리고 세계화로 개발도상국이 급성장했던 – 그 기간에 하위 빈민층을 제외한 세계 가계의 3분의 2와 세계의 최상위 부유층이 큰 소득 증가를 맛보았다. 이 도표를 보면, 최상위 부유층을 제외한 세계 가계의 상위 3분의 1에게는 제조업 발전과 세계화에 따른 소득 증가가 상대적으로 거의 없었음을 알 수 있다(이 뒤에 나온 변형된 도표를 보면, 그룹 간의 상대적 소득 증가가 약간 다르게 나오나 대체로 같은 패턴이 나타난다). 미국 등 선진국의 저소득 내지 중간소득 가계가 대부분 이 구간에 속한다.

이 도표의 데이터는 단지 각 소득 백분위별 변화를 보여줄 뿐이다. 특정 국가의 개별 가계는 백분위가 올라갔거나 내려갔을 수 있으며, 결과적으로 소득 증가가 이들 세계 평균보다 상당히 더 컸거나 작았을 수 있다.

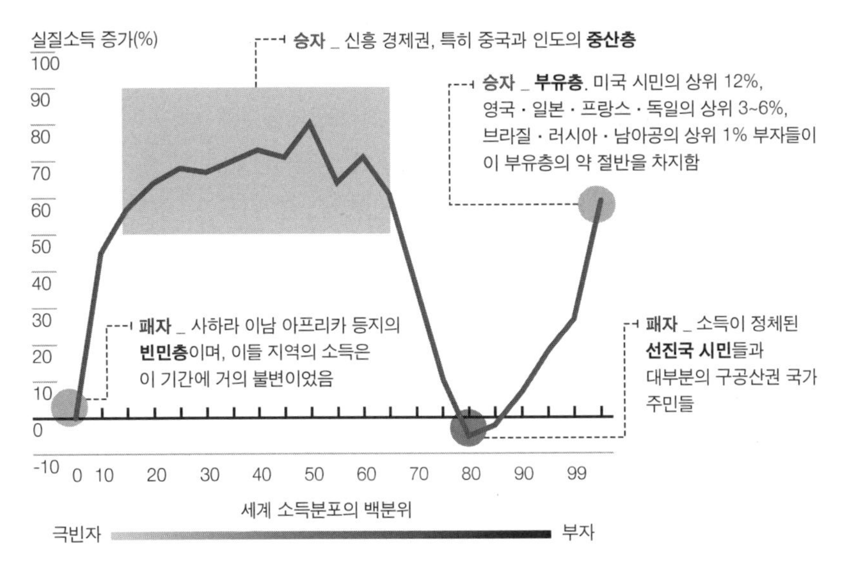

자료: Branko Milanovic(세르비아계 미국 경제학자로서 불평등에 관한 저술이 다수 있다–옮긴이).

금융 쇼크와 경제 침체

지난 수십 년 동안 미국, 유럽, 중국, 일본 등에서 빚으로 이룬 경제 성장은 부동산 거품, 지속 불가능한 개인 지출, 석유 등 원자재 가격 급등으로 이어졌으며, 궁극적으로는 2008년 미국과 유럽의 엄청난 금융위기를 초래하여 세계 각국의 경제를 약화시켰다. 일부 중앙은행은 성장률 제고를 자극하려고 금리를 제로 가까이로(심지어 마이너스로) 내렸다. 그들은 또한 양적 완화를 통해 회복을 부추기려고 했는데, 그 결과 2008~2016년 사이에 중국·EU·일본·미국의 중앙은행 대차대조표상에 11조 달러 이상이 추가되었다.

이러한 노력이 주요 금융기관의 채무불이행(디폴트)이 추가로 발생하는 것을 막았으며, 궁지에 몰린 유럽 국가 정부가 저금리로 차입하는 것을 가능하게 했다. 그러나 각국 중앙은행은 정부·기업·개인이 지출을 늘리도록 자극하지 않았기 때문에 강한 경제 성장을 촉발하지는 못했다. 똑같이 중요한 사실로, 새로운 건전성 기준과 제로에 가깝거나 마이너스인 인플레이션하에서 정부·기업·개인의 지출을 뒷받침하도록 시중은행이 대출을 늘려야 하나 중앙은행의 노력에도 불구하고 시중은행이 대출을 늘릴 유인을 찾지 못했다.

예를 들어, 2008년 이후 성장을 부추기기 위한 중국 정부의 노력은 석유와 원자재 시장을 유지하는 데 도움이 되었으며, 원자재를 공급하는 아프리카·중남미·중동의 생산자에게도 도움을 주었다. 그런데도 그러한 시장은 중국의 – 주로 산업 역량을 제고하기 위한 투자에 기초한 – 성장이 지속 불가능하다는 것을 깨닫고서 위축되었다.

이러한 저금리·저성장 환경에서 투자자들은 여전히 겁을 먹었다. 이들은 신흥시장에서 고수익을 추구할지, 아니면 주기적 불안정 기간에 안전한 피난처를 찾을지 망설이다가 그저 신흥경제의 잠재 성장을 찔끔찔끔 지원했다.

된 역사적인 세계 무역자유화가 중대한 반발에 직면함으로써 장래의 추가 자유화 전망이 흐려지고 나아가 보호무역주의가 강화될 위험이 커지고 있다. 세계는 미국과 그 밖의 전통적 무역 옹호 국가들이 정책 축소 신호를 보낼까 봐 면밀히 주시할 것이다. 추가적인 무역자유화는 좁은 쟁점에 국한되고 참가국 범위도 제한적일 것이다.

기술이 장기 전망을 복잡하게 만드는 변수다

대부분의 경제 대국이 생산가능인구 축소와 씨름하겠지만, 모든 나라가 고용을 유지하고 나아가 잘 훈련받아 재취업이 쉬운 노동자를 육성하는 도전 과제에 직면할 것이다. 자동화, 인공지능 등 기술 혁신은 첨단기술 제조업과 사무직 서비스까지 포함하여 사회경제적 계층 사다리의 위아래를 불문하고 광범위한 기존 일자리의 존속을 위협한다.

- 선진국에서 생산성을 제고할 새로운 방안을 찾기가 더욱 어려워질 것이다. 인구, 효율성 제고, 투자 등 제2차 세계대전 이후 성장 시대를 뒷받침한 요인이 사라지고 있다. 이러한 도전은 특히 경제 대국이 고령화되는 것과 관련이 있을 것이다. 기술 진보는 선진국과 개발도상국 모두에 생산성을 제고하는 데 도움이 될 것이다. 그러나 그러한 기술 진보를 충분히 활용하려면 교육, 기반시설, 규제, 경영 실무 등을 개선하는 일이 대단히 중요할 것이다.
- 기술이 점차 노동을 대체하고 임금 인하를 압박하면서 개인 소득 기반 세수는 경제 성장률보다 낮게 증가할 것이며 실질 기준으로는 감소할 수도 있을 것이다. 그런 세수에 의존하는 국가는 재정적

압박이 가중될 것이어서, 어쩌면 부가가치세나 다른 세제 도입이 더욱 매력적으로 다가올 것이다.

기술 혁신이 발전을 가속화하지만 불연속성을 야기한다

바퀴부터 실리콘 칩에 이르기까지 기술이 역사의 흐름을 크게 바꾸었지만, 기술이 언제 어디서 어떻게 경제·사회·정치·안보의 역학 관계를 바꿀지 예상한다는 것은 어려운 게임이다. 충격이 컸던 일부 예측(예컨대, 저온 융합)은 첫 예측이 약속한 시기가 한참 지났는데도 아직 현실화되지 않았다. 전문가들이 생각했던 것보다 더 빠르게 더 멀리 전개된 변화도 있다. CRISPR*과 같이 유전체 편집과 조작에서 최근에 이루어진 돌파구는 바이오기술 분야의 거대한 새로운 가능성을 열고 있다.

기술은 변화의 속도를 높이고 새로운 복합적 도전과 불연속성, 갈등을 낳을 뿐만 아니라 개인, 소규모 단체, 기업, 국가의 힘을 계속 증대시킬 것이다. 특히 첨단 정보통신기술(ICT), 인공지능, 신소재, 로봇공학에서 자동화에 이르는 제조 역량 등이 개발·배치되거나 바이오기술이 발전

---

* CRISPR은 'Clustered Regularly Interspaced Short Palindromic Repeats(규칙적으로 나열된 짧은 회문의 반복 다발)'의 약어로, 모든 생물체의 유전 지시를 담고 있는 분자, 즉 DNA의 짧은 구간을 가리킨다. 몇 년 전에 이루어진 이 발견으로 특정한 DNA 서열을 수정하기 위해 화학적 반응을 가속하거나 촉매작용을 하는 효소 무리와 함께 CRISPR을 응용할 수 있게 되었다. 이 역량이 의료·보건·산업·환경·농업 분야의 과제를 해결하기 위한 바이오기술 응용의 개발 속도를 가속함으로써 생물학 연구에 혁명을 일으키고 있으며, 이와 동시에 중대한 윤리적 문제와 안전 문제를 제기하고 있다.

하거나 새로운 에너지원이 등장하면 노동시장이 교란되고 보건·에너지·교통 시스템이 바뀌며 경제 발전이 변모할 것이다. 이는 또한 인간이란 무엇인가에 관한 근본적인 과제를 제기할 것이다. 그러한 발전은 사회 간의 가치관 차이를 확대하여 관련 분야의 국제적 규범이나 규제의 발전을 저해할 것이다. 그러한 분야, 특히 합성생물학, 유전체 편집, 인공지능의 일부 응용과 관련한 실존적 위험은 실재한다.

정보통신기술은 근로 실무와 사람들이 생활하고 소통하는 방식을 더욱더 광범위하게 변모시킬 태세다. 관련 기술은 수송, 엔지니어링, 제조업, 보건, 기타 서비스 분야에서 효율을 높이고 고용을 바꿀 것이다. 이러한 도구가 얼마 전부터 주변에 등장했지만, 앞으로 개발자들이 더 많은 직무를 자동화된 구성 요소로 분해하고 학습하면서 점차 대세가 될 것이다. 인공지능에 대한 투자와 산업·서비스 로봇 판매의 급증, 로컬 인프라 없이 운용되는 클라우드 기반 플랫폼 등으로 더 많은 융합의 기회가 창출되며, 특히 가까운 미래에 노동시장에 교란이 발생할 것이다. 사물인터넷(IoT) — 서로 연결되어 상호작용할 수 있는 기기가 점점 늘어나고 있다 — 은 효율을 창출할 것이나 안전 문제도 수반할 것이다. 특히 금융 부문에 새로운 정보통신기술이 도입되면 그 효과가 심대할 것이다. 새로운 금융 기술 — 디지털 화폐, 거래용 '블록체인(blockchain)' 기술 앱, 예측 분석용 인공지능과 빅데이터 등 — 은 금융 서비스를 재편할 것이며, 이와 함께 시스템의 안정성과 중요한 금융 인프라의 안전이 상당한 충격을 받을 가능성이 있다.

바이오기술은 유전자 검사·편집 — 유전자를 조작하는 새로운 방법이 이를 촉진한다 — 의 발전이 공상과학을 현실로 전환시키는 변곡점에 와 있다. 한 사람의 유전체 배열을 밝히는 데 걸리는 시간과 비용은 대폭 줄었다. 이러한 역량에 힘입어 인간 역량 증강, 질병 치료, 수명 연장, 식량 생산 제고 등을 위한 접근법이 훨씬 더 맞춤형으로 등장할 가능성이 열리고 있다. 대부분의 초기 기법은 몇몇 국가만 쓸 수 있을 것이라는 점에서, 이러한 기술에 대한 접근은 새로운 절차에 필요한 여정과 비용을 감당할 수 있는 자에게 국한될 것이며, 이러한 접근을 둘러싸고 분열을 일으키는 정치적 갈등이 뒤따를 것이다.

신소재와 제조 기술의 발전은 수송·에너지 같은 핵심 부문을 더 빠르게 변화시켜나갈 것이다. 세계 나노 기술 시장이 최근 몇 년 사이에 두 배 이상으로 커졌는데, 이는 나노 기술 응용이 전자장치부터 식품에 이르기까지 꾸준히 늘어났기 때문이다.

파격적인 에너지 혁명에 따라 석유와 천연가스의 새로운 원천을 이용할 수 있는 가능성이 커지고 있으며, 수요 측면에서 이루어지고 있는 광범위한 기술 진보가 경제 성장과 에너지 사용 증가 간의 연결고리를 깨고 있다. 예컨대 태양전지판 발달로 태양전기 비용이 극적으로 줄어들면서 전기의 소매가격과 경쟁할 수 있게 되었다. 새로운 에너지원이 더 개발되면서 세계의 전반적 에너지 비용이 낮은 수준에 머무르고, 세계의 에너지 시스템이 화석연료의 공급 쇼크에 대해 점차 회복력을 갖게 것이며, 그 편익은 특히 중국과 인도, 그 밖에 자원이 빈약한 개발도상국에 돌아갈 것이다.

신기술이 등장할 때 그 기술의 가치와 그 기술이 인간, 사회, 국가, 지구에 미치는 영향을 평가하는 조심스러운 분석이 필요할 것이다. 새로운 정보통신기술과 바이오기술, 신소재에 대해 안전 기준과 공통의 프로토콜을 수립해야 하는 단기적 과제가 있다. 그러한 분석을 우리에게 설명하기는 고사하고 직접 수행하는 데 필요한 전문가 집단을 보유한 기관은 – 정부기관, 상업기관, 학술기관, 종교기관 등을 막론하고 – 거의 없다. 이러한 사정은 향후 도전 과제를 평가하고 심사숙고하기 위해 자원을 모으는 것이 중요함을 강조한다.

- 규제 표준 없이 인공지능을 – 인간지능보다 성능이 떨어지더라도 – 개발·배치하는 것은 인간에게 본질적으로 해롭고 시민의 사생활을 위협하며 국가 이익을 저해할 우려가 있다. 나아가 로봇의 인공지능에 대한 표준을 개발하지 못하면 시스템의 상호운용성이 없기 때문에 경제적 비효율과 기회비용이 발생할 수 있다.
- 바이오제약 발전은 지적재산권을 둘러싼 갈등을 야기할 것이다. 특허에 대한 거부·취소·강제실시권이 더욱 만연하면 신약 개발이 위협받고 다국적 제약회사의 이윤이 줄어들 수 있다. 각국 정부는 새로운 바이오기술(예컨대, 유전자변형작물)의 채택과 관련해 이를 반대하는 국내 고려 사항에 견주어 그 경제적·사회적 편익을 평가해야 할 것이다.

국제적으로 볼 때, 표준과 프로토콜을 수립하고 연구의 윤리적 한계를 정의하며 지적재산권을 보호할 수 있는 능력은 기술 주도권을 쥔 국가에 귀속될 것이다. 기술 주도권을 지키기 위해 가까운 장래에 취해질 조치는 특히 인간 건강을 증진하고 생물학적 시스템을 바꾸며 정보·자동화 시스템을 확장하는 기술에 대단히 중요할 것이다. 개발 주기 초기부터 다자가 참여하면 실용화가 임박하면서 생길 국제적 갈등을 줄일 수 있다. 그러나 이러한 참여를 위해서는 이해관계와 가치관의 다자간 합치가 – 비록 좁은 범위에 제한되더라도 – 필요할 것이다. 기술 주도권과 동반자 관계만으로는 갈등을 피하기에 불충분할 가능성이 큰데, 이는 각국이 자국에 유리한 기술과 규제 틀을 추구하기 때문이다.

배타적인 사상과 정체성

세계의 상호연결성이 커지면서 사상과 정체성을 둘러싼 대립이 감소하기보다 계속 증가할 것이다. 현재의 인구·경제·거버넌스(공동의 문제에 대한 집단적 관리—옮긴이) 추세가 지속된다면, 민중영합주의가 향후 20년 동안 증가할 것이다. 또한 배타적인 민족적·종교적 정체성도 증가할 것인데, 이는 기술과 문화의 상호작용이 가속화되고 사람들이 빠르고 갈피를 잡을 수 없는 경제적·사회적·기술적 변화의 맥락에서 의미와 안전을 추구하기 때문이다. 정치지도자들은 정체성에 호소하는 것이 지지자를 동원하고 정치적 통제력을 강화하는 데 유용함을 알게 될 것이다. 정보·통신 도구에 대한 접근 확대에 힘입어 정치지도자들은 – 정치적 쟁점, 종교, 가치관, 경제적 이익, 민족성, 성(性), 생활방식 등을 중심으로 – 더 잘 조직하고 동원할 수 있을 것이다. 점차 차별화된 정보와 매체 환경은 – 단체나 정부, 선도적 사상가에 의한 의도적 형성 활동을 통해, 그리고 주문식 검색과 개인 맞춤형 사회 매체를 제공하는 알고리즘을 통해 – 정체성을 확고하게 만들 것이다. 이러한 정체성 가운데 일부는 초국가적 성격을 띨 것인데, 예를 들어 하나의 정체성을 중심으로 단체들은 서로에게서 배우고 개인은 다른 세상에 있는 뜻이 맞는 이들에게서 영감을 얻을 수 있다.

정체성 정치의 부상이 내포하는 단기적 핵심 함의는 미국 및 서유럽과 관련이 있는 관용과 다양성의 전통이 부식되어 이러한 이상에 대한 범세계적 호소가 위협받을 것이라는 점이다. 다른 핵심 함의를 들자면, 중국과 러시아에서는 권위주의적 통제를 강화하기 위해 민족주의를 명시적으로 내세우고 서구를 위협적인 존재로 묘사할 것이며, 아프리카와 중동, 남아시아에서는 정체성 분쟁과 공동체 내 집단 갈등이 분출할 것이다. 예를 들어, 인도 정부가 힌두 민족주의 운동을 어떻게 다루느냐, 그리고 이스라엘이 초정통파의 종교적 극단에 대해 어떻게 균형을 잡느냐가 미래 갈등을 결정하는 핵심 요인일 것이다.

민중영합주의가 서구와 일부 아시아에서 나타나고 있다. 엘리트나 주류 정치, 기성 기관에 대한 의심과 적대감을 특징으로 하는 민중영합주의는 세계화의 경제적 효과에 대한 거부, 그리고 민중의 관심사에 대해 정치·경제 엘리트가 나타내는 반응에 대한 좌절을 반영한다. 좌익과 우익 양쪽의 민중영합주의 정당들이 유럽 전역에서 부상했는데, 예를 들어 프랑스, 그리스, 네덜란드 등의 정당지도자들이 기성 조직을 향해 유럽 주민의 생계를 보호하지 못한다고 비판하고 있다. 남미는 필리핀과 태국처럼 독자적인 민중영합주의 물결을 경험했다.

- 더욱이 서구 동맹의 핵심 민주국가에서의 반이민 및 외국인 혐오 정서는 다양한 사회를 육성하고 세계의 재능을 활용하는 서구의 전통적 힘의 원천을 일부 저해할 수 있다.
- 민중영합주의 지도자와 운동은 – 좌우를 막론하고 – 강한 행정부로의 권력 집중에 대한 대중의 지지를 촉진하도록 민주주의 실천에 영향을 미칠 것이며 시민사회, 법의 지배, 관용의 규범을 서서히 꾸준히 침식할 것이다.

민족주의자와 일부 종교적 정체성. 민중영합주의와 사촌관계에 있는 민족주의적 호소는 중국, 러시아, 터키 등 지도자가 국내 정적을 제거하고 대외 관계를 국가 존립의 문제로 포장함으로써 정치적 통제력을 강화하려는 국가에서 뚜렷해질 것이다. 이와 비슷하게 배타적인 종교적 정체성이 중동과 북아프리카에서 역내와 국내 역학 관계를 형성할 것이며, 사하라 이남 아프리카 일부에서도 기독교 공동체와 이슬람 공동체 사이에 그럴 위험이 있다. 러시아에서는 민족과 종교가 계속 결합하여 정치적 통제를 강화할 것이다.

- 배타적일 수도 있고 배타적이지 않을 수도 있는 종교적 정체성은 사람들이 극심한 변화의 시대에 살면서 정체성을 더 크게 느끼고 싶어 하기 때문에 여전히 강력한 연결고리가 될 것이다. 퓨리서치센터(Pew Research Center)의 종교의 미래에 관한 연구에 의하면, 세계 인구의 80% 이상이 종교를 가지고 있으며 그 점유율은 주로 개발도상국의 높은 출산율로 인해 증가하고 있다. 미국 정치에 관한 연구에 의하면, 독실함, 즉 개인의 신앙 표현 강도는 어떤 사람이 따르는 특정 신앙보다 더 정확하게 투표자 행동을 예측한다.

통치하기가 점점 힘들어진다

각국 정부가 통치하고 정치질서를 창조하는 방식은 항상 유동적인데, 향후 20년 동안 그 변화는 훨씬 더 심할 것으로 보인다. 각국 정부는 안전과 번영을 바라는 대중의 요구를 충족하기 위해 점점 더 심한 고투를 벌일 것이다. 재정적 제약과 정치적 양극화, 취약한 행정 역량이 정부의 노력을 힘들게 할 뿐 아니라 정보 환경의 변화, 대중이 정부의 대책을 기대하는 쟁점의 증가, 정책의 결정이나 시행을 저지할 수 있는 유력 행위자들의 확대 등도 정부의 노력을 힘들게 할 것이다. 정부의 성과와 대중의 기대 사이의 이러한 간극은 – 부패 및 엘리트 스캔들과 결합해 – 대중의 불신과 불만을 증대시킬 것이다. 그 간극은 또한 시위나 불안정, 거버넌스의 여러 변종이 발생할 가능성을 증대시킬 것이다.

- 브라질, 터키 등 지난 10년 동안 중산층이 확대된 나라에서 세간의 이목을 끄는 시위를 보면, 더 잘사는 시민이 더 좋고 덜 부패한 정부와 사회를 기대하고 있음을 알 수 있다. 그들은 또한 늘어난 재산의 보호막을 찾고 있다. 반면에 선진국에서는 성장이 둔화하고 중산층 임금이 정체하며 불평등이 심화되어 대중이 생활수준의 향상과 보호를 계속해서 요구할 것이다. 이러한 사태는 다수의 정부가 부채 증가, 전 세계적 경제 경쟁 심화, 금융·원자재 시장의 동요 등으로 제약을 받을 때 발생할 것이다.
- 지도자나 기관 관련 정보에 대한 대중의 접근이 확대됨으로써 – 2008년 금융위기, 페트로브라스(Petrobras: 브라질 국영 석유회사) 부패 스캔들 등과 같이 충격적인 엘리트의 실패와 결합하여 – 권위의 기존 원천에 대한 대중의 신뢰가 약화되고 전 세계적으로 민중영합주의 움직임이 득세하고 있다. 더욱이 정보기술이 개인의 목소리와 엘리트에 대한 불신을 증폭시킴으로써 일부 국가에서 정당이나 노조, 시민단체의 영향력이 약화되었는데, 이는 민주국가에서 대표성의 위기로 이어질 가능성이 있다. 여론조사에 의하면, 특히 중동과 중남미에서 신흥 국가의 국민 다수는 정부관리가 자신과 같은 사람에게 신경 쓰지 않는다고 믿으며, 선진국에서도 정부에 대한 신뢰가 떨어졌다. 미국인의 대정부 신뢰는 측정 첫해인 1958년 이래 가장 낮은 수준을 보인다.
- 민주주의 자체가 더욱 문제가 될 것인데, 일부 연구에 의하면 북미와 서구의 젊은이들이 연장자에 비해 언론의 자유를 덜 지지하는 것 같다. 민주적 요소와 독재적 요소가 섞인 국가의 수가 늘고 있는데, 이러한 혼합은 불안정으로 이어지기 쉽다. 프리덤하우스(Freedom House: 미국의 비영리 인권단체—옮긴이)의 보고에 의하면, 2016년 '자유'의 측정치가 감소한 국가가 향상된 국가보다 거의 두 배나 많았는데,

이는 10년 만의 최대 후퇴다.

국제기구는 더 복잡해진 환경에 적응하기 위해 고투하겠지만, 여전히 수행할 역할이 있을 것이다. 국제기구는 평화 유지와 인도주의적 지원과 같이 쟁점에 대한 주요 강대국의 이해관계가 일치할 때, 제도와 규범이 잘 정착된 곳에서 가장 효과를 발휘할 것이다. 그러나 국제기구와 지역기구의 장래 개혁은 회원국 또는 회원단체 간에 이해가 갈리기 때문에 더디게 진행될 것이다. 일부 기구와 회원국은 계속해서 필요에 따라 임시로 대처하면서 비국가행위자들을 동반자로 삼는 조치를 취하고 목표 쟁점을 좁게 정의하는 접근을 선호할 것이다.

- 비토 세력 증가. 크고 작은 강대국 사이의 이해관계 대립으로 분쟁을 관리하기 위한 공식적인 국제행동이 제한되는 한편, 일반적으로 국가들 사이에 이해관계가 엇갈림으로써 UN 안전보장이사회의 이사국을 대대적으로 개편하는 작업이 막힐 것이다. 다수가 UN 안전보장이사회의 개혁이 필요하다는 데 동의하지만, 이사국 개편에 대해 합의가 이루어질 전망은 희박하다.
- 시대에 뒤처짐. 기술 변화가 표준·정책·규제·규범을 설정하는 국가·단체·국제기구의 능력을 계속해서 훨씬 앞지르기 때문에 기존 기구들은 유전체 편집, 인공지능, 인간 역량 증강 등과 같은 비전통적 쟁점과 씨름할 것이다. 사이버와 우주도 새로운 도전을 제기할 것인데, 이는 특히 민간의 상업적 행위자들이 사용 능력과 규범을 결정하는 데 더 큰 역할을 담당하기 때문이다.
- 다당사자 다자주의. 공식적 국제기구가 도전에 대처하기 위해 기업이나 시민사회단체, 지방정부와 더욱 긴밀하게 협력함에 따라

다자간 역학 관계가 확대될 것이다. 실험적인 다당사자 포럼이 늘어나면서 새로운 토론 포맷이 등장하고, 민간 부문의 거버넌스 참여가 증가할 것이다.

분쟁의 성격이 변화한다

주요 강대국 간 이해관계의 확대, 계속되는 테러 위협, 취약국가의 불안정 지속, 치명적 교란기술 확산 등으로 말미암아 국가 간 분쟁을 포함한 분쟁 위험이 향후 20년 동안 증가할 것이다. 분쟁의 수와 강도가 감소하던 지난 20년간의 흐름이 역전되고 있는 것으로 보이는데, 공개된 기관 보고서에 의하면 분쟁 수준이 높아지고 전투 관련 사망자 등 분쟁에 따른 인적 손실이 늦어도 2011년 이후 급등하고 있다. 더욱이 기술 진보와 새로운 전략, 세계의 지정학적 맥락 변화 – 셋 다 종래의 전쟁 개념에 이의를 제기한다 – 때문에 분쟁의 성격이 변화하고 있다. 좀 더 광범위한 군사적·비군사적 도구를 사용하는 행위자들이 많아지면서 전쟁과 평화의 경계를 흐리고 단계적 확전과 억지의 오래된 규범을 약화시킬 것이다.

미래의 분쟁은 점차 전통적 군사 수단을 통해 전장에서 적군을 패배시키기보다는 심리적·지정학적 우위를 확보하기 위해 중요 기반시설, 사회 결속, 기본 정부 기능을 교란하는 쪽에 초점을 맞출 것이다. 점차 비전투원을 표적으로 삼으면서 때때로 인종적·종교적·정치적 집단끼리 싸움을 붙여 국가 내부의 사회 협력과 공존을 교란할 것이다. 이러한 전략은 분쟁이 점점 더 큰 대가를 치르지만 승패를 결정하지 못하는 추세가 나타날 것임을 시사한다.

교란단체. 테러리스트, 반군, 운동가, 범죄조직 등 비국가·준국가 단체가 자신의 이익 증진을 위해 접근하는 치명적 또는 비치명적 수단의 범위가 넓어지고 있다. 헤즈볼라나 ISIS와 같은 단체가 지난 10년간 정교한 무기류를 확보했으며, 휴대용 대전차미사일이나 지대공미사일, 무인 드론, 기타 정밀유도무기가 더욱 흔해질 것이다. 어나니머스(Anonymous: '익명'이라는 뜻의 인터넷 해커 집단—옮긴이) 같은 운동단체가 점차 더 교란적인 사이버 공격을 감행할 것이다. 이들 단체가 자제력을 보일 이유는 거의 없다. 억지가 점점 힘들기 때문에 각국은 공세를 취해 이들 행위자를 더욱 심하게 공격해야 했는데, 이것이 때로는 이들 단체의 이념적 명분에 자양분을 제공한다.

원격 전쟁. 한편으로 국가와 비국가행위자 모두 계속해서 원격 공격을 위한 역량을 개발하고 증강할 것이다. 사이버 공격이나 정밀유도무기, 로봇 시스템, 무인무기 개발이 확대되면서 분쟁 촉발의 문턱이 낮아질 것이다. 이를 이용하면 공격하는 측이 방어를 압도하려는 시도에서 감수할 인명 손실 위험이 더 작아지기 때문이다. 이러한 역량이 확산되면서 전쟁 양상이 특히 분쟁의 초기 단계에서 적군과 직접적으로 충돌하기보다 원격 작전 중심으로 전환될 것이다.

- 서로 적대하는 두 군대가 장거리·정밀유도 재래식무기를 보유할 때, 쌍방이 모두 공격받기 전에 선제 타격할 유인을 갖기 때문에 이 경우의 미래 위기는 빠르게 분쟁으로 확대될 위험이 있다.
- 게다가 적의 타격 역량 파괴를 시도하는 측에서는 운항·표적 정보를 제공하는 위성 등 적의 지휘·통제·표적설정 시설을 먼저 공격 표적으로 삼을 것이다. 예를 들어, 러시아와 중국이 궤도 위성을 파괴할 수 있는 무기체계를 지속적으로 강구하고 있는데, 이는 장차 미국 등 제3국의 위성을 큰 위험에 빠뜨릴 것이다.

우주

한때 주요 강대국만의 영역이었던 우주가 점차 민주화되고 있다. NASA의 예산이 정체하면서 민간 산업이 그 공백을 메우고 우주여행, 소행성 채굴, 공기 주입식 우주 거주지 등 만만찮은 프로그램을 추진할 것이다. 그러나 그들이 상업적 잠재력을 완전히 실현하는 것은 아마 수십 년 후일 것이다.

우주 활동의 증가는 또한 리스크를 수반하기 때문에, 전 세계의 우주 진출에 가장 위협이 되는 우주 쓰레기를 식별·제거하기 위해 국제적 조치가 필요할 것이다. 외계의 우주 자산이 제공하는 엄청난 전략적·상업적 가치를 보면 우주가 앞으로 점차 각국이 접근·사용·통제를 위해 경쟁하는 각축장이 될 것이 확실하다. 위성을 망가뜨리거나 파괴할 목적으로 고안된 위성 요격 기술이 배치되면 세계적 갈등이 격화될 가능성이 있다. 우주여행 국가들, 특히 중국, 러시아, 미국이 외계의 우주 활동을 위한 행동 강령에 합의할 수 있을지 여부가 핵심 과제일 것이다.

새로운 대량살상무기 우려. 기술이 진보하고 전력의 비대칭성이 증대하면서 핵무기와 그 밖의 여러 형태의 대량살상무기(WMD)가 제기하는 위협은 앞으로 커질 가능성이 크다. 현재의 핵무기 보유국은 2035년까지 자국의 핵전력을 현대화하지는 않더라도 계속 유지할 것이 거의 확실하다. 북한의 핵 위협과 이란의 불확실한 의도가 제3국이 핵무장을 추구하도록 추동할 가능성이 있다. 첨단기술, 특히 바이오기술의 확산 또한 신규 행위자가 대량살상무기 역량을 획득할 수 있는 문턱을 낮출 것이다. 취약국가의 내부 붕괴 역시 테러리스트가 대량살상무기를 사용하는 길을 열 수 있는데, 이러한 사태는 자국의 병기고나 과학·기술 지식에 대한 통제력을 더 이상 유지할 수 없는 실패국가에서 불법으로 무기를 탈취함으로써 초래될 것이다.

'회색지대' 분쟁. '평시'와 '전시' 간의 경계선이 흐리기 때문에 당사국들은 분쟁을 관리할 때 전통적으로 억지와 단계적 확전을 계산하던 방식에 의존하기가 더욱 어려울 것이다. 강압 외교, 미디어 조작, 비밀공작, 정치 전복, 경제적 강제는 오래된 압박 전술이지만, 사이버 교란이나 허위정보 작전, 대리 공격의 용이함과 효과성이 갈등과 불확실성을 키우고 있다. 전면전으로 가는 문턱을 넘지 않는 능력은 평시와 전쟁 사이의 '회색지대'에서 경제적·정치적·안보 경쟁이 더욱 지속되는 상황을 초래할 것이다.

기후변화가 어렴풋이 보인다

변화하는 기후는 환경·자연 자원에 대한 압박을 가중하고 인간과 동물 간의 건강 연계를 심화한다는 점에서 기존의 접근법을 앞지르는 복합적인 시스템 리스크를 반영할 것이다. 최근의 환경 약속을 지키고 청정에너지 기술을 채택하며 예기치 못한 환경·생태 이변에 대비하려는 개인·단체·정부의 의지가 다가올 세계적 도전과 관련된 협력 가능성을 시험할 것이다.

기후변화. 기후변화로 기상이변이 더욱 빈발하고 해양, 담수, 생물다양성 등 중요 시스템과 인간에게 압박이 가중될 것이다. 이러한 변화는 결국 직간접적으로 사회, 경제, 정치, 안보에 영향을 미칠 것이다. 기상이변은 흉작, 산불, 에너지 블랙아웃, 기반시설 붕괴, 공급사슬 붕괴, 이주, 전염병 발생 등을 촉발할 수 있다. 이러한 사태는 사람들이 도시, 해안 지대, 물 부족 지역 등 기후 취약지에 집중됨에 따라 더욱 뚜렷하게 나타날 것이다. 구체적 기상이변 사태를 전적으로 기후변화 탓으로 돌리기는 아

평균 지표 온도의 변화 예측

굵은 곡선은 컴퓨터 모델링을 통해 결정된 지표 온도의 평균을 나타낸다. 그러나 실제 궤적은 많은 봉우리(평균보다 높음)와 골짜기(평균보다 낮음)를 그릴 것이다. 질적으로 봉우리가 중요한데, 이는 봉우리가 아마 미래의 평균적 기후 조건을 스냅사진처럼 보여줄 것이기 때문이다.

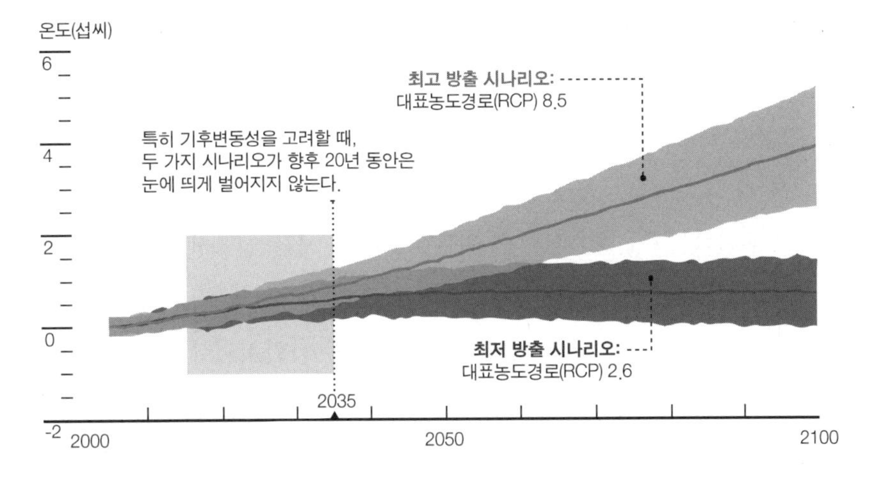

자료: Intergovernmental Panel on Climate Change(IPCC), "Fifth Assessment Report"(2014.9).

직 어렵지만, 기후변화에 관한 정부 간 패널(IPCC)에서는 기록적인 기상이변 사태가 발생하는 드문 패턴이 더욱 흔해질 것으로 예상하고 있다.

현재 어떠한 온실가스 감축 정책이 시행된다 해도 이미 과거의 온실가스 배출은 향후 20년간 지구 평균기온의 상당한 상승으로 고착되었다. 기후변화가 현재의 상태를 악화시킬 것으로, 예를 들어 뜨겁고 건조한 지역을 더 뜨겁고 건조하게 만들 것으로 예상하는 과학자들이 대부분이다.

- 장기적으로 지구가 받는 기후학적 압박은 인간의 질병뿐 아니라 인간이 살아가는 장소와 방식도 바꿀 것이다. 그러한 압박에는 해수면 상승, 해양 산성화, 영구 동토층과 빙하 해빙, 대기 질 악화, 구름양 변화, 기온과 강수량의 지속적 변동 등이 포함된다.
- 현재의 기후 모델은 평균 지표 온도가 장기적으로 상승할 것으로 예측한다. 그러나 기후과학자들은 시스템의 복잡성과 기후 역사를 감안할 때 더 급격하게 변동할 가능성이 있다고 경고한다. 기후 또는 기후와 연계된 생태계의 그러한 변동은 경제와 생태계에 극적인 결과를 야기할 수 있을 것이다.

기후변화는 – 관찰된 것이건 예상된 것이건 – 사람들의 세계관 속에 포함될 것이다. 다수의 생태적·환경적 압박은 국경을 가로지르며, 이는 그 영향을 관리할 수 있는 공동체와 정부의 능력을 약화시킨다. 정치적 대응 속도는 그러한 변화의 강도와 지리적 분포에 따라 다를 것이다. 우리는 개발도상국 시민이 인식을 바꾸어 정치적 발언권을 높이듯이 전 세계적으로 이러한 관심사를 다루도록 대중의 압력이 커지기를 기대한다.

- 중국의 경험이 오늘날 개발도상국에 교훈을 주는데, 중국에서 새로 중산층에 진입한 이들은 공해와 수질, 기본적 거주 적합성에 대해 더 큰 우려를 드러낸다. 2016년 퓨리서치센터에서 실시한 여론조사에서 중국인 절반 정도는 경제 성장을 맑은 공기와 바꾸고 싶다고 답했다.

기후변화 자체, 기후변화와 관련된 자연재해와 정책 결정, 그리고 기후변화를 완화하는 신기술 등으로 인해 신규 투자가 창출되고 산업의 승

중남미·아프리카, 다른 지역에 비해 기후변화를 더 우려

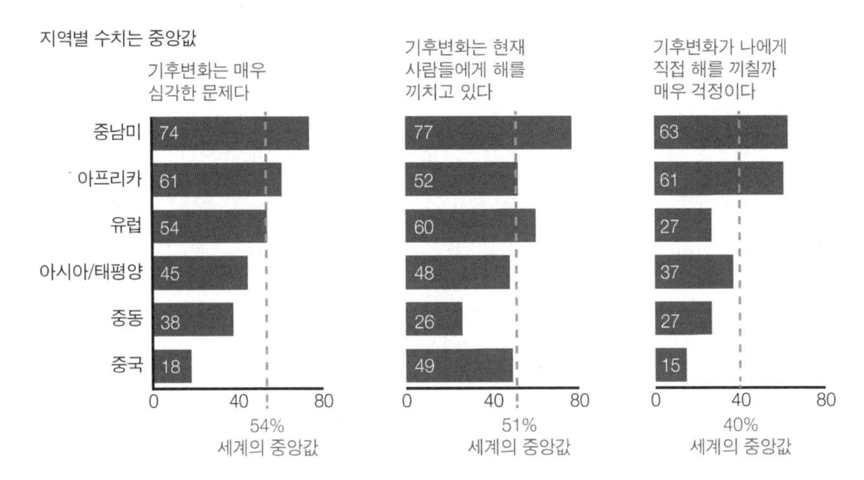

주: 미국에서는 45%가 "기후변화가 매우 심각한 문제"라고 말하고, 41%가 "기후변화가 현재 사람들에게 해를 끼치고 있다"고 말했으며, 30%가 "기후변화가 나에게 직접 해를 끼칠까 봐 매우 걱정"이라고 말했다.
자료: Pew Research Center, "Spring 2015 Global Attitudes survey," Q32, Q41, Q42.

자와 패자도 생길 것이다. 한 대형 금융컨설팅회사는 선진국 주식시장이 기후변화에 대한 우려 때문에 향후 35년 동안 대부분의 부문에서 지속적인 하락세를 보일 것으로 예측한다. 한편으로 선진국의 투자는 대부분의 부문에서 증가할 것이다. 농업, 기반시설, 부동산이 2050년까지 수혜 부문으로 기대된다. 전 세계의 개발기관과 인도주의 구호기관에서 연구한 바에 의하면, 가뭄·폭풍·홍수·산불로 인한 금전적 비용이 적어도 1970년대 이후 조금씩 꾸준히 증가했으며 앞으로도 수십 년간 발생 빈도와 강도가 높아지면서 증가할 전망이다.

기후변화는 지정학적 경쟁과 국제 협력을 모두 추동할 것이다. 기후변화 분야에서 글로벌 리더십을 떠맡은 중국은 파리에서 한 공약(중국은

2033년의 긴급뉴스 헤드라인을 상상하며

방글라데시의 기후지구공학, 항의 시위 촉발

2033년 4월 4일, 다카

방글라데시가 개조된 보잉797 항공기로 황산염 에어로졸 1톤을 상층대기에 방출함으로써 기후변화를 늦추려고 시도한 최초의 국가가 되었다. 방글라데시는 태양복사의 온난화 효과를 줄이기 위해 이러한 비행을 여섯 차례 계획했는데, 이번이 그 첫 번째 비행이었다. 전례 없는 이 조치에 대해 25개국이 즉각 외교적 경고를 보내고 여러 나라 국민들이 방글라데시 대사관 앞에서 폭력적인 시위를 벌였다. 그러나 과학자들이 고농도 산성비, 오존층 파괴 등 의도치 않은 엄청난 결과가 발생할 수 있다고 경고했는데도, 다카의 정부관리들은 매우 파괴적인 태풍이 빈발한 후에야 '자위를 위한 불가피한' 조치였다고 주장했다.

2015년 12월 프랑스 파리에서 열린 UN 기후변화협약회의에서 온실가스의 60~65%를 감축하기로 약속했다—옮긴이)을 지킬 것으로 보이나, 감시 메커니즘에 대한 지지를 줄이고 인도 등 온실가스를 배출하는 개발도상국의 지지를 얻을 가능성이 있다. 일부 국가가 대규모 기상조건을 조작하기 위한 노력에서 지구공학 기술을 추진한다면 기후변화의 관리를 둘러싼 갈등이 상당히 심화될 수 있을 것이다. 성층권에 에어로졸을 투입하거나, 바다 구름을 화학적으로 활성화하거나, 우주 거울을 궤도에 설치하는 등 기온이나 강수 패턴을 변경하는 기술을 탐구하기 위한 조기 연구 활동이 주로 컴퓨터 모델을 통해 이루어지고 있다. 그 밖의 연구는 대기 속 이산화탄소를 제거하는 데 집중되고 있다. 이러한 활동에 대한 국제 표준이나 규제가 없다는 점에서 대규모 지구공학 기법을 시험하거나 시행하는 활동은 위험성이나 뜻밖의 결과가 발생할 가능성을 둘러싸고 갈등을 일으킬 것이다.

환경과 천연자원. 지구의 거의 모든 시스템이 자연발생적 또는 인위적 스트레스를 겪고 있는데, 국가적·국제적 환경보호 활동은 이러한 스트레스를 따라잡지 못하고 있다. 어느 한 부문을 감독하는 기구는 물, 식량, 에너지, 토지, 보건, 기반시설, 노동 등이 서로 얽힌 복합적 문제를 다루기가 점점 더 힘겨워질 것이다.

- 새로운 대기 질 정책이 시행되지 않아 2035년쯤에는 실외 **대기오염**이 전 세계에서 환경 관련 사망의 가장 큰 원인이 될 것으로 예상된다. WHO(세계보건기구)에 의하면, 도시 거주자의 80% 이상이 이미 안전 한계를 넘는 대기오염에 노출되어 있다.
- UN에 의하면, 2035년경 세계 인구의 절반이 **물 부족**에 직면할 것이다. 인구 증가, 소비 증가, 농업 생산 등에 따라 늘어난 물 수요가 물 공급을 능가할 것이며, 특히 일부 지역은 지하수 고갈과 강수 패턴 변화로 인해 물 공급이 불안정할 것이다. 30개국 이상(거의 절반이 중동 지역)이 2035년경 극도의 물 부족을 겪으면서 경제적·사회적·정치적 갈등이 고조될 것이다.
- 북극해와 남극대륙에서 **녹는 얼음**이 장기적으로 해수면 상승을 가속할 것이다. 북극해가 점차 항해할 수 있는 곳이 되면서 앞으로 수십 년 내에 무역로가 단축되고 역내 천연자원에 대한 접근이 확대될 것이다. 또한 티베트고원에서 녹는 얼음(아시아의 거의 모든 주요 하천의 수원)이 미칠 영향도 클 것이다.
- 세계 식량 공급량의 95%를 담당하는 세계의 **토양** 가운데 3분의 1 이상이 현재 악화되고 있으며, 그 비율은 아마 세계 인구 증가에 따라 늘어날 것이다. 토양 악화 – 주로 인간이 일으킨 변화 때문에 토양 생산성이 감소하는 것 – 는 이미 새로운 토양 생성보다 40배나 빠른 속도로

공유 수자원을 둘러싸고 논쟁이 커질 것이다

인구 증가, 도시화, 경제 발전, 기후변화, 부실한 수자원 관리 등으로 인해 물 부족을 겪는 국가가 늘고 공유 수자원을 둘러싼 갈등이 증가할 것이다. 역사적으로 볼 때, 국가 간 물 분쟁이 무력 충돌보다 공유 협정으로 이어진 경우가 더 많았지만, 앞으로 그러한 패턴이 유지되기는 어려울 것이다. 댐 건설, 산업 폐수, 기존 조약 규정 무시나 거부 등이 수자원 갈등을 악화시키지만, 흔히 정치적·문화적 압박이 훨씬 더 크게 작용한다.

세계의 263개 국제 하천 유역 가운데 절반 정도, 그리고 600여 개 국제 대수층 시스템 가운데 아주 일부만 협력적인 관리협정이 체결되어 있다. 더욱이 다수의 기존 협정이 아직 기후변화나 생물 다양성 감소, 수질 등과 같은 새롭게 대두한 문제에 대처하도록 충분히 조정되지 않은 상태다. 메콩 강, 나일 강, 아무다리야 강(중앙아시아에서 아랄 해로 흐르는 강―옮긴이), 요르단 강, 인더스 강, 브라마푸트라 강(티베트에서 벵골 만으로 흐르는 강―옮긴이) 등 주요 하천 유역에서 진행되는 분쟁은 어떻게 수자원 거버넌스 구조가 자원이 점차 희소해지는 시대에 적응하는지 보여줄 것이다.

진행되고 있다.

- **생태계**의 다양성은 현재 진행되고 있는 국가적·국제적 노력에도 불구하고 계속 감소할 것이다. 기후변화가 서식지 감소와 악화, 과잉 개발, 오염, 외래종 침입 등 현재 숲과 어장, 습지에 악영향을 미치고 있는 상황을 점차 증폭시킬 것이다. 다수의 해양 생태계, 특히 산호초가 해양 온난화 및 산성화로 중대한 위험에 직면할 것이다.

보건. 인간의 건강이 동물의 건강과 더욱 연계될 것이다. 세계의 연결성 증대와 환경조건의 변화가 병원체와 그 숙주의 지리적 분포에 영향을 미치고, 이는 다시 많은 인간·동물 전염병의 출현·전파·확산에 영향을 미칠 것이다. 질병통제에 관한 국가별 또는 세계 보건체계의 결함이 고쳐지지 않아 전염병 발생을 탐지하거나 관리하기가 더욱 어려워지며, 따라서 유행병이 발생지를 크게 벗어나 발생할 가능성이 커질 것이다.

- 그러나 고령화, 영양과 위생 불량, 도시화, 불평등 심화 등 인구학적·문화적 요인으로 말미암아 심장병이나 뇌졸중, 당뇨병, 정신질환 등 비전염성 질병이 향후 수십 년간 전염병을 앞지를 것이다.

여러 추세가 수렴되어 권력과 정치를 변모시킬 것이다

이러한 세계적 추세들이 합쳐져 권력 행사의 의미를 바꾸면서 통치를 어렵게 할 것이다. 어느 한 개인이나 공동체, 국가가 대처할 수 있는 범위를 넘어서는 쟁점의 수와 복잡성이 증가하고 있으며, 그 증가 속도는 수십 년 전에 비해 더 빨라 보인다. 한때 장기적이라고 간주되었던 쟁점이 단기적 영향을 미치는 사례가 더욱 자주 나타날 것이다. 예를 들어, 기후변화와 같이 상호의존적인 복합 문제와 바이오기술의 불법적인 또는 부주의한 사용이 인간의 삶을 악화시키거나 파괴할 가능성이 있다. 사이버·정보기술 – 인간이 점점 더 의존하는 복합 시스템 – 이 새로운 형태의 상업과 정치, 갈등을 계속해서 만들어낼 것이며, 그 함의는 즉각적으로 파악되지 않는다.

경제·기술·안보 추세로 인해 지정학적 영향력을 행사할 수 있는 국가가 늘어나고 있으며, 이에 따라 냉전 이후의 일극 시대가 끝을 향하고 있다. 지난 세기의 경제 발전에 힘입어 유형적으로 강대국 또는 준강대국 지위에 올랐다고 주장하는 국가 – 브라질, 중국, 인도, 인도네시아, 이란, 멕시코, 터키 – 가 늘어났다. 이렇게 문이 열림으로써 국제질서를 형성하겠다는 행위자들이 많아지고 이들의 이해관계와 가치관이 더욱 경합할 것이다. 세계경제 성장의 장래에 관해 불확실성이 큰데도, 선도적 예측기관들은 중국과 인도 같은 신흥경제가 세계 GDP에 기여하는 비중이 현재보다 훨씬 더 커질 것이며 이에 따라 세계 경제활동의 중심이 동쪽으로 이동할 것이라는 데 널리 동의한다.

기술과 부에 힘입어 개인과 작은 단체들이 역사적으로 국가가 독점했던 방식으로 행동할 수 있는 힘이 붙고 있으며 이에 따라 거버넌스와 분쟁의 기존 패턴이 근본적으로 바뀌고 있다. 유형적 부의 변화가 국제적 힘의 균형에 도전하듯이, 힘이 붙었지만 포위당한 선진국 중산층이 종래 확고했던 국가와 사회 간 관계에 대해, 구체적으로는 국가와 국민이 그리고 엘리트와 대중이 서로에게 기대하는 역할·책임·관계에 대해 엄청난 압박을 가하고 있다. 빈곤 감소에 힘입어 특히 아시아에서 더 이상 생존에만 집중하지 않으며 소비·저축과 정치적 목소리의 힘을 휘두르는 개인과 단체의 수가 늘어났다.

- 정보통신기술 혁명으로 개인과 작은 단체들이 전 세계적으로 영향력을 행사할 수 있는 정보와 능력을 손에 넣었으며, 이에 따라 그들의 행동과 이해관계, 가치관이 과거 어느 때보다 중요해졌다.
- 이제는 비영리단체나 다국적기업, 종교단체, 기타 다양한 조직이 부와 영향력, 추종 세력을 모을 수 있으며, 그렇게 해서 어쩌면 정치권력보다 더 효과적일 수 있는 방식으로 복지와 안전 문제를 다룰 능력이 있다.
- 이와 비슷하게, 비국가단체들이 효과적인 충원·소통과 더불어

무기기술에 대한 접근 가능성 증가에 힘입어 지역 질서를 뒤집을 수 있게 되었다.

정보 환경이 대중을 해체하고 그들의 현실 인식을 무수히 단편화하고 있으며, 이는 세계적 사안과 관련하여 종래 국제 협력을 촉진했던 공감대를 저해하고 있다. 정보 환경은 또한 사람들이 언론의 자유와 '사상의 장터' 같은 민주주의 이상에 대해 의문을 품도록 부추기고 있다. 일부 학자와 정치평론가는, 공식 기관에 대해 불신이 커지고 있는 상황에서 전통 매체와 소셜 미디어가 확산·양극화·상업화되는 양상이 겹쳐진 현재의 우리 시대를 '탈진실(post-truth)'의 시대 또는 '탈사실(post-factual)'의 정치라고 묘사한다. 대중을 조작하려는 악랄한 시도는 그러한 맥락에서 비교적 쉬워졌는데, 최근 러시아가 이른바 위키리크스(Wikileaks) 폭로를 조작한 것을 비롯해 우크라이나 및 미국의 대통령 선거와 관련하여 벌인 활동이 이를 입증한다.

- 조사에 의하면, 한 개인의 의견이나 사전적(prior) 이해와 반대되는 정보가 그 개인의 견해를 바꾸거나 그것에 도전을 제기하지 못하고, 대신 그 정보가 편향되거나 적대적인 출처에서 나온 것이라는 믿음을 강화하며, 나아가 소속 그룹을 더욱 극단으로 몬다.
- 설상가상으로 사람들은 흔히 자신과 같은 생각을 가진 지도자나 타인에게 의지하며 그들이 '진실'을 이해한다고 신뢰한다. 에델만 신뢰 지표(Edelmam Trust Barometer) 조사에 의하면, 일반 대중과 대학교육을 받은 뉴스 소비자 사이에 신뢰도 간극이 상당히 크며 더 벌어지고 있다. 이 국제 조사에 의하면, 응답자들은 점차 '자신과 같은 사람'에게 의지하며 그를 최고경영자나 정부관리보다 더 신뢰한다.

- 퓨리서치센터의 2014년 조사에 의하면, 조사 대상 미국인의 뉴스 통신사에 대한 신뢰도가 최고 54%에 그쳤다. 그 대신에 개인들은 국내외 사건에 관한 뉴스와 정보를 얻기 위해 소셜 미디어로 끌리고 있다.

개인과 단체가 결과를 저지할 수 있는 힘은, 새로운 정책과 노선을 설정하거나 공동 과제에 대한 해법을 시행할 때의 건설적 힘보다 훨씬 더 휘두르기 쉬우며, 특히 권위나 정보에 대한 신뢰성이 문제될 경우에 더욱 그럴 것이다.

- 이는 민주정부가 공동 관심사를 둘러싸고 화두를 설정하고 소통하기가 그만큼 더 어려워질 것임을 의미한다. 그리고 이 때문에 정책 시행도 어려워진다.
- 이는 국가적으로 이해관계를 모아서 대변하는 정당의 전통적 역할이 더욱 약화될 것임을 예고한다. 인터넷이 등장하기 한참 전인 1970년대 초부터 미국에서 정당 가입이 줄고 특수이익단체가 늘어났지만, 정보기술과 소셜 네트워킹이 그러한 추세를 강화했다.
- 독재적 성향의 지도자와 정권은 정보를 강요하고 조작하려는 충동이 – 그렇게 할 수 있는 기술적 수단과 더불어 – 커질 것이다.

힘의 본질이 변한다

세계의 추세가 거버넌스와 협력을 더욱 어렵게 만드는 쪽으로 수렴하면서, 전통적·유형적 형태의 힘이 바람직한 결과를 형성하고 확보하기에 충분하지 못하다는 방향으로 전략적 맥락이 바뀌고 있다. 유형적 힘(국력) — 대개 GDP, 군사 지출, 인구 규모, 기술 수준에 의해 측정된 힘 — 이 항상 국가의 주된 수단이었으며 앞으로도 계속 그럴 것이다. 그러한 힘을 가지고 강대국들은 — 최근의 파리기후협정처럼 — 의제를 설정하고 협력을 부를 수 있으며, 심지어 러시아의 크림 반도 병합이 증명하듯이 결과를 일방적으로 강요할 수도 있다. 그러나 유형적 힘은 ISIS와 같은 비국가행위자들이 안보 환경을 형성하는 데 미친 영향이나 주요 강대국이 그러한 사태에 대처하면서 맞닥뜨린 제약을 설명하지 못한다. 또한 유형적 힘은 불복종 노선을 선택하는 이들을 강제하는 데는 거의 소용이 없다.

폭력적 극단주의와 싸우는 일이든 기상이변을 관리하는 일이든 간에, 조치 능력을 거부하거나 부인할 수 있는 행위자들의 확산 때문에 결과를 확보하고 유지하기가 더욱 어려워질 것이다. 사태에 영향을 미치고 교란을 일으키기 위해 사이버와 네트워크, 심지어 환경을 조작하는 것과 같은 새로운 비전통적 형태의 힘을 효율적으로 사용하는 국가와 비국가행위자 수가 늘고 있는데, 이는 '유형적 국력이 강한' 강대국이 적정한 비용으로 결과를 달성할 수 있는 능력에 대한 제약을 가중하고 있다. 현재 국가와 대형 조직은 동의하지 않는 사람들 — 운동가, 국민, 투자자, 소비자 등 누구든 — 이 탈퇴하거나 준수를 철회하거나 (때로 폭력적으로) 항의할 가능성이 커진 상황에 처해 있다. 게다가 정보와 다른 네트워크를 통해 세계의 연결성이 확대된 것에 힘입어, 약하지만 잘 연결된 행위자들이 큰 영향을 미치고 있다.

미래의 가장 강력한 행위자는 과거 세대에서보다 신속성과 통합성, 적응성이 더욱 강화된 방식으로 유형적 역량 및 관계, 정보를 지렛대로 삼을 수 있는 국가나 단체 또는 개인일 것이다. 이들은 영향력을 창출하기 위해, 그리고 때로는 결과를 확보하거나 거부하기 위해 유형적 역량을 사용할 것이다. 그러나 이들은 국가와 사회를 자신의 명분 쪽으로 설득하거나 조종하기 위해 정보를 사용하여 대규모 지지 세력을 동원함으로써 '결과에 미치는 힘'을 실증할 것이다. 감동적인 이야기와 이념을 창조하고 관심을 끌며 믿음과 신뢰성을 키울 수 있는 능력은, 중첩되지만 같지 않은 이해관계와 가치관에서 연유할 것이다. 가장 강력한 주체는 자신의 유형적 역량, 관계적 역량, 정보적 역량이 두루 깊이와 균형을 갖추었음을 보여주면서 – 기업, 사회·종교 운동, 일부 개인뿐 아니라 – 국가가 여러 쟁점에 걸쳐 협력망을 만들도록 유도할 것이다. 지속적인 결과를 위해서는 관계에 대한 지속적인 관리가 요구될 것이다.

가까운 미래

갈등이 고조된다

NEAR FUTURE:
TENSIONS ARE RISING

거버넌스에 도전하고 힘의 본질이 바뀌는 그런 세계적 추세는 향후 5년 동안 주요한 결과를 이끌어낼 것이다. 그런 추세는 모든 지역에서 정부 형태를 불문하고 국제적으로 또는 국내적으로 갈등을 고조시킬 것이다. 이러한 가까운 미래 상황은 테러 위협이 증대하는 데 기여하고 국제 질서의 앞날을 불확실한 상태에 처하게 할 것이다.

각국 내부에서 갈등이 고조되고 있다. 이는 끊임없이 변화하는 세계에서 정부에 무엇을 기대할 수 있는지에 대해 시민들이 근본적인 의문을 제기하기 때문이다. 국외에서 발생한 사건으로 점점 더 그러한 상황이 조성될 때, 대중은 국내에서 평화와 번영을 더욱 폭넓고 확실하게 제공하라고 정부를 압박하고 있다.

결과적으로 이러한 역학 관계는 – 향후 5년 동안 국가 간 분쟁이 발생할 위험을 높이면서 – 국가 간 갈등을 고조시키고 있다. 유럽이 불안정하고, 미국이 세계에서 수행할 역할이 불확실하며, 분쟁을 방지하고 인권을 보호하기 위한 규범이 약화됨으로써 중국과 러시아가 활개를 치게 만든다. 그리고 이러한 일들이 합쳐져 역내의 공격적인 국가와 비국가행위자들이 – 군웅할거 시대를 재현하며 – 대담한 행동을 벌이게 할 것이다. 예컨대, 리야드와 테헤란 간에, 이슬라마바드와 뉴델리 간에, 한반도에서 그런 일이 벌어질 수 있다. 또한 파키스탄이나 북한 같은 국가에서는 거버넌스 부족으로 위협 인식과 불안감이 발생할 것이다.

- 강대국 간 경제적 의존은 여전히 공격적인 행동을 억제하고 있지만 본질적으로 미래의 갈등을 방지하기에는 충분하지 못할 것이다. 강대국과 중견 국가가 다 같이 자국을 경제적 압박과 금융 제재에 취약하게 만드는 유형의 상호의존성을 줄이기 위해 여러 가지 방안을 모색할 것인데, 이에 따라 이들 국가가 자국의 이익을 공격적으

로 추구할 수 있는 행동의 자유가 더 커질 가능성이 있다.

한편 국가, 집단, 개인이 피해를 가할 능력이 다양해짐에 따라 테러 위협이 늘어날 가능성이 있다. 국가 안팎에서 갈등이 고조되고 테러 위협이 커짐으로써 세계적으로 무질서가 횡행하고 국제체제에서 규칙과 제도, 힘의 분포에 대한 의문이 커질 것이다.

유럽. 유럽의 첨예한 갈등과 미래의 화합에 대한 의구심은 경제 및 안보 도전을 감당하지 못하는 제도에서 나온다. EU 기관들이 유로존 국가의 금융 정책을 결정하지만, 재정 및 안보 책임은 각국이 그대로 유지하고 있다. 그 결과 가난한 회원국은 부채와 성장률 감소 전망에 허덕이며, 각국이 안보 정책을 독자적으로 결정하고 있다. 이민, 저성장, 실업에 대한 대중의 좌절은 토착주의를 부채질하며 대륙의 문제를 국가적으로 해결하기를 선호한다.

- 전망: 유럽은 추가적인 충격에 직면할 가능성이 있다. 은행은 여전히 불균등하게 출자되고 규제를 받으며, 유럽 내에서의 또는 유럽으로의 이주는 계속될 것이다. 브렉시트는 여타 유럽 국가에서 지역 및 분리 운동을 자극할 것이다. 유럽의 인구 고령화는 경제 생산을 위축시키고 소비를 건강관리 같은 서비스로 이끌며 상품과 투자로부터는 멀어지게 할 것이다. 청년 근로자 부족으로 세수가 줄어들 것이다. 그렇게 됨으로써 노동력 보강을 위해 이민이 필요하다는 논쟁이 불붙을 것이다. EU의 미래는 제도 개혁, 일자리와 성장 창출, 엘리트의 신뢰 회복 등을 추진하고 이민으로 민족 문화가 급격하게 바뀌리라는 대중의 우려를 해결하는 능력에 달려 있을 것이다.

미국. 향후 5년 동안 미국은 회복력을 시험받게 될 것이다. 유럽과 마찬가지로 경제 사정이 어려워지자 사회와 계급 분열이 초래되었다. 임금은 정체되고 소득 불평등이 높아지자 글로벌 경제 통합과 신분 상승의 '아메리칸 드림'에 의문이 제기되고 있다. 일자리를 찾지 않는 25~54세 미국인 비율은 대공황 이래 가장 높은 수준이다. 하지만 2015년에 중위 소득이 5% 증가했으며, 일부 공동체에서 회복세가 나타나고 있다. 당대의 논객들에 의하면, 이들 공동체에서는 부동산 가격이 적정하고, 외국인과 내국인의 투자 수익률이 높으며, 이민자의 재능 이용이 일상적이고, 연방의 보조에 대한 기대가 낮다.

- 전망: 경제 발전의 조짐에도 불구하고 상당한 도전이 있을 것이다. 대중이 지도자와 기관에 대해 갖고 있는 신뢰는 땅에 떨어지고, 정치의 양극화 현상은 심화되며, 정부의 수입은 저성장과 복지 지출 증가로 제약을 받을 것이다. 더구나 로봇공학과 인공지능의 발전은 노동시장을 더욱 혼란에 빠트릴 가능성이 있다. 한편 미국의 세계 지도국 역할에 대해 전 세계적으로 불확실성이 크다. 하지만 미국은 과거 역경을 극복한 경험이 있다. 예를 들어 1970년대에 겪은 고뇌의 시기 뒤에 강력한 경기 회복이 있었으며 글로벌 역할을 강력하게 수행했다. 지금 미국은 각 주와 지방 수준의 혁신, 유연한 금융시장, 위험을 감수하는 분위기, 대부분의 대국보다 균형을 이룬 인구구조 등에 힘입어 앞으로 상승할 잠재력이 있다. 끝으로, 미국은 아무리 불완전하다 할지라도 남다른 면모를 갖고 있는데, 이는 어느 인종이나 민족이 아니라 모든 사람을 위한 삶과 자유, 행복을 추구한다는 포용적 이상에 기반을 두고 건국되었기 때문이다. 이러한 유산은 분열을 관리하는 데 중요한 강점으로 작용한다.

중남미. 비록 국가 취약성과 마약 밀매가 중미를 지속적으로 괴롭히고 있다 할지라도 남미는 세계 대부분의 지역보다 안정되어 있으며 – 우파와 좌파의 민중영합주의 물결로부터 회복된 것을 포함해 – 많은 민주적 발전을 이룩했다. 하지만 경제적·사회적 안정을 제고하려는 정부의 노력은 예산과 부채의 제약을 받고 있다. 국제적인 원자재 수요 약화로 성장세는 완만해졌다. 중산층에 새로 진입하고자 하는 기대 때문에 공공 재원이 압박을 받고 정치적 불만이 커지며 역내의 빈곤·불평등 해소를 위한 상당한 진척이 위험에 처할 수도 있을 것이다. 운동권 시민사회단체들이 엘리트의 부패, 기반시설 부족, 부실 경영에 대한 인식을 제고시킴으로써 사회적 갈등을 조장할 가능성이 있다. 국민에 의해 축출될 가능성에 직면한 일부 집권자들은 권력 유지를 모색하고 있는데, 이는 일부 국가에서 치열한 정쟁과 민주주의 후퇴를 유발할 수 있다. 특히 중미 북부에서 폭력이 난무하고 있는데, 갱단과 조직범죄단체가 기초 공공재와 공공 서비스를 제공할 능력이 미흡한 정권을 흔들어 기본 거버넌스를 훼손했다.

- **전망:** 중남미에서는 경제를 잘못 관리하고 부패가 만연한 정부가 수시로 바뀔 가능성이 있다. 좌파 정권이 아르헨티나, 과테말라, 페루 등에서 쓰러지고 베네수엘라에서는 수세에 몰려 있다. 하지만 새로운 지도자들은 여건을 개선할 수 있는 능력을 보여줄 시간이 많지 않을 것이다. 멕시코에서 세간의 이목을 끄는 개혁이 성공할지 실패할지는 이 지역의 여타 국가들이 유사한 정치적 위험을 감수할 것인지 여부에 영향을 미칠 것이다. 연령별 인구구조가 상당히 균형 잡혀 있고 에너지 자원이 많으며 아시아·유럽·미국과 경제적 연계가 잘 구축된 역내 일부 국가에는 OECD에 가입하려는 과정이 경제 정책을 개선할 기회와 인센티브가 될 것이다.

내부 지향적 서구? 북미, 유럽, 일본, 한국, 호주와 같이 산업화된 민주국가 지도자들이 중산층의 행복감을 회복할 방안을 모색하는 한편으로, 일부는 민중영합주의와 토착주의 충동을 완화하려는 시도를 할 것이다. 그 결과, 서구는 우리가 수십 년 동안 경험했던 것보다 더 내부 지향적으로 바뀔 것이다. 서구는 재정적 한계, 인구문제, 부의 편중을 시정하기 위한 국내 계획을 실험하는 한편, 비용이 많이 드는 국외 모험을 피하려 할 것이다. 이러한 내부 지향적 태도는 다른 어느 곳보다 EU 거버넌스 문제와 대내적 과제에 몰두하고 있는 EU에서 더욱 두드러질 것이다.

- EU의 내부 분열과 인구문제, 빈사 상태의 경제적 성과는 세계의 주역으로서의 지위를 위협한다. 적어도 향후 5년 동안 영국의 EU 탈퇴에 따라 유럽의 내부 관계를 개편할 필요성은 이 지역의 국제적 영향력을 약화시키고 대서양 양안의 협력을 저해하는 한편으로, 역내 주민들의 반이민 정서는 유럽의 정치지도자들에 대한 국내의 정치적 지지를 약화시킬 것이다.
- 세계 속 미국의 역할에 관한 질문은 동맹국 지원, 분쟁 관리, 미국의 국론 분열 극복과 관련해 미국이 무엇을 제공할 수 있는지, 그리고 미국 국민이 무엇을 지지할 것인지로 집약된다. 타국 정부와 국민은 미국을 주시하면서 타협과 협력의 징후를 찾을 것이며, 특히 세계무역, 세제 개혁, 노동력의 첨단기술에 대한 적응 태세, 인종 관계, 주와 지방 수준의 실험에 대한 열린 태도 등에 주목할 것이다. 국내의 발전이 저조함으로써 경비 절감을 하게 되고, 중산층이 약화되며, 잠재적으로 전 세계가 무질서와 지역별 세력권 다툼으로 빠져드는 징후를 보일 것이다. 그렇지만 미국은 엄청난 인적 자본과 안보 자본을 보유하고 있다. 세계 최고의 인재 중 상당수는 미국에서 살고 일

하기를 원하며, 미국이 능란하고 건설적인 외교 정책을 취해주리라는 세계와 미국 내의 바람은 여전히 크다.

중국. 중국은 중대한 실험 – 정치적 안정이 불확실한 상태 – 에 직면해 있다. 30년에 걸친 역사적인 경제 성장과 사회 변화를 겪은 다음 성장 둔화와 부채 증가의 여파로 베이징은 투자 주도 및 수출 기반 경제에서 국내 소비를 통해 진작되는 경제로 이행하고 있다. 정부는 정통성과 정치질서를 유지하기 위해 새로운 중산층이 요구하는 청정한 공기, 저렴한 주택, 개선된 서비스, 지속적인 기회를 제공하는 것이 필수적일 것이다. 시진핑 주석의 권력 강화는 기존의 안정적인 승계 체제를 위협할 수 있다. 한편 베이징이 때로 타국과의 갈등에 처했을 때 부추기기도 하는 중국 민족주의가 통제 불능 상태에 빠질지도 모른다.

- 전망: 베이징은 민간 소비 진작 노력이 뿌리를 내리는 동안에 성장을 뒷받침할 충분한 자원을 보유하고 있을 것이다. 그렇지만 정부가 국유기업을 고수할수록 경제를 관리할 능력에 의문을 던지는 재정적 충격에 빠질 위험이 커질 것이다. 자동화 그리고 아시아나 심지어 아프리카의 저비용 생산국과의 경쟁은 미숙련 근로자의 임금에 압박을 가할 것이다. 이 나라의 급속한 생산가능인구 감소는 성장에 강한 역풍으로 작용할 것이다.

러시아. 러시아는 민족주의, 군 현대화, 핵 무력 과시, 외국 개입을 통해 강대국 지위를 회복하기를 열망한다. 하지만 침체된 경제가 3년 연속 불황으로 치닫고 있는 탓에 국내에서 어려움이 가중되고 있다. 모스크바는 개인의 자유와 다원주의를 희생하면서 안정과 질서를 중시하고 국

2021년의 긴급뉴스 헤드라인을 상상하며

런던과 뉴욕에서 '뜨내기 근로자들' 폭동

2021년 9월 17일, 런던

숫자가 점점 늘어나는 독립 근로자와 임시직 근로자를 대표하는 뜨내기 근로자 운동(Gig Workers Movement: GWM)은 런던과 뉴욕 소재 대기업들에 대한 폭력적 시위와 서비스 거부 사이버 공격을 조직했다. 목적은 저임금, 일자리 불안, 수당 부족에 항의하는 것이었다. 운동 지도자들은 기초 식량과 주택 관련 추가 프로그램에 대해 더 강력한 사회적 지지를 받지 못하면 더욱 파괴적인 시위를 벌일 것이라고 경고했다. 사이버 공격은 수백만 대의 훼손된 인터넷 연결 기기를 활용해 공격 대상 기업의 정보 시스템을 제압했다.

민에게 안전을 제공한다. 또한 모스크바가 세계 무대에서 역할을 – 심지어 혼란을 통해 – 담당할 역량은 국내에서 정권의 힘과 인기를 누리는 원천이 되었다. 러시아의 민족주의는 푸틴과 관련한 이야기에서 특징적으로 나타난다. 푸틴은 러시아 문화를 유럽의 퇴폐와 다문화주의의 물결에 대항할 수 있는 마지막 보수 기독교 가치의 방파제라고 칭송한다. 푸틴은 개인적으로 인기가 있지만, 집권당 지지율이 35%에 그치는 것은 대중이 생활 여건의 질적 악화와 권력 남용을 용납하지 못한다는 것을 반영한다.

- 전망: 크렘린의 전술이 흔들리면 러시아는 불만에 찬 엘리트들이 추동한 국내 불안정에 취약해질 것이다. 이는 크렘린이 지위가 떨어진 만큼 국제적으로 더욱 공격적인 행동으로 나올 가능성을 시사한다. 러시아의 인구 상황은 1990년대 이래 다소 개선되었지만 여전히 암울하다. 남성의 기대수명은 산업화된 국가 중에서 가장 낮고, 인구는 계속 감소할 것이다. 모스크바가 경제 다변화를 지연시킬수

록 정부는 통제력을 유지하기 위해 더욱 민족주의를 부추기고 개인의 자유와 다원주의를 희생시킬 것이다.

점점 더 주장이 강해지는 중국과 러시아. 베이징과 모스크바는 경제적·인구학적 역풍이 물질적 발전을 더욱 늦추고 서구가 입지를 탈환하기 전에 일시적인 경쟁 우위의 굳히기와 스스로 판단한 역사적 과오의 시정을 추진할 것이다. 중국과 러시아는 모두 자기 지역에서 정당하게 군림하고 있으며, 그들의 안보와 물질적 이익에 적합하도록 지역 정치와 경제를 형성할 수 있다는 세계관을 유지하고 있다. 양국은 최근 수년 동안 공격적으로 변신하여 지역에서 더 큰 영향력을 발휘하고 지정학적으로 미국과 경합하며 배타적 역내 세력권을 미국이 수용하도록 강요했다. 이것은 미국이 역사적으로 반대해온 상황이다. 예를 들어 중국은 서태평양에 계속 머물고 있는 미 해군, 미국을 중심으로 한 역내 동맹 관계, 미국의 타이완 보호가 시대에 뒤진 것이며 중국이 겪은 '굴욕의 100년'이 지속되고 있음을 나타내는 대표적 사례라고 본다.

- 하지만 최근의 중국과 러시아 간 협력은 전술적이었으며, 베이징이 중앙아시아에서 러시아의 이익을 위험에 빠뜨리고 러시아를 넘어 값싼 에너지 공급 옵션을 더 많이 확보한다면 양국이 경쟁 상태로 돌아설 가능성이 있다. 더구나 중국과 러시아가 당연하다고 보는 자국의 세력권 사이에 서로 수용할 수 있는 경계선이 존재하는지는 분명하지 않다. 다른 한편으로 이 지역에서 인도의 경제력과 국력 신장은 이러한 계산을 더 복잡하게 할 것이다. 왜냐하면 뉴델리는 확장된 이익을 보호하기 위해 베이징, 모스크바, 워싱턴과의 관계를 헤쳐나갈 것이기 때문이다.

2019년의 긴급뉴스 헤드라인을 상상하며

중국, 군사기지 건설을 위해 피지의 무인도 매입

2019년 2월 3일, 베이징

중국 정부 및 인민해방군과 연계된 중국 개발회사는 최근 피지 정부로부터 무인도인 코비아를 8억 5000만 달러에 사들였다고 오늘 발표했다. 이에 대해 서구의 안보분석가들은 중국이 이 섬을 이용하여 남태평양에 영구적인 군사기지를 건설할 계획이라고 평가했다. 이 섬은 하와이에서 남서쪽으로 약 5000킬로미터 떨어진 지점에 위치해 있다.

러시아의 단호한 자기주장은 발트 제국과 유럽의 여타 지역에서 반러시아 태도를 강화시킬 것이며 분쟁의 위험을 고조시킬 것이다. 러시아는 국제 협력을 모색하고 때로는 그렇게 가장하는 한편, 자국 이익에 반한다고 인식되는 규범과 규칙에 공개적으로 도전할 것이며, 미국의 정책과 선호에 저항하는, 자국과 닮은꼴의 '관리 민주주의' 지도자들을 지원할 것이다. 모스크바는 세계경제의 룰에 걸린 이해관계가 별로 없으며, 미국과 유럽의 제도적 이점을 약화시키는 행동을 취할 수 있다. 모스크바는 NATO(북대서양조약기구)와 유럽의 결의를 시험하고 서구의 신뢰성을 훼손하려고 할 것이다. 또한 유럽의 북부, 남부, 동부, 서부 간 분열을 이용하고 미국과 EU 사이를 갈라놓으려고 몰아붙일 것이다.

- 마찬가지로 모스크바는 미국의 영향력을 저지할 수 있다고 생각하는 중동과 여타 지역에서 더욱 적극적으로 나올 것이다. 끝으로 러시아는 여전히 핵무기에 의존할 것인데, 그것은 억지력으로서, 자국보다 더 강력한 재래식 군사력에 대항하기 위해, 그리고 초강대국 지위를 확보하기 위해서 필요하기 때문이다. 러시아는 자국의 중대한

불안정에 관한 상반된 견해

중국과 러시아는 세계에서 무질서가 발생하는 것을 자기중심적인 미국이 자유의 개념과 가치를 세계 곳곳에 주입하려는 음모에서 비롯된 것으로 묘사하고 있다. 서구 정부들은 불안정의 기저에 냉전 종식과 불완전한 정치·경제 발전으로 악화된 여건이 자리하고 있다고 본다. 약소국과 취약국에 대한 우려는 그런 국가들이 배출하는 외부효과 — 어떤 경우에는 질병, 난민, 테러분자 — 에 대한 신념 때문에 한 세대 전보다 더 높아졌다. 하지만 지구의 상호연결성이 증대되면서 전 지구에서의 고립이 환상이 되고, 인권 규범의 발흥은 피통치자에게 휘두르는 국가폭력을 받아들일 수 없는 선택지로 만든다.

냉전 종식 이후 미국과 소련의 탈개입이 불러온 결과는 강권 정치, 군부, 보안군에 대한 외부 지원의 상실이었다. 그들은 후원을 받기 위해 흥정을 할 수 없게 되었다. 또한 후진국에서 유례없는 규모와 속도로 경제가 발전하면서 이제 가난하지 않게 된 시민들은 즉각 반응이 나타나는 참여 거버넌스를 요구하고 있으며, 이러한 요구의 증대는 억압적인 정부를 억제하는 작용을 하고 있다. 정치 발전과 경제 발전이 대략 동시적으로 또는 신속하게 연이어 발생한 국가에서는 근대화와 개인의 힘 증진에 따라 정치적 안정을 강화했다. 경제 발전이 정치적 변화 없이 일어나거나 정치적 변화보다 앞선 국가 — 다수의 아랍 세계와 아프리카 및 남아시아의 나머지 국가 등 — 에서는 불안정이 이어졌다. 중국은 주목할 만한 예외다. 지금까지 중국에서는 공공재 공급이 정치질서를 지탱했지만, 부패 퇴치 운동은 현재 불확실성을 증대시키고 있으며, 지난 15년 동안 대중의 시위가 늘어났다. 러시아는 나머지 주요 예외로서 경제 성장 — 주로 에너지와 원자재 가격 상승 덕분이다 — 이 옐친 시대의 혼란을 해소하는 데 일조했다.

미국이 이라크와 아프가니스탄에서 겪은 경험에 의하면 억압 통치를 하고 돈을 쏟아붓는다고 해서 국가의 취약점을 극복할 수 없다. 오히려 안정된 정치질서를 확립하려면 포용력과 엘리트의 협력, 군부 통제와 공공 서비스 제공이 가능한 국가행정이 필요하다. 이러한 것을 제공하기란 예상보다 더 어렵다는 것이 입증되었다.

이익이 걸린 상황에서 재래식 분쟁이 지속되어 대규모 핵 교환으로 확전될 위험을 보여줌으로써 분쟁을 '단계적으로 완화하기' 위해 군사 교리에 핵무기의 제한적 사용을 담고 있을 것이다.

동북아에서는 한반도 주변에서 긴장이 고조될 것으로 보이는데 향후 수년 동안 심각한 대치 상황이 초래될 가능성이 있다. 김정은은 임명권과 테러를 배합해가면서 권력 장악을 강화하고 있으며, 핵과 미사일 프로그램을 두 배로 늘리고 장거리 미사일을 개발해 곧 미국 본토를 위협하게 될 것이다. 베이징, 서울, 도쿄, 워싱턴은 동북아에서 안보 위험을 관리할 공동의 인센티브를 갖고 있지만, 현재의 상호 불신과 더불어 전쟁과 점령의 역사는 협력을 어렵게 하고 있다. 추가적인 핵과 미사일 실험을 포함한 북한의 지속적인 도발은 이 지역의 안정을 악화시키고 주변국이 자국의 안보 이익을 보호하기 위해 (때로는 일방적인) 행동을 취하도록 자극할 것이다.

- 김정은은 안보와 위신, 정치적 정통성을 확보하고자 북한이 국제적으로 핵보유국으로 확실하게 인정받게 하기로 마음먹었다. 그는 아버지나 할아버지와 달리 비핵화협상에 참여하는 데 관심이 없다는 신호를 보냈다. 그는 2012년 노동당 규약에 북한의 핵 보유를 성문화했으며, 2016년 노동당 대회에서 이를 재확인했다.
- 베이징은 계속해서 북한과 관련한 전략적 난제와 맞닥뜨리고 있다. 평양의 행동은 미군의 역내 주둔이 시대착오적이라는 중국의 주장을 손상시키는 동시에 중국이 이웃 나라이고 의존국인 북한에 대해 영향력이 – 또는 아마도 영향력을 행사할 정치적 의지가 – 부족하다는 것을 보여준다. 북한의 행동은 미국의 동맹을 강화시키고, 미국 동맹

국들이 더욱 적극적인 행동을 취하게 하며, 때로는 동맹국 간 협력을 증진시킨다. 장기적으로는 베이징의 대북 접근법을 변화시킬 수도 있을 것이다.

- 또한 서울과 도쿄가 결정하는 사항들이 중요한데, 양국은 모두 안보 역량을 향상시키는 동시에 미국의 안보 우산을 유지하는 데 골몰하고 있다.

중동과 북아프리카. 사실상 이 지역의 모든 추세는 잘못된 방향으로 가고 있다. 계속되는 분쟁과 정치·경제 개혁의 부재로 빈곤 퇴치가 위협받고 있다. 사실 빈곤 퇴치는 최근 이 지역의 밝은 면이다. 자원 의존과 외국 원조가 지도층을 지탱해왔는데, 이것이 오히려 시장, 고용, 인적 자본을 억제함으로써 국민의 정부 의존도를 높였다. 유류 가격이 호황 수준으로 회복될 기미가 없는 상황에서 대부분의 국가는 현금 지급과 보조금을 제한해야 할 것이다. 한편 소셜 미디어는 대중에게 좌절감을 표출할 새로운 도구를 제공했다. 보수적인 종교단체들 – 무슬림형제단 계열과 시아파 운동권 포함 – 과 쿠르드족 중심의 단체와 같은 민족 기반 단체들은 이 지역의 무능한 정부에 대한 일차적인 대안으로 바뀌었다. 그런 단체들은 대체로 국가보다 나은 사회적 서비스를 제공하는데, 이들의 정치에 공감하는 대중은 일반적으로 역내 정치·경제 엘리트보다 더 보수적이고 독실한 사람들이다.

- 전망: 현재의 추세를 손대지 않고 그대로 두면 이 지역은 더욱 파편화될 것이다. 극단주의 이슬람 단체의 영향은 확장될 것이며, 소수파의 존재와 이들에 대한 관용이 감소하고 추가적인 이민 발생의 온상이 될 것이다. 이집트나 어쩌면 사우디아라비아 같은 아랍 국가

들이 불안정한 상태에 처할 위험은 지배자로 하여금 힘을 통한 통제를 가하도록 유혹할 수 있다. 여기서 힘을 통한 통제는 기술 진보에 따른 개인의 힘 증진, 더 자유로운 정보 흐름, 빈곤 감소 등의 추세와 상충하는 충동이다. 이에 대한 대안으로 민주주의로의 전환이 매력적인 모델을 제공할 수 있을 것이다. 만약 민주주의가 안정성을 높이고 포용적인 번영을 제공한다면 말이다. 이 지역의 일부에서 진전되고 있는 빈곤 감소, 교육 및 여권 신장은 점점 많아지는 노동 연령 젊은이들을 활용하는 데 탄력을 부여한다.

지정학적으로 중동과 북아프리카의 인도주의적 위기와 지역 분쟁의 증대는 국제 분쟁 해결과 인권 규범의 신뢰성을 더욱 위협할 것이다. 미국을 신뢰할 수 없다는 역내 각국의 인식은 러시아에 이어 어쩌면 중국까지 경쟁에 뛰어들게 했으며, 아랍 국가들이 미국의 공약 불이행에 대비하게 하고 있다. 이러한 인식은 시리아에서 정지선(redline)을 넘은 것, 2011년 무바라크와 여타 아랍 집권자들에 대한 지원 보류, 이란 편으로 기울어지면서 전통적인 수니파 동맹국과 이스라엘에서 멀어졌다는 주장, 미국의 아시아 중시에 따른 홀대 느낌 등에서 비롯된 것이다.

- 한편 이란과 이스라엘, 아마 터키까지 이 지역의 여타 국가들에 비해 권력과 영향력이 증대할 것으로 예상되지만, 여전히 서로서로는 불화관계에 있을 것이다. 이란의 국력 증대와 핵 역량, 공격적인 행동은 이스라엘과 페르시아 만 연안 아랍 국가들에 계속적으로 우려의 대상이 될 것이다. 이란과 사우디 간 역내 경쟁의 종파적 성격은 이 지역 전체에 선동적인 수사와 이단이라는 주장을 고취함으로써 이러한 우려를 강조한다.

사하라 이남 아프리카. 민주적 관행이 확대되고, 시민사회단체가 급증했으며, 더 좋은 거버넌스에 대한 대중의 요구가 더욱 절박해졌다. 하지만 다수의 아프리카 국가는 '빅맨(big man)'의 지배와 후원 정치, 종족 편애에 반대하는 투쟁을 이어나갈 것이다. 다수의 지도자는 여전히 개혁보다 정치적 생존에 집중할 것 – 일부 인사들은 임기 제한에 저항할 것 – 이다. 또한 세계경제의 역풍은 낮은 원자재 가격과 빈약한 외국인 투자를 초래함으로써 발전을 위협할 것이다. 민주주의의 발전에 진척을 보인 일부 국가들도 여전히 취약한 상태이고 선거를 할 때 폭력 사태가 발생하는 경향이 있다. 기독교도 집단과 이슬람교도 집단 간의 갈등이 분쟁으로 비화할 가능성이 있다.

- 전망: 향후 5년 동안 증가할 아프리카 인구는 청년층 증대, 도시화, 이동성 증대, 네트워크화 등의 특성을 보이고 교육이 개선되어 발언권 요구도 커질 것이다. 급속한 도시화로 기반시설에 대한 압박이 가중되고 엘리트의 부패상이 더 잘 보이게 될 것인데, 이는 서비스나 기회에 불만을 품은 대중을 자극할 것이다. 약 7500만에서 2억 5000만 명에 이르는 아프리카인이 심각한 물 부족 상태를 겪을 것이며, 이것이 대량 이주로 이어질 가능성이 있다. 그럼에도 아프리카는 개발을 추진하려는 정부, 기업, NGO, 개인의 실험지대가 될 것이다. 중산층 확대, 시민사회 활성화, 민주제 확산 등 과거 20년 동안의 발전이 앞으로의 상승 잠재력을 시사하고 있다.

남아시아. 인도는 향후 5년 동안 세계에서 가장 빠르게 경제가 발전할 것이나, 불평등과 종교를 둘러싼 내부 갈등으로 복잡한 팽창이 이루어질 것이다. 이 기간에 중국은 경제가 냉각되며, 여타 지역의 성장은 제대로 돌아가지 않고 털털거리는 소리를 낼 것이다. 하지만 뉴델리는 인도가 이 지역의 지배적 강국으로서 역할을 다하겠다는 폭넓은 노력의 일환으로 남아시아의 소국들이 개발원조와 인도 경제와의 연결성 증대를 통해 지속적으로 인도의 경제 성장에 참여할 유인을 제공할 것이다. 아프가니스탄과 파키스탄, 역내 취약한 공동체 관계를 둘러싸고 폭력적 극단주의와 테러리즘, 불안정 기류가 계속해서 맴돌 것이다. 이 지역에서는 라슈카르 에 타이바(Lashkar-e-Tayyiba: LET), 파키스탄 탈레반(Tehrik-i-Taliban Pakistan: TTP), 알카에다와 그 연계 단체 등의 테러 위협이 역내 현안으로 상존할 뿐만 아니라 ISIL(이라크·레반트 이슬람국가)의 확장과 관련 이데올로기에 대한 동조가 두드러질 것이다. 특히 몇몇 국가의 남아 선호에 따른 비정상적인 성비를 고려할 때, 소수민족에 대한 차별과 일자리 찾기 경쟁으로 인해 역내 청년들이 급진적이 될 것이다.

- 전망: 앞으로 인도 발전의 질은 광범위하게 열악한 공중보건 및 위생시설, 기반시설의 여건을 개선하는 데 달려 있다. 예를 들면, 인도의 어린이 영양실조 비율은 사하라 이남 아프리카보다 높다. 방글라데시와 인도, 파키스탄에서 점증하는 도시 인구가 고용과 교육을 제공받지 못하고, 관리들이 주로 정체성 정치를 통해 계속 통치한다면 민중영합주의와 종파주의가 강화될 것이다. 보건, 식량 안전, 기반시설, 생계가 오염, 지진, 계절풍 패턴 변화와 빙하 해빙 증가를 포함한 기후변화 영향으로 악화될 것이다. 그러나 남아시아가 민간 부문, 공동체단체, NGO에 대해 포용적 태도를 보인다면, 특히 각국 정부가 사회를 분열시키는 광신적 애국주의 집단에 대한 지원을 억제한다면 남아시아는 개인의 힘이 증대된 시대에 맞게 제자리를 잡을 것이다.

2032년의 긴급뉴스 헤드라인을 상상하며

IMF, 아프리카의 경제 성장률이 아시아를 능가했다고 발표

2032년 2월 11일, 워싱턴 DC.

IMF(국제통화기금)는 지난해 아프리카의 경제 성장률이 5%에 달함으로써 최초로 아시아를 능가했다고 발표했다. 이는 지역 발전에 박차를 가하기 위해 여러 가지 개선책이 합쳐진 결과다. 지난 10년간 이 지역에서는 값싼 태양전지판과 가정용 배터리를 구할 수 있게 되어 에너지 혁명이 일어났다. 그리고 유전자변형생물(GMO)과 담수화 기술의 발전으로 식량 생산이 안정되었으며, 금융 서비스와 디지털 결제, P2P 소셜 펀딩 등의 증가가 상업을 활성화했다. 3D 프린팅의 확산으로 아프리카의 늘어나는 노동력을 이용한 현지 제조업이 성장했다.

남아시아에서 파키스탄은 비대칭적 수단을 동원해 인도의 경제력과 재래식 군사력에 대처해야 한다고 느낄 것이다. 파키스탄은 핵무기와 운반 수단을 확장함으로써 대인도 핵 억지력 증가를 도모할 것이다. 여기에는 '전장 핵무기'와 해상 기지 발사 선택지가 포함된다. 반대로 인도는 파키스탄에 대해 확전을 통한 우위(escalation dominance)를 확보하려고 진력하는 한편, 파키스탄과 중국 양국을 집중 겨냥하여 유럽, 일본, 미국, 여타 국가와의 군사적 제휴를 모색하면서 재래식 전력을 증강할 것이다.

- 향후 20년 동안 해상에서 인도, 파키스탄, 혹은 중국이 핵무기를 배치함으로써 인도양의 핵무장화가 늘어날 것이다. 핵무장 함정 간 사태 발생 시 대응 지침이 불확실한 핵보유국이 다수 존재한다는 것은 오판과 우발적인 확전 위험을 증대시킨다. 해군 운반체에 핵을 탑

신흥경제에서 소득이 역사상 어느 때보다 더 빠르고 크게 증가하고 있다

인도와 중국은 과거 어느 신흥경제국보다 1인당 소득이 훨씬 더 빠르게 배증했다.

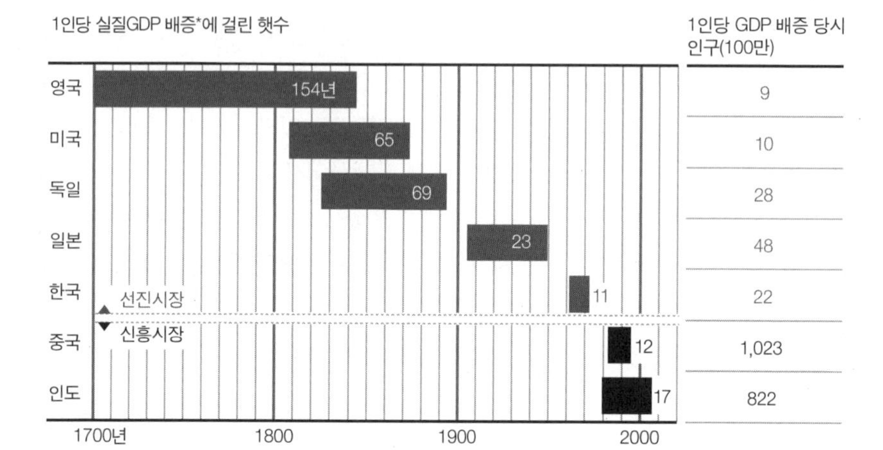

* 구매력평가 기준 연간 1300달러에서 2600달러로 2배 증가.
자료: Groningen Growth and Development Center, "The Maddison-Project database"(2013), http://www.ggdc.net/maddison/maddison-project/home.htm, 2013 version.

재하는 데는 현재까지 남아시아에서 핵무기를 미사일과 별도로 저장해온 일종의 안전판을 제거하는 것을 필요로 한다.

테러 위협 증대

국가와 집단, 개인이 유해한 활동을 전개할 수단과 동기가 다양해짐에 따라 테러 위협이 증대할 가능성이 있다. 분쟁의 장기화와 정보화시대의 도래로 테러리스트들이 대규모로 인원을 모집하고 활동할 수 있게 되었는데, 이는 위협의 성격이 변하고 있음을 보여준다. 세계적으로 사망자 수를 놓고 보면 테러 때문에 죽은 숫자보다 범죄나 질병으로 죽은 숫자가 더 많지만, 세상에 종말이 온 듯 파괴를 자행하는 개인들의 손에 새로운 무기가 들어갈 가능성은 너무나 현실적이다. 그 결과로 발생할 저확률·고충격 사태를 생각하면 이 사안에 대한 국제 협력과 각국의 집중적 대응이 긴요한 과제다.

테러리스트들은 자기 나름대로 종교를 해석함으로써 폭력을 지속적으로 정당화하겠지만, 기저에서 몇몇 요인이 작동하고 있다. 국내적으로 여러 중동 국가에서 국가 구조가 붕괴되어 극단주의자들을 위한 공간을 계속해서 만들어주고 있다. 이란과 사우디아라비아 간에 진행되고 있는 대리전도 시아파와 수니파의 종파주의를 부채질하고 있다. 일부 무장단체들은 종교적 차이를 둘러싸고 더 분열하고 있다. 또한 '서구 패권주의' 인식은 여전히 일부 단체에 강한 호소력을 발휘하며 '저쪽의 적'에 타격을 가하기 위해 동원된다.

- 종교적으로 추동된 테러의 발생지는 변화무쌍하겠지만, 폭력적인 종교 민족주의의 발흥과 시아파와 수니파 사이의 분열이 단기적으로 악화될 가능성이 있고 2035년까지 줄어들지 않을 것이다. 여러 세대에 걸친 독재정부와 경제적 격차를 배경으로 거대하고 급속한 정치적 변화를 겪고 있는 지역에서 ISIS든 알카에다든 간에 살라피 지하디즘(Salafi-Jihadism: 수니파 내에서 초기 이슬람교도를 본받기 위해 투쟁하자는 이슬람근본주의—옮긴이)과 같이 강력한 이데올로기가 결합하여 폭력 사태가 심화될 수 있는 연결점을 만든다. 중앙아프리카의 호전적 기독교와 이슬람교, 미얀마의 호전적 불교, 인도의 폭력적 힌두투

바(Hindutva)는 모두 테러와 분쟁을 계속 부채질할 것이다.

- 세계의 일부 지역에서는 극단주의자들이 분노를 이용해, 종교적 결합을 심화시키는 공통의 정체성과 불평등 인식을 결부시킨다. 정보 연결성이 늘어나고, 다수의 개발도상국에서 국가의 취약성이 확대되며, 선진국에서 전통적인 직장에서 이탈함에 따른 소외가 증가하면서, 종교는 의미와 연속성의 더욱 중요한 원천이 될 것이다. 많은 사람은 급속한 변화와 정치적·경제적 불확실성(또는 불안함)으로 인해 의미와 연속성을 위한 이데올로기와 정체성을 받아들이게 될 것이다.
- 정보기술 – 15세기 인쇄기와 구텐베르크 성경이든 1989년 월드와이드웹 발명이든 – 발전은 종교적 콘텐츠를 광범위하게 확산시킨다. 이는 부분적으로 종교가 국경을 초월하는 관념이며 일상생활에서 국가 권위보다 더 영향력을 미칠 경우가 종종 있기 때문이다. 신자들은 대부분 온순하지만, 극단적인 견해를 지닌 이들은 정보기술을 통해 마음이 맞는 추종자와 취약한 새 신자를 찾을 것이다. 대부분의 세계 종교 – 기독교, 이슬람, 유대교, 불교, 힌두교 포함 – 는 이러한 식으로 이용될 수 있는 교리상의 배타적 측면을 지니고 있다.

종교 이외에 심리적·사회적 요인은 테러 참여를 부추기고 테러단체가 신병과 자원을 끌어들이며 응집력을 유지하는 데 일조할 것이다.

- 어떤 수준의 소외: 사회문화적 주류로부터 단절되어 정치 과정에 참여할 수 없는 경우이거나 사회로부터 받는 경제적 혜택이 없는 경우.
- 종족·친족 유대 – 동료, 사회, 또는 가족 네트워크 – 그리고 모험이

나 명성, 소속에 대한 욕망.

- '탈국가화': 유럽 도시의 젊은 이민자들이 태생지 공동체와의 연결이 단절된 상태에서 새로 유럽인 정체성을 가질 기회나 효과적인 유인이 없는 경우.
- 종족적·종교적 갈등(오늘날의 분쟁 지역 이외에): 예컨대 태국의 말레이인과 태국인 간, 미얀마의 이슬람교도와 불교도 간, 나이지리아의 기독교도과 이슬람교도 간.

기술은 양날의 검과 같다. 한편으로는 테러리스트의 커뮤니케이션, 모집, 병참, 치명성을 촉진한다. 다른 한편으로 대중이 허락한다면, 기술은 당국자들에게 위협을 식별하고 특징지을 수 있는 더욱 정교한 기법을 제공할 것이다. 기술은 비국가행위자들이 활동과 신분을 계속해서 숨길 수 있게 할 것이다. 예를 들어, 사이버 도구를 사용해 전력 시스템을 허물면 대규모 혼란이 초래될 가능성이 있으며, 어떤 경우에는 치명적인 결과가 야기될 것이다. 또한 통신기술은 비국가행위자들이 신입 회원을 모집하고 활동 자금을 확보하며 메시지를 전파할 수 있는 역량의 핵심이 될 것이다. 기술 진보로 말미암아 테러리스트의 대량살상무기 사용이라는 고충격·저확률 시나리오가 현실화될 기술적 장벽이 낮아지고 테러단체로 치명적인 재래식무기가 확산될 수 있을 것이다.

- 기술은 위협을 더욱 분산 — 예컨대 조직화되고 통제된 알카에다에서 파편화된 지하드의 호전성으로 — 시킬 것이다. 이러한 추세는 대테러활동에 난제를 제기하고 미래의 테러 음모와 전략의 성격을 바꿀 것이다.

2019년의 긴급뉴스 헤드라인을 상상하며

멕시코, 최근의 암살 시도 후 민간 드론 불법화

2019년 5월 13일, 멕시코시티

멕시코 정부는 오늘 민간인이 드론을 소유하는 것이 범죄라고 발표했다. 이 조치는 3개월도 안 되는 기간에 마약 카르텔이 고위 공무원을 암살하려고 다섯 번째 '드론 폭탄'을 사용한 이후 내려진 것이다. 가장 최근의 암살 대상자는 새로 부임한 내무장관이었다.

기로에 선 미래의 국제질서

오늘날의 정치·경제·안보 구조와 기관을 형성한 제2차 세계대전 이후의 국제질서는, 권력이 세계적으로 분산되고 국제적 의사결정 '테이블'의 자리가 뒤섞이는 바람에 논란이 되고 있다. 장차 강대국이 되려는 국가는 자국의 이익에 유리한 방향으로 게임의 규칙과 국제적 맥락을 조정하려고 한다. 이러한 역학 관계는 UN 안전보장이사회 또는 브레턴우즈 체제와 같은 국제제도의 개혁을 복잡하게 만들고 있으며, 시민적·정치적 권리와 인권 – 1945년 이래 자유주의 가치와 미국 리더십의 특징 – 이 그렇게 계속될 것인지에 대해 의문을 제기한다. 정착될 것으로 생각된 규범이 현재의 추세가 지속되면 점점 더 위협을 받을 것이다. 그리고 새로운 규범을 만들기 위한 합의에 도달하기 어려울 것이다. 이는 특히 러시아와 중국, ISIS와 같은 여타 행위자들이 그들에게 유리하게 지역을 재편하고 국제규범을 형성하려고 하기 때문이다. 진화하는 국제질서의 몇몇 특징은 다음과 같이 분명하다.

- 지정학적 경쟁이 치열해지고 있다. 이는 중국과 러시아가 인근 지역에 대해 세력을 떨치고자 하며 미국의 영향력이 지배하지 않는 질서를 진작하려고 하기 때문이다.
- 비록 여러 국가와 단체가 계속해서 미래의 질서에 대한 시민의 기대를 형성하겠지만, 시민과 지방자치단체 등의 관심사가 점차 국가를 압박해 국내 정치와 국제 정치를 분리할 수 없는 지경에 이르게 한다.
- 이는 가까운 장래에 일부 국가에서 기존 안보 개념과 인권에 덜 충실하게 되는 결과를 가져올 것이다. 일부 개인과 작은 단체들이 물려받거나 새로운 플랫폼·장소·제도를 통해 그런 관념을 옹호해도 그럴 것이다.
- 독재정권은 점차 인권 규범을 재해석하고 조작할 것이다. 이에 따라 국가의 영토 외적 책무에 관해, 예를 들어 보호 책임(실패국가나 독재국가에서 심각한 인권침해가 이뤄질 때 그 나라 주권을 일시적으로 무시하고 국제사회가 인도주의 차원에서 개입할 수 있다는 논리—옮긴이) 등의 개념을 적용할 때, 국제무대에서 합의 형성이 줄어들기 십상일 것이다. 이는 국내의 시민사회와 인도주의적 분쟁 해결에 부정적인 결과를 초래할 수 있다.
- 기후변화를 둘러싸고 등장한 규범과 관행 – 그리고 이것이 국제 정책과 국가 개발 정책에 미친 영향 – 은 21세기 공동의 원칙을 형성할 가장 유력한 후보다. 퓨리서치센터에서 실시한 여론조사에서, 조사 대상 40개국 가운데 대다수가 기후변화가 심각한 문제라고 답하고, 전 세계적으로는 평균 54%가 기후변화가 매우 심각한 문제라고 답했다.

단기적으로 국제 경쟁이 세계적인 혼란과 불확실성을 증대시킬 확률은 선택적 국제주의가 지속되는 한 여전히 높을 것이다. 지배적인 국가들이 지역 문제에 관해 공격적으로 자국 이익을 주장하면서 세계 문제에 관해서는 협력을 그 일부에 국한함으로써 국제적 규범과 제도가 약화되고 국제체제는 파편화되어 지역 세력권을 놓고 경쟁이 벌어질 것이다.

먼 미래의 3대 시나리오

섬, 궤도, 공동체

THREE SCENARIOS FOR THE DISTANT FUTURE:
ISLAND, ORBITS, AND COMMUNITIES

향후 5년을 넘어 먼 미래를 생각하면 너무나 많은 우발적인 사태가 포함될 것이므로 정선된 추세·선택·불확실성이 어떻게 여러 경로상에서 작용할지를 검토하는 것이 도움이 되며, 이는 짤막한 이야기 모음, 즉 통칭 시나리오라는 것을 통해 서술된다. 어느 하나의 시나리오로는 미래 세계의 동향을 전체적으로 설명할 수 없기 때문에, 여러 개의 시나리오를 통해 가장 중요한 쟁점과 추세가 어떻게 미래를 특징지을 것인지를 묘사할 수 있다. 이는 '냉전' 및 '도금 시대(Gilded Age: 대호황 시대)'라는 용어가 지난 시대의 지배적 주제를 정의한 것과 매우 흡사하다. 우리에게 향후 20년을 형성할 3대 불확실성은 다음과 같이 전개될 것이다.

(1) 국가 내 역학 관계. 힘이 증대된 개인과 급변하는 경제로 특징지어지는 변화무쌍한 시대에 어떻게 정부와 국민이 서로에 대한 기대치를 재협상하고 정치질서를 창조할 것인가?

(2) 국가 간 역학 관계. 강대국들은 선발된 단체나 개인과 더불어 경쟁과 협력의 패턴을 어떻게 만들어낼 것인가?

(3) 장기와 단기의 상충 관계. 국가와 여타 행위자들은 기후변화와 혁신적 기술 같은 복잡한 국제적 쟁점에 대해 단기적으로 어느 정도까지 대비할 것인가?

세 가지 시나리오 – '섬', '궤도', '공동체' – 는 어떻게 핵심 추세와 선택이 교차하여 미래에 이르는 서로 다른 경로를 만드는지를 탐구한다. 이 시나리오들은 단기적 변동성에 대해 국가(섬), 지역(궤도), 국가보다 낮거나 초국가적(공동체) 수준에서 택일적인 반응을 상정한다. 시나리오는 또한 이런 추세에 대해 택일적인 미국의 반응을 검토한다. 예를 들면, 미국이 대외 관계보다 국내·경제 문제에 상위의 우선순위 부여하기, 미국이 해외 이익을 방어하기 위해 전 세계에 개입하기, 영향력 있는 행위자의 확산을 활용하기 위해 통치 관행을 조정하기 등이다. 어느 하나의 결과도 미리 예정된 것은 아니지만, 다음 시나리오들은 향후 몇 년 안에 정책결정자들이 당면하게 될 쟁점의 유형을 특징짓는다.

시나리오 분석의 방법론

훌륭한 시나리오는 과학이라기보다 예술에 훨씬 더 가깝다. 이야기가 그럴듯하게 느껴질 정도로 충분한 근거가 있어야 하는 동시에 우리의 가설에 이의를 제기할 정도로 상상력이 풍부해야 한다. 이는 세상이 규칙적으로 변하면서 놀라운 방식으로 반전하기 때문이다. 하지만 이러한 결과의 어떤 것도 미리 정해진 것은 없다. 사람들이 – 개별적으로 그리고 집단적으로, 의도적으로 혹은 우연하게 – 내리는 선택은 여전히 사태의 진행 방향을 결정하는 최대 변수일 것이다. 이 보고서에서 우리가 논의하는 추세로부터 더 많은 시나리오가 도출될 수 있었지만, 우리가 작성한 이 시나리오들이 미래에 대한 생각과 논의를 자극하기를 바란다.

- 미래에 관해 창조적으로 생각하는 것은 가까운 과거와 현재의 사태가 판단에 편견을 가져다주는 경향이 있기 때문에 종종 어려울 때가 있다. 대안적 시나리오를 개발하는 과정에서 미래에 대한 암묵적 가설에 의문을 제기하게 되고, 달리 식별해내기 어려운 새로운 가능성과 선택을 찾아낸다.
- 우리의 시나리오들이, 그리고 이 시나리오에서 제시하는 도전과 기회가 반드시 상호 배타적인 것은 아니다. 미래는 어쩌면 각 시나리오로부터 여러 요소를 취하겠지만 그 강도에 차이가 있거나 세계의 지역마다 다를 것이다. 예컨대 '섬' 시나리오에 묘사된 미래에 부딪혀, 일부 국가는 자국의 이익을 확보하는 조치를 취함으로써 점증하는 경제적 불안과 내부 지향적인 서구에 대응하고, 나아가 미래를 우리의 '궤도' 시나리오 방향으로 움직이게 할 수도 있을 것이다. 또는 중앙정부가 경제·기술 변화를 효과적으로 관리하지 못함으로써 지방정부와 민간 행위자들이 담당하는 역할이 더 커지고, 나아가 '공동체' 시나리오가 등장할 여건이 조성될 수도 있을 것이다.
- 우리는 독자들이 이 시나리오들을 이용해 현재 구상한 가설에 도전하고, 나아가 다가올 도전과 기회에 대비하기 위한 전략적 대화를 시작하기를 권장한다. 시나리오는 새로운 사태 진전이 나타나는 대로 재평가되어야 한다.

섬

ISLAND

이 시나리오는 장기간의 저성장 또는 제로성장을 초래하는 세계경제의 구조조정을 둘러싼 제반 쟁점을 조사하고, 경제 번영과 세계화 확대라는 전통적 모델이 미래에도 지속될 것이라는 가설에 도전한다. 이 시나리오는 세계화에 대한 대중의 반발이 증가하고 신기술이 일과 직업을 변환시키며 정치적 불안정이 커지는 상황에서, 미래 사회의 경제적·신체적 안전 요구를 충족시킬 때 겪는 거버넌스의 어려움을 강조한다. 또한 이 시나리오는 변화하는 경제적·기술적 여건에 적응하면서 정부가 맞이할 선택을 강조하는데, 여기서 말하는 변화하는 여건은 일부 국가가 내부 지향적으로 전환하여 다자 협력에 대한 지지를 줄이고 보호무역주의 정책을 채택하며, 또 다른 일부 국가는 경제 성장과 생산성의 새로운 원천을 활용할 방안을 찾아나서는 상황을 가리킨다. 2008년 세계 금융위기 이후의 20년을 반성하는 한 경제학자가 여기 있다.

과거 20년 동안 세계화의 여러 가지 부정적 단면, 금융 변동성, 불평등 심화에 대처하는 바람에 세계의 환경이 변화했다. 공공 부채 누적, 인구 고령화, 자본 투자 감소는 선진국 경제에 대해 하강 압력을 가중시켰다. 시장 동요, 교란적 기술, 질병 발생, 테러리즘 등으로부터 보호를 요구하는 국민과 기업의 압력에 따라 많은 국가가 내부로 눈을 돌렸다. 변화를 제대로 관리하지 못한 국가에서는 대중의 좌절이 커지면서 정치적 불안이 고조되었다. 늘어나는 세출을 세수가 따라가지 못하면서 많은 정부는 국민에 대한 서비스를 유지하느라 분투했다. 금융위기 이전에 '중산층' 신분을 획득한 계층은 대부분 위험에 처했으며 많은 사람이 중간 수준의 빈곤층으로 되돌아갔다. 각국 정부가 국내 압력 때문에 보호무역주의 정책을 취하면서 세계화는 둔화되었다. 대부분의 경제학자는 전 세계적으로 경제 성장이 둔화되고 앞선 수십 년 동안 진행된 세계화 중 많은 부분이 점점 더 빠른 속도로 역전된 주된 요인으로 다음과 같은 사태를 꼽는다.

- **부의 편중으로 인한 불평등 심화**가 사회 내 갈등을 조성하고 대중의 세계화 반대를 불러일으켰다.
- **인공지능과 자동화 기술 확산**은 경제학자들이 예상했던 것보다 더 많은 산업을 혼란에 빠트렸다. 이러한 추세는 수많은 실직 근로자의 반발을 가져왔으며, 이들이 만든 정치세력의 압력으로 일부 정부는 이전에 전폭적으로 지지했던 국제적 무역기관과 무역협정에서 탈퇴하지 않을 수 없었다.
- **무역 패턴이 바뀌었다.** 이는 각국 정부가 포괄적인 국제적 협정보다 지역적인 무역장벽과 쌍무적인 무역협정 채택을 선호했기 때문이다. 적층가공(3D 프린팅) 같은 새로운 기술의 광범위한 채용으로 국내 생산자가 외국 공급자에 비해 경쟁우위를 확보할 때가 종종 있다. 이에 따라 제조 상품의 세계무역이 감소했다.
- **전 세계적 경제 침체**로 에너지 가격이 떨어지고 러시아, 중동, 남미와 같은 에너지 의존 경제에 추가적인 압력이 가해지는 한편, 에너

지 생산국 간 경쟁이 격화되었다.

- **중국과 인도는 여전히 '중진국 함정'에 빠져 있다.** 두 나라는 경제 성장, 임금, 생활수준의 정체로 타격을 받고 있다. 이는 대외 무역이 활발하지 못할 때 고성장을 주도할 정도로 충분한 국내 수요를 창출해내지 못했기 때문이다.
- **국내 문제와 경제적 난제 때문에 미국과 유럽은 내부로 눈을 돌리지 않을 수 없게 되었다.** 미국과 EU는 국내 산업을 보전하기 위해 보호무역주의 정책을 취했다. 유럽 경제는 수출 감소와 서비스 산업 저개발로 타격을 받았다. 독일과 프랑스는 유로존을 함께 지킬 충분한 공동 기반을 발견했다. 그러나 유럽 주변국의 새로운 재정적 경기 부양책은 경제를 활성화하는 데 효과가 별로 없었다. 그리고 EU 회원국들은 노동력 제약을 완화할 의지가 부족하여 국제 경쟁력을 유지하고 제고할 능력이 약화되었다.
- **지적재산권 침해와 사이버 공격이 증가**하면서 일부 국가가 철저한 통제 조치를 취함으로써 인터넷상의 정보 공유와 협력이 타격을 받았다.
- **기후변화**는 여러 정부의 대응 능력에 의문을 제기했다. 특히 중동과 아프리카에서 장기간에 걸친 가뭄으로 식량과 물 공급이 줄어들고 기온이 높아져 사람들의 야외 활동 능력이 떨어졌다. 이 지역에서 발생한 수많은 실향민은 갈 만한 곳이 거의 없었다. 서구 국가들이 일련의 극적인 테러 공격을 당하자 이민 입국을 제한하는 엄격한 안보 정책을 취하지 않을 수 없었기 때문이다.
- **2023년에 발생한 세계적 전염병으로** 전 세계 여행이 급격히 감소했다. 질병 확산을 억제하기 위한 조치가 취해진 결과로 세계무역이 둔화하고 생산성이 감소했다.

이러한 사태가 복합된 결과, 세계는 더욱 방어적이 되고 분화되었다. 불안에 휩싸인 국가들은 은유적으로, 물리적으로 외부의 도전으로부터 스스로를 막아줄 '장벽'을 쌓는 것을 모색했으며, 변화무쌍한 바다에 떠 있는 '섬'이 되었다. 테러리즘, 실패국가, 이주, 기후변화와 같은 국제적 쟁점에 관한 국제 협력이 제대로 이루어지지 않고, 더욱 고립된 국가들이 자구책을 강구하지 않을 수 없게 되었다. 더구나 국방 예산이 감소하고 국내 문제에 몰두하는 바람에 서구는 중대한 이익이 위협받지 않을 때에는 군사력의 사용을 거부했다. 이 때문에 미국의 동맹체제가 위축되었다. 아프리카와 중동, 남아시아 일부 지역에서 불안정성이 커졌다.

2008년 금융위기 이후 20년이 지났어도 경제적 난제가 상존하지만, 몇 가지 진전을 보면 이제 우리가 경제 성장과 번영의 새로운 시대로 접어들고 있다는 것을 알게 된다. 인공지능, 기계학습, 적층가공, 자동화 등과 같은 기술의 진보는 경제적 효율성과 생산성을 향상시킬 잠재력을 지니고 있으며, 수많은 국가에서 새로운 활동 영역과 경제 성장으로 이어질 수 있다. 가장 독창적이고 혁신적인 해법은 기계만으로 완성되기보다 인간과 기계의 협력을 통해 완성된다는 자각이 조기 실직 추세를 역전시키는 데 일조하고 있다. 하지만 훈련을 통해 개별 실직자에게 기회를 제공하는 것은 보편적인 성공을 거두지 못했다.

또한 세계화와 무역이 둔화하면서 지방 수준에서 실험과 혁신, 기업가정신이 충만한 새로운 세대가 자라나고 있다. 각국이 탄소세를 부과함으로써 식량 수입 비용이 증가하자 현지 농산물 생산에 박차를 가하게 되었다. 이러한 사태 진전은 같은 생각을 지닌 기업가와 취미기술자 공동체 내에서 공유되는 과학·기술 지식뿐만 아니라 온라인 교육 자원에 대한 접근도 제공하는 사회에서 가장 두드러진다. 하지만 일부 정부는 신기술 확산에 따라 제기된 안보 문제를 제대로 처리할 태세가 되어 있지 않은 데, 신기술 확산은 다른 한편으로 기술 역량을 갖춘 범죄조직과 테러단체가 증가하고 정부 통제를 우회하는 새로운 방법이 대거 등장하는 결과를 가져온다.

또한 바이오기술과 의료의 발전이 신규 산업 등장과 생산성 향상으로 이어지고 있는데, 이는 의료 접근 확대로 좀 더 건강한 노동력이 탄생하고 있기 때문이다. 의료 개선을 통한 생산가능인구 확대로 인구 고령화 국가들이 경제를 활성화할 잠재력을 얻게 된다.

기초의학과 진단 분야에서 로봇공학과 인공지능이 확산된 데 힘입어 저렴해진 의료 서비스 이용이 확대되고 있고, 재정난에 처한 정부로서는 노인 돌봄에 드는 비용 부담을 덜게 되었다.

경제 성장 제고는 신기술, 국지적 혁신, 기업가정신에 계속 의존할 것이다. 미래의 경제 교란을 완화하는 동시에 적응력이 가장 부족한 사회계층의 복지를 보장하는 정부 프로그램이 여전히 절실하다. 하지만 이러한 문제를 해결하려면 정치적 양극화를 극복해야 하는데, 그동안 정치적 양극화로 인해 필요한 예산 타협을 이루지 못한 정부가 많았다. 정부가 기술과 전문지식, 자원의 활성화된 거래를 통해 이러한 노력을 지속적으로 뒷받침한다면, 국내에서 그리고 국가 간에 존재하는 경제적 격차를 좁히는 데 도움이 될 것이다.

'섬' 시나리오의 함의

이 시나리오는 각국 정부가 불평등 심화, 선진국의 경제 성장률 저하, 일자리의 재배치, 사회 분열 등을 초래한 세계경제 여건의 변화를 관리하지 못할 경우에 발생할 영향을 탐구한다. 이 시나리오는 부유한 나라들이 과거 경제 정책의 부정적인 부산물을 다루고, 민중영합주의와 포용 간의 갈등 관계를 관리할 필요성을 강조한다. 정부가 다음과 같은 일을 적극적으로 추진한다면 가장 성공적인 국가가 될 것이다: 연구와 혁신 권장, 정보 공유 촉진, 과학·기술·공학·수학 분야에서 양질의 교육과 평생학습 유지, 직업 재훈련 제공, 첨단기술 인재를 유치하고 보유하기 위한 세금·이민·보안 정책 채택 등. 이러한 진전은 좀 더 큰 실험과 혁신, 기업가정신을 고무함으로써 국내 제조업을 진작시키고 고용을 창출하는 데 도움이 될 것이다.

이와는 달리, 정보 접근을 통제하는 정책을 채택하는 국가, 지적재산권을 존중하지 않는 국가, 첨단기술 인재의 입국을 막는 국가는 새로운 기술 진보가 제공하는 경제적 이익에서 배제될 것이다. 이러한 사태 진전이 기술에 힘입은 테러 공격과 범죄 활동의 형태로 도전 과제를 제시하기 때문에, 안보 문제는 또 다른 핵심 쟁점이 될 것이다.

궤도

ORBITS

이 시나리오는 경쟁 상태의 주요 강대국들이 국내에서 안정을 유지하려고 시도하는 한편, 밖으로 자국의 세력권을 추구하는 과정에서 빚어진 갈등 관계를 탐구한다. 민족주의 부상, 분쟁 패턴 변화, 교란기술 출현, 세계 협력 감소가 어떻게 수렴하여 국가 간 분쟁의 위험을 증가시키는지를 검토한다. 이 시나리오는 안정성과 평화를 강화하거나 갈등을 악화시킬 정책의 선택을 강조한다. 이러한 선택은 2032년 스미스 대통령의 두 번째 임기가 끝날 무렵 국가안보보좌관이 국제 환경에 대한 자신의 평가를 돌아보는 다음과 같은 그의 회고록을 통해 살펴볼 수 있다.

스미스 대통령 재임 기간에 나는 차기 대통령이 훨씬 더 나은 세상을 보게 될 것이라는 희망을 나에게 주는 몇몇 사태 진전을 목격했다. 하지만 지정학적 갈등 고조가 국가 간 분쟁의 문턱까지 치달은 것은 그리 오래된 일이 아니다.

주요 강대국 간 지정학적 경쟁이 격화되는 시대가 열린 것은 라이벌 국가 간의 가치관 경합, 군사력 증강, 민족주의 부상, 국내 불안이 결합된 결과였다. 미국은 2020년대 초 양극화된 정치와 재정 부담으로 인해 세계 무대 개입에 제약을 받았는데, 외국에서는 미국의 긴축이 장기화될 것이라는 평가를 재빠르게 내렸다. 특히 중국과 러시아는 이때를 자기 지역의 경제·정치·안보 궤도 내에서 주변 국가에 더 큰 영향력을 행사할 기회로 삼았다. 이란 또한 중동의 불안정성을 이용해 이 지역에서 영향력을 확대하고자 했다.

2020년 중반까지 이처럼 새롭게 전개된 국면은 경쟁이 치열한 지역권에 국제체제가 짐을 맡기는 꼴이 되었다. 이러한 지역권의 중심에 있는 강대국들은 역내에서 특권적인 경제적·정치적·안보 영향력을 확보하고자 했다. 중국은 점차 경제력과 군사력을 사용해 인근 국가의 행동에 영향을 미치고 자국 시장에 접근하려는 외국 기업에 대해 양보를 강요했다. 인도와 일본, 여타 국가들은 자국의 이익에 대한 중국의 침범에 대처해 더욱 단호한 독자적인 외교 정책을 채택했는데, 이는 동아시아와 남아시아에서 지역 갈등을 고조시켰다. 러시아도 중앙아시아를 모스크바의 영향하에 두고 중국의 진출에 대처하기 위해 이 지역에서 더욱 강압적으로 자국 주장을 내세웠다.

중국이 이웃 국가에 피해를 주면서 주요 강의 흐름을 바꾸는 사업 등 현지의 환경 여건을 바꾸는 대대적인 토목 사업에 착수하면서 역내 갈등이 고조되었다. 중국의 환경 여건이 지속적으로 악화되자 베이징은 기온을 낮추기 위해 대량의 황산염 에어로졸을 대기로 주입하는 것과 같은 야심찬 지구공학 프로젝트를 검토했다. 이러한 중국의 활동으로 인해, 일개 국가의 행위가 지구 생태계에 영향을 미치는 것의 윤리성을 둘러싸고 국제적인 논란이 촉발되었고, 일부 국가는 베이징이 일방적으로 기후조절을 추진한다면 제재 조치를 취하겠다고 중국을 위협하기에 이르렀다.

스미스 대통령이 8년 전 집권했을 때, 지정학적 경쟁이 격화되더라도 각국이 경제적·정치적 이익 때문에 직접적인 군사 분쟁을 일으키지는 못할 것이라는 일반적인 합의가 국가안보 전문가들 사이에 있었다. 이것은 중국, 이란, 러시아가 제각기 직접적인 군사 분쟁을 회피하고 더 낮은 수준의 경쟁 – 외교적·경제적 압박, 선전, 사이버 침입, 대리전, 군사력의 간접적 사용 등 – 을 선택해 전쟁과 평화의 구별이 모호했을 때 사실인 것처럼 보였다. 이때 가장 빈번하게 희생을 치른 것은 '진실'이었는데, 이들 국가가 – 다양한 사회적·상업적·공식적 경로로 – 배포하는 선전은, 진짜 일어나고 있는 것에 관한 정보를 왜곡하고 잘못 전달하며 만들어냈다. 하지만 이러한 행동이 절정에 달함으로써, 주권과 분쟁의 평화적 해결에 관한 국제규범이 약화되고, 미국이 불개입할 것이라는 인식이 영속화되었다.

첫 번째 임기 초에 스미스 대통령은 더 이상 이러한 사태가 지속되도록 미국이 방관하지 않기로 결정했다. 그는 미국의 동맹을 강화하는 조치를 취하고 항법 운항의 자유와 같은 국제규범을 실천하는 일에 대해 미국의 군사력 사용을 늘렸다. 하지만 중국, 이란, 러시아가 전통적인 군사 분쟁에 대비하는 활동을 벌임으로써 – 자국의 지역권 내에서 활동하는 라이벌 군대를 위협하고자 장거리 정밀유도 타격 시스템 같은 첨단무기를 더 많이 배치함으로써 – 이들 국가와 미국 및 그 동맹국 사이에 안보 경쟁이 격화되고 있다는 세계의 인식이 커졌다. 그러나 우리는 당시 베이징, 모스크바, 테헤란이 경제난과 사회적 갈등으로 인해 국내 입지에 대해 점차 조바심을 내고 있었으며, 이에 따라 약하게 보일까 봐 자국 이익에 대한 외부의 도전과 타협할 수 없게 된 것을 충분히 깨닫지 못했다. 중국의 수중 자율주행 차량과 센카쿠 열도를 순찰하는 일본 해안경비대의 충돌, 러시아 해커 소행인 유럽의 금융 센터에 대한 사이버 공격, 사우디의 에너지 및 담수화 시설을 공격하기 위해 정확도 높은 탄도미사일을 사용하겠다는 이란의 위협은 대규모 확전을 가까스로 피한 몇몇 일촉즉발 사례였다.

평온한 생활을 만끽하던 우리를 혼비백산하게 한 것은 남아시아 사막에서 솟아오른 버섯구름이었다. 나는 인도와 파키스탄 간의 위기가 어떻게 시작되었는지 기억한다. 양쪽에서 '제2차 인더스 강 조약'을 폐기한 이후 곧이어 뉴델리에서 연쇄 폭발이 일어났고, 인도 정부는 이것이 파키스탄에 본거지를 둔 극단주의 단체의 소행이라고 신속하게 발표했다. 이슬라마바드는 개입을 부인했지만, 양측은 군대를 동원하기 시작했다. 며칠 동안의 사이버 공격으로 양측이 무슨 일이 일어나고 있는지조차 파악할 수 없는 교란이 발생한 후 상황이 급속하게 악화되었다. 후속 조사에 따르면, 군부의 의사결정권자를 지원하는 인공지능 시스템이 억지하라는 신호를 공격하라는 신호로 잘못 해석함으로써 위기를 악화시켰다. 그 결과는 1945년 이후 분쟁에서 핵무기가 최초로 사용된 것이었다.

중국의 도움을 – 운 좋게도 – 받아 미국은 위기를 신속하게 해소하려고 움직였다. 이로써 분쟁이 전면적인 핵전쟁으로 확전되는 것을 겨우 피했다. 스미스 대통령은 그해 노벨평화상을 중국의 주석과 공동으로 수상했다. 하지만 더욱 중요한 것은 2028년의 인도·파키스탄 전쟁이 모든 주요 강대국에 우리가 위험한 게임을 하고 있음을 상기시킨 것이다. 일련의 신뢰 구축 조치와 중국, 러시아와의 군축협정이 이어져 가장 불안정한 무기 역량 확대에 제한을 가했다. 한편 푸틴 대통령의 후계자는 러시아의 경제적 이익을 위해 유럽과의 관계를 복구하는 데 큰 진전을 이뤘다. 이러한 경험에 힘입어 미국과 여타 주요 강대국이 신뢰 기반을 구축함으로써 북한과 중동의 불안정 등 다른 안보 문제에 대해 협력할 수 있었다.

차기 미국 대통령은 지정학적 경쟁이 상존하는 세계를 다루어야 할 것이다. 그러나 이미 주요 강대국들은 자기 보호를 위해 상호 이익이 되는 분야에서 서로 협력하는 법을 배웠다. 만일 남아시아의 위기일발 사태에서 우리 모두가 느낀 충격이 없었다면, 스미스 대통령 등이 내렸을지도 모르는 선택이 매우 다른 결과를 낳았을 수도 있다.

'궤도' 시나리오의 함의

이 시나리오는 지정학적 경쟁의 격화로 인해 국가 간 분쟁의 위험이 얼마나 증가할 수 있는지, 그리고 규칙 기반의 국제질서가 얼마나 위협받을 수 있는지를 검토한다. 이 시나리오는 동맹국들을 안심시키는 일과 '회색지대' 분쟁이 국제규범을 훼손하거나 주요 강대국 간의 전쟁으로 확대되는 것을 방지하는 일이 중요함을 강조한다. 더욱이 극초음속 무기, 자율 시스템, 우주 무기, 사이버 작전 같은 새로운 역량이 배치되면 단계적 확전의 역학 관계가 새롭게 달라지고 잘 파악되지 않음으로써 오산의 위험이 커진다.

지정학적 갈등이 커지면서 안정을 해치는 사태가 발생하고 모든 당사국에 위험을 증대시키는 상황은, 오히려 경쟁국들이 위험을 줄이기 위해 공동의 근거를 찾고 신뢰 구축 조치를 협상하게 하는 유인을 제공할 수 있을 것이다. 예를 들어 '위기일발' 전망 – 기후변화가 전 세계에 미치는 부정적 영향을 보여주는 대형 자연재해 또는 대규모 군사 분쟁이 가까스로 회피되는 경우 – 은 각국이 자기 보호를 위해 협력하도록 강요할 것이며, 이 협력은 좀 더 안정된 국제질서로 이어질 수 있을 것이다. 그러나 그러한 결과를 보장할 수 없기 때문에 위험 분담 문제에 관한 협력 증진 가능성을 열어놓으면서 오판과 확전의 위험을 줄이는 방향으로 지정학적 경쟁 격화를 관리하는 것이 무엇보다 중요하다.

공동체

COMMUNITIES

이 시나리오는 미래의 경제 및 거버넌스에 대한 엄청난 도전이 중앙 정부의 대처 능력을 시험하고, 지방정부와 민간 행위자를 위한 공간을 만들며, 이에 따라 거버넌스의 미래에 관한 가설에 대해 의문을 제기함으로써 나타나는 문제를 탐구한다. 이 시나리오는 힘의 본질 변화 및 정보통신 기술(영향력 있는 행위자들을 광범위하게 활성화한 원동력) 발전과 관련한 추세를 강조하며, 그러한 추세가 어떻게 미래 거버넌스에 기회 또는 장애가 되는 선택으로 이어질 수 있는지를 규명한다. 시나리오는 2035년 캐나다 어느 대도시의 미래 시장이 보는 관점에서 작성되었는데, 그는 지난 20년 동안 자신이 목격한 변화를 다음과 같이 회고한다.

돌이켜 생각해볼 때, 중앙정부에 걸쳐 있거나 그 아래에 있는 단체들이 통치에서 담당하는 역할이 증가한 것은 불가피했던 것 같다. 중앙정부는 급속도로 변화하는 환경에서 일부 공공의 요구를 관리하는 데 지방정부보다 미숙하다는 것이 곧바로 드러났는데, 점점 힘이 붙은 사회단체와 상업기관에 지방정부가 더 잘 대응한 것이다. 또한 중앙정부 지도자들에 대한 대중의 신뢰가 계속 떨어지면서 중요도가 높은 공공 서비스가 민영화되었다. 정부 중개기관에 의존하지 않는 P2P 상거래가 보편화되고, 사람들은 비정부 채널을 통해 일하면서 점점 더 편안함을 느꼈다. 이는 정부가 감독 서비스를 제공하고 수수료와 조세를 통해 수입을 창출하는 능력을 더욱 약화시켰다.

외교 정책, 군사작전, 국토방위와 같은 중대한 국가 기능이 중앙정부의 영역으로 남아 있었지만, 지방 주민들은 점차 지방자치기관, 사회운동 또는 종교단체가 제공하는 교육·금융·상업·법률·보안 서비스에 의존했다. 동시에 기업들은 더욱 정교한 마케팅과 제품 차별화, 그리고 국경을 초월하여 매우 충성스러운 고객층을 구축하기 위한 유인 프로그램을 통해 광범위한 영향력을 획득했다. 민간 부문 기업들은 교육, 보건, 주택 등 종업원에게 제공하는 서비스를 확대함으로써 종업원의 삶에 더 개입했다. 대형 다국적기업은 공공재를 공급하고 글로벌 연구에 자금을 지원하는 역할을 점점 더 많이 담당했다.

사람들은 자신의 관계와 정체성을 중앙정부 채널 밖에서 발전하고 상호 연결된 집단을 통해 정의하는 경우가 점점 많아졌다. 정보통신기술은 이제 국적보다는 공유된 사상이나 이념, 고용, 역사를 기초로 하여 관계와 정체성을 정의하는 데 열쇠가 된다. 또한 바이오기술의 진보로 일부 국가에서는 인간 조작(modification)을 할 형편이 되는 자들과 인공적으로 '증강'되지 않은 자들 간의 계급 구분이 생겼다.

정보를 통제하고 조작하는 능력이 영향력의 핵심 원천이 되면서, 기업이나 옹호단체 및 자선단체, 지방정부가 종종 아이디어의 힘을 발휘하고 자신들의 의제를 지지하도록 국민의 마음을 움직이는 데 중앙정부보다 더 능숙했다. 때에 따라 정부는 정치적 분열과 국민의 좌절감을 해소하고 중앙정부가 제공할 수 없는 지역 서비스를 제공하고자 권력 일부를 사회적·상업적 '공동체' 네트워크에 기꺼이 내주었다. 국가 하위 조직과 그 동맹이 국가기관에 저항하면서 더 큰 권한을 주장하기도 했다.

중동에서 불만에 찬 아랍 젊은이들의 '잃어버린 세대'가 전통적인 중앙집권 통치 구조에 도전하기 위해서 정보 네트워크를 통해 등장했다. 이들은 기본적으로 폭력, 불안정, 쫓겨남, (특히 여성의) 경제·교육 기회 부족 등을 경험한 세대다. 많은 나라의 아랍 젊은이들이 더 많은 서비스를 요구했으며, 자신들이 정부 정책에 대해 더 큰 발언권을 가지는 정치 개혁도 요구했다. 더욱이 21세기 초반에 세계 무대에 등장한 테러단체의 폭력적인 종교 극단주의에 대해 광범위한 사회적 거부가 일어났다. 이러한 움직임은 일단 시작되기만 하면 지역 전체에 빠르게 퍼졌다.

중동의 경험은 다른 곳에서 반복되었지만, 결과가 항상 같은 것은 아니었다. 예를 들어 러시아는 리더십 승계가 순탄치 않은 가운데 중앙의 통제 유지가 점점 더 어려워지고 있음을 발견했다. 러시아인들이 정부의 부패 만연과 신흥 재벌의 권력에 항의하고 지방의 경제·정치 개혁을 촉구하기 위해 결속했기 때문이다. 일부 정권은 지방 당국과의 권력 분점 협정을 성공적으로 구축했으며, 다른 일부 정권은 초국적 재단과 자선단체의 자원을 활용해 각 사회의 필요를 충족시켰다. 또 다른 일부 정권은 완력에 호소하여 내부 항의를 진압하고 첨단 정보기술을 이용해 반체제 인사를 찾아내서 입을 다물게 했다. 중국공산당은 처음에 이러한 접근법을 취했으나, 힘만으로 권력을 유지하는 것이 점차 어려워지면서 전략을 수정하여 타협하지 않을 수 없었다. 다른 일부 정부는 내부 압력에 굴복하고 인종·종교·부족에 따라 분열했다.

그 결과는 엉망진창이었다. 전 세계적으로 거버넌스는 변화하는 대중의 필요와 요구를 해결하기 위해 시행착오를 거치면서 진화했다. 미국과 같이 국가가 기민하고 개방적일수록 국가 하위 비국가행위자들의 힘을 활용해 정책을 결정하고 대중의 참여도 늘리는 방향으로 통치 방법을 조정했는데, 이는 도시와 여타 형태의 로컬 거버넌스의 중요성을 증대시켰다. 나 같은 도시 지도자들은 전 세계의 카운터파트와 협력하는 일이 많아졌는데, 이는 우리 중앙정부가 권장한 것으로서, 주로 기후변화, 교육, 빈곤 감소와 같은 공동의 문제에 대해 정보와 자원을 공유하고 새로운 접근 방법을 개발하는 일이었다.

이러한 새로운 통치 형태에 적응하는 일은 캐나다와 미국, 그 밖의 다른 자유민주주의 국가에서는 비교적 쉬웠다. 이들 국가는 중앙집권적 정부 형태를 지닌 국가와 달리 지방의 공공 부문과 민간 부문 리더십이 전통적으로 강하기 때문이었다. 권력의 점진적 분산을 거부한 채 NGO(비정부기구) 활동을 제한하고 통제하려 한 독재정권은, 예컨대 권위를 무너뜨리는 광범위한 대중운동을 계속 경험했다. 최악의 경우에 극단주의자나 범죄단체, 군벌이 중앙정부가 영토의 일부에 대한 통제력을 상실한 지역에서 판을 쳤다.

시간이 지나면서 시민사회단체와 지방정부뿐 아니라 상업·종교 기관이 여러 종류의 이해관계자 연합(일부는 중앙정부 포함)에 가세했다. 세계의 도전 과제를 해결하기 위한 이러한 새로운 접근은 점차 인권 등 공통의 가치를 중심으로 통합되었다. 이제는 국가·도시·시민 지도자, 상업·시민사회 단체가 지역 및 지역 간 프로세스와 이슈 기반 네트워크에 정기적으로 참여해 긍정적 변화를 추동하기 위한 대안 공간을 창출한다. 사회운동, 종교단체, 지방정부, 대중은 중앙정부의 정치적 의제를 추진한다. '자유세계'라는 용어는 옛날 '냉전' 맥락에서 벗어나 이제 개인의 자유, 인권, 정치 개혁, 환경적으로 지속 가능한 정책, 자유무역, 정보 투명성에 대한 존중을 증진하기 위해 협력하는 국가·준국가·비국가 기관의 네트워크로 연결된 그룹으로 정의된다.

'공동체' 시나리오의 함의

이 시나리오는 통치의 미래와 관련한 쟁점을 검토한다. 여기에서 정부는 새로운 도전에 대처하는 데 다양한 행위자 – 도시 지도자, NGO, 시민사회 – 와의 공공·민간 파트너십을 장려하기 위한 정책과 프로세스를 필요로 할 것이다. 특히 대형 다국적기업과 자선재단은 궁핍한 사회에 연구·교육·훈련·의료·정보 서비스를 제공하는 일에서 정부 업무를 보완할 수 있다.

국가는 여전히 안보를 비롯한 '하드 파워'의 기본적인 공급자겠지만, 국가가 지방·민간·초국적 행위자들의 공동체를 활용할 수 있는 능력은 국가의 '소프트 파워' 속성과 회복력을 향상시킬 것이다. 분권화된 거버넌스와 민간·공공 파트너십을 장려하는 자유민주주의는 이러한 세계에서 작동하기에 가장 적합할 것이다. 이러한 사회에서는 기술에 힘입어 집단적 의사결정 같은 새로운 방식으로 대중과 정부 간 상호작용이 이루어질 것이다. 그러나 다른 정부는 그처럼 잘 나가지 못하여 독재와 국가 실패가 늘어나는 등 다양한 결과가 나타날 수 있다.

시나리오의 시사점

회복력을 통한 기회 창출

WHAT THE SCENARIOS TEACH US:
FOSTERING OPPORTUNITIES THROUGH RESILIENCE

세 개의 시나리오를 통해 여러 추세를 검토해보면, 앞으로 몇 년 안에 세상이 더욱 불안정해질 것이라는 점이 분명해진다. 국가나 기관, 사회는 체계적인 도전에 적응하고 늦기 전에 행동을 취하라는 압력을 국민국가(nation-state) 수준의 위와 아래로부터 받을 것이다. 위로부터는 기후변화, 기술 표준과 프로토콜, 초국가적인 테러리즘이 다자간 협력을 요구할 것이다. 아래로부터는 국민의 기대를 충족시킬 수 없는 정부의 무능함, 불평등, 정체성 정치가 불안정의 위험을 증대시킬 것이다. 이러한 도전에 효과적으로 대응하려면 충분한 자원과 역량뿐 아니라 정치적 의지가 필요할 것이다. 더욱이 이러한 도전의 강도는 개별 국가와 국제기관이 자체적으로 문제를 해결할 역량을 압도할 것인데, 이는 광범위한 공공 및 민간 행위자들이 담당하는 역할이 더 커질 것임을 시사한다.

하지만 이러한 시나리오가 강조하는 점은 가까운 미래에 위험을 고조시키는 바로 그런 추세가 장기적으로는 더 좋은 결과를 가져올 수 있다는 것이다. 다만 그렇게 되려면 권력과 행위자의 확산으로 더 큰 교란과 불확실성을 관리할 회복력을 구축해야 된다는 것이다. 타격이 큰 돌발 사태가 빈발하는 세계에서 가장 성공적인 행위자는 회복력이 있는, 즉 여건 변화에 잘 적응할 수 있고 역경에 직면해 인내할 수 있으며 실수를 만회하고자 신속하게 행동할 수 있는 행위자일 것이다.

혼란이 가중된 세계에서는 회복력이 더욱더 중요한데도, 전통적인 국력 계산은 국가의 회복력을 거의 고려하지 않는다. 소련의 갑작스러운 붕괴와 '아랍의 봄' 여파로 국가 권위가 해체되는 사태에 비추어보면, 국가는 전통적 국력 척도로 파악되지 않을 만큼 얼마든지 취약할 수 있다.

- 예를 들어 GDP, 군사 지출, 인구 규모 등 전통적인 국력 척도에 의하면, 세계 권력에서 중국의 점유율이 증가하고 있다. 그러나 중국

은 또한 중앙집권화된 정부, 부패한 정치, 투자와 순수출에 지나치게 의존하는 경제 성장 등 여러 가지 특성을 나타내는데, 이는 미래의 충격에 대한 취약성을 시사한다.

- 그 대신에 미국은 회복력과 관련한 여러 가지 요소를 보여준다. 예컨대 분권화된 거버넌스, 다변화된 경제, 포용적인 사회, 광활한 영토, 생물 다양성, 안전한 에너지 공급, 전 세계에 군사력을 투사할 수 있는 역량과 동맹 등이 그것이다.

기회를 식별하고 그 기회를 살리기 위해 협력할 수 있는 능력이 가장 큰 정부나 단체, 개인이 가장 크게 성공할 것이나, 새로운 협력 유형을 만들기 위한 창구는 좁아지고 있다. 전 세계적 도전이 증가하면서 집단적 행동 과제도 더욱 두드러지고 있다. 개인이나 단체, 국가의 단기적 선택은 현재의 통치력·협력 위기에 어떻게 대처할지를 결정하며, 불확실성과 변동성에 대한 장기간의 임시변통 대응이 국가 내에서 또는 두 국가 내지는 여러 국가 사이에 갈등이 고조될지 여부를 결정할 것이다. 동맹 관리, 국가 거버넌스와 국제기구 개선, 그리고 정부가 모든 수준에서 광범위한 상업·종교·시민·옹호 단체를 최대한 동원하는 일은 긍정적인 결과를 유지하는 열쇠가 될 것이다.

취약성을 공유하게 되고 국제적 접근이 필요한 쟁점들 – 기후변화, 테러위협 확대 등 – 은 각국이 회복력을 제고하도록 유도할 것이며, 특히 협력이 제한적이라면 더욱 그럴 것이다. 또한 이러한 쟁점과 관련해 각국은 국제기구와 그 밖의 초국가적 포럼에서 해법을 강구하고 행동을 조율하는 것이 훨씬 더 유용하다는 것을 알게 될 것이다. 결국 이러한 진전에 따라 인류가 직면한 실존적 난제를 처리하기 위해 각국이 지방정부나 기업, 시민사회단체와 협력함으로써 온 지구가 참여하는 새 시대가 열릴 것이다.

- '지속 가능한 발전 의제'와 '기후변화에 관한 기본협약'이라는 UN의 유명한 두 가지 계획은 정부와 공공·민간 파트너십 간 협력을 통해 추진할 광범위한 전략적 목표를 설정했다. 이러한 노력에 힘입어 당사자들은 시간을 두고 프로그램을 개선하며, 기업과 시민사회단체는 국제규범과 글로벌 거버넌스 협정을 만드는 데 일정한 역할을 담당하게 된다.
- 기관 수준에서의 회복력 제고는 위기 시 대응을 가속화할 전담 전략기획팀, 훈련, 기술, 프로세스를 채용함으로써 실현할 수 있을 것이다.
- 향후 UN 사무총장 선출도 지도부와 고위 임명직이 바뀜에 따라 UN 산하기관들의 전략적 방향을 재검토하고 새로운 도전 과제에 비추어 우선순위를 재고할 기회를 제공할 것이다.

일부 정부가 보호주의와 민족주의 정책을 채택하도록 이끈 세계화의 단점은 지방 차원에서 회복력과 혁신을 제고할 기회를 창출할 수도 있다. 세계화와 무역의 둔화, 적층가공(3D 프린팅) 기술의 출현으로 근접 서비스가 더욱 중시될 것이며, 이는 지방 사회·단체의 자립을 향상시킬 것이다. 이러한 진전은 새로운 물결의 기업가정신과 제조업을 위한 무대를 마련하여 지방 공동체에 경제적 혜택을 제공할 수도 있을 것이다. 역사적으로 민간 부문의 발전을 가능케 한 과학 발견의 원천인 학술기관은 정부와 더불어 과학·기술 교육·자원에 대한 공공의 접근을 확대하고 기초 연구를 제공함으로써 생산성과 혁신을 제고하는 지방 발전을 고무할 수 있을 것이다.

국가 회복력 평가

한 국가의 회복력을 측정하는 것이 전통적으로 유형적 국력만 측정한 것보다 미래의 혼돈과 교란에 대처하는 데 성공을 결정짓는 더 중요한 요소일 것이다. 미래의 성공적인 국가는 충격에 – 그 충격이 경제적이든 환경적이든 사회적이든 사이버를 통한 것이든 간에 – 탄력적인 기반시설, 지식, 관계에 투자하는 국가일 것이다.

기존의 연구에 따르면, 국가의 회복력을 높이는 요인에는 다음과 같은 것이 포함된다.

- **거버넌스:** 상품과 서비스를 제공하고 정치적 포용성을 촉진하며 법의 지배를 시행하고 대중의 신뢰를 획득할 수 있는 정부는, 충격을 흡수하고 대중을 대응 대열에 집결시키기에 더 유리한 입장에 있을 것이다.
- **경제:** 경제가 다변화되고 정부 부채가 관리 가능하며 재정적 비축이 충분하고 민간 부문이 활성화되어 있으며 노동력이 적응력 있고 혁신적인 국가는 회복력이 더 강할 것이다.
- **사회체제:** 준비를 갖추고 통합되어 있으며 질서정연한 사회는, 예기치 못한 변화에 직면했을 때 응집력과 회복력이 있으며 역경에 대처할 수 있는 높은 내성을 지닐 것이다.
- **기반시설:** 다양한 에너지원과 안전하고 남아도는 통신·정보·보건·금융 네트워크를 포함해 국가의 핵심 기반시설이 견고할 때, 사이버 및 다른 형태의 공격으로 교란을 야기하려는 의도적 시도와 자연재해에 대한 국가의 취약성이 완화될 것이다.
- **안보:** 고도의 군사력, 유능하고 신뢰할 수 있는 국내 법집행·긴급대응 기관, 양호한 민·군 관계, 견고한 동맹 관계를 갖춘 국가는 예기치 않은 공격을 방어하고 교란적 충격 이후 국내 질서를 회복할 가능성이 더 높을 것이다.
- **지리와 환경:** 광활한 땅덩어리, 높은 수준의 생물 다양성, 양질의 대기·식량·토양·물을 가진 국가는 자연재해에서 빠르게 회복할 것이다.

지속적인 인력 교육을 제공하며, 유연하고 안정감 있는 노동력을 확보하고, 다양한 분야에서 기술 리더십을 유지하기 위한 계획은 자동화나 데이터 분석, 인공지능, 바이오기술 등 잠재적으로 교란적인 기술 진보에 대한 국가의 회복력을 향상시킬 것이다. 이러한 회복력은 일자리와 시장에 생기는 단기 위험을 완화하고 시간이 지남에 따라 경제적 효율성과 생산성을 높일 수 있다.

- 공공과 민간의 지속적인 교육은 노동력이 노동시장 변화에 알맞게 적응할 수 있도록 도울 것이며, 엘리트들이 평균 노동자를 무시한다는 민중영합주의 정서를 잠재적으로 확산시킬 것이다. 그러한 계획은 독일의 도제 모델과 유사한 것으로 정부, 민간 업계, 교육기관(사립이나 공립) 간의 협동을 통해 신규 또는 새로 진입한 근로자, 최근 쫓겨난 종업원, 장기 실업자 등을 훈련시킬 수 있다.
- 교육기관은 필요한 기술에 관해 예비 고용주와 협의하여 커리큘럼을 개발함으로써 신규 및 진화하는 산업에서 활용할 수 있도록 완전히 준비된 가용 인력을 – 이러한 인력 부족이 수많은 첨단기술 기업의 고용을 제약하는 것으로 일반적으로 인용된다 – 구축할 수 있을 것이다. 이러한 노력은 실직 근로자를 위한 공공 지원의 장기적 필요성을 줄이는 것뿐 아니라, 교육기관이 현재의 흐름을 반영하고 업계와의 관련성을 유지하는 데도 도움이 될 것이다.

신입 사원에 대한 세금 혜택이나 임금 보조를 통해 기업 참여를 장려하는 등의 프로그램은 특히 신속한 기술 채택, 전 세계적인 노동력 경쟁, 줄고 있지만 학력이 높은 생산가능인구 등을 경험하고 있는 선진국에 이익이 될 것이다. 이러한 계획은 또한 지적재산권을 보호하고, 신산업의 스타트업이 후원 공동체 내에 위치할 인센티브를 제공하며, 기술 프로토콜 및 표준을 정의하는 일에서 국가의 리더십을 유지시킬 것이다.

통신기술에 의해 구현되는 투명성은 시민들이 정부 프로세스를 더 잘 들여다보게 하고 반부패 조치를 지원하며 분열 충동을 완화함으로써 회복력을 구축할 것이다. 객관적 보고를 제공하고 투명한 사실 확인을 지원하는 미디어·기술 단체의 창립은 정부와 기관에 대한 신뢰를 강화하기 위한 기반을 구축하는 조치가 될 것이다. 비판적 사고 능력에 대한 교육과 더불어 투명한 의사소통이 증가하면 두려움이 줄어들고 다른 관점에 대한 시민들의 이해가 확대될 수 있을 것이다. 신뢰도가 높아지면서 소수민족 등 역사적으로 분리된 인구 집단이 대통합에 합류하고 사상을 더욱 자유롭게 교환할 기회를 포착할 수 있을 것이다.

중동 지역 등 현재 곤경에 처한 사회에서 회복력을 창출하려면 극단주의를 부추기는 세력을 줄여야 한다. '이슬람'으로 표현된 극단주의가 난무하는 중동에서 국민이 좌절에 빠졌다는 초기 징조는 지방 주민들이 극단적인 이데올로기를 거부하고 그 대신에 새로운 정치 개혁을 추진하도록 이끌 것이다. 중동과 북아프리카 전역에서 이슬람과의 유대 관계를 주장하는 극단주의자들이 남들에게 스스로 이슬람교도와 관계를 단절하도록 고무하고 있다. 예컨대 튀니지의 여당인 나흐다(Ennahda)는 최근에 자신들이 이슬람교도가 아니라 이슬람 민주주의자임을 자처했다. 이는 부분적으로 그러한 꼬리표에 함축된 의미가 지닌 민감성을 인용한 것이다.

데이터, 방법, 모델링, 중요한 인적·자연적 지원 시스템(기반시설, 에너지, 수자원, 대기 질 등)의 감시에 대한 투자는 지속 가능성 면에서 새로운 기술을 촉발함으로써 공동체와 환경의 회복력을 증대할 수 있을 것이다. 저감 기술·서비스에 대한 민간 부문의 수요가 확산되면 일부 국가와 기업이 새로운 시장을 조기에 지배하려고 덤벼들 것이다. 그러한 개발의 수익성은 자연재해나 다른 위기가 이 쟁점과 관련한 정치를 변화시킬 필요성을 상쇄할 수 있을 것이다. 단기적인 위기 대응 역량과 기후 회복력·적응력 있는 시스템의 장기적인 개발을 동시에 강화하는 프로그램은, 현재 진행되고 있는 인구학적·환경적 압력으로부터 발생할 수 있는 경제적 손실을 최소화할 것이다. 이를 통해 건설, 에너지, 광업, 농업, 보험, 금융, R&D 부문 등이 수혜자가 될 것이며, 그 영향은 국지적인 데서부터 국제적인 데까지 미칠 것이다.

또한 가장 회복력 있는 사회는 여성과 소수민족을 포함한 개인이 잠재력을 최대한 발휘할 수 있게 하여 창조와 협력으로 이끄는 사회일 것이다. 이러한 사회는 역사의 흐름을 거스르기보다 그 흐름을 타면서 끊임없이 팽창하는 인간 기량을 활용해 미래를 창조할 것이다. 모든 사회에는 가장 암울한 환경에서도 혁신적 기술을 채용해 다른 사람의 복지와 행복, 안전을 증진시키기를 택하는 사람들이 있을 것이다. 그 반대되는 경우로 파괴적 세력이 전에 없이 득세할 수도 있을 것이다. 정부와 사회가 해야 할 핵심 선택은 어떻게 개인적·집단적·국가적 자산을 혼합해 지속적인 안전과 번영, 희망을 낳는 방향으로 나아갈 것이냐다.

연구 방법

지난 '글로벌 트렌드' 시리즈에서와 마찬가지로 국가정보위원회는 접근 방법을 혁신하여 엄격한 예측 방법을 활용하고 훨씬 더 다양한 시각으로부터 배우며 그 정책 관련성을 극대화하려고 한다. 우리는 이러한 전통을 기반으로 삼아 이번에 여섯 번째 '글로벌 트렌드' 보고서를 만들면서 분석 과정에 여러 가지 새로운 요소를 도입했다.

- 우리는 먼저 지역 추세를 검토한 다음에 그 평가를 모아 더 넓게 세계의 역학 관계를 찾았다.
- 우리는 두 개의 기간을 설정하여 새로운 추세와 그 함의를 평가했는데, 하나는 차기 미국 행정부가 직면할 쟁점에 초점을 맞춘 5년 단기 전망이고 다른 하나는 미국의 전략 기획을 뒷받침하기 위한 20년 장기 전망이다. 이것이 바로 책 제목에서 연도를 뺀 이유다.
- 우리는 지정학적 '힘'을 고찰하기 위해 새로운 개념을 개발했는데, GDP나 군사 지출 같은 국가 기반의 유형적 힘을 지나치게 강조한 과거의 방법론에서 벗어나 사상이나 관계 같은 힘의 무형적 측면과 중요한 기업·사회운동·개인의 부상을 고려했다.

- 우리는 세계 각 지역, 국제질서, 안보 환경, 세계경제에 대한 미래 궤적을 탐구하기 위해 – 주요 국제 행위자를 대표하는 전문가 팀을 고용하여 – 분석적 시뮬레이션을 광범위하게 활용했다.
- 우리는 모든 지역과 주제 분야에서 불연속성이 발생할 가능성을 검토하면서 현상유지로부터의 근본적인 이탈을 의미하는 유형의 불연속성에 관한 인식을 발전시켰다. 이러한 불연속성은 본문에서 미래에 나올 허구의 뉴스 기사로 강조되었다.

초기에 우리는 1945년 이후 오랫동안 미국의 양당 행정부가 견지한 기획 가설을 재검토하여 새로운 전략적 맥락, 그리고 갈등이 가장 많을 가설과 가장 적을 가설을 식별했다. 이러한 연습이 우리가 찾아갈 쟁점·국가·사람들의 우선순위를 정하고 연구 범위를 관리하는 데 도움이 되었다. 우리는 핵심 추세와 불확실성을 탐사하는 2년 동안 결과적으로 35개국 이상을 방문하여 2500여 명의 인사와 만났는데, 이는 우리가 추세와 불확실성을 현재 상태대로 이해하고 엘리트와 비엘리트가 미래에 그러한 조건에서 내릴 가능성이 있는 선택을 파악하는 데 도움이 되었다. 우리는 전 세계 고위 관리와 전략가와의 대담을 통해 주요 강대국의 진화하는 전략적 의도와 국가 이익을 파악하게 되었다. 우리는 전 세계적으로 수백 명의 자연과학자, 사회과학자, 이론가, 종교인, 기업 및 산업계 대표, 외교관, 개발 전문가, 여성·청년·시민사회 단체와 만나고 소통했다. 우리는 소셜 미디어를 통해, 그리고 SXSW(사우스 바이 사우스웨스트 페스티벌: 매년 3월 미국 텍사스 주 오스틴에서 열리는 음악 페스티벌–옮긴이)와 같은 행사에서, 또는 전통적 워크숍과 개별적 초안 검토를 통해 우리의 예비 분석에 대한 피드백을 요청함으로써 이번 연구를 보완했다. 이전의 '글로벌 트렌드' 보고서와 같이 우리는 어떻게 핵심적 불확실성과 새로운 추세가 결합해 선택적 미래를 만들 것인지를 그려내기 위해 몇 개의 시나리오를 개발했다. 이 시나리오는 또한 정부나 단체, 개인이 새로운 추세에 대응해 결정할 핵심 선택을 탐색하는데, 여기서 새로운 추세가 현재의 궤적을 재편하여 더 나은 미래를 형성하는 기회로 이어질 수도 있을 것이다.

끝으로 우리는 세계의 복잡성과 급격하고 임박한 불연속성의 발생 가능성을 이해하는 하나의 틀로서 『글로벌 트렌드: 진보의 역설』을 제시한다. 이 프로젝트에는 우리가 '보는 대로 말하기' 위해 최선을 다하는 전문 분석관으로서 추세와 함의를 독자적으로 평가한 것이 그대로 반영되어 있다. 여기서의 판단은 미국 정부의 정책이나 미국 정보공동체의 조율된 입장을 보여주는 것이 아니다. 우리는 이것이 얼마나 대담한 과업인지, 그리고 우리가 실수한 것이 있을 것임을 - 모든 실수는 전적으로 우리의 책임이다 - 충분히 인식하면서 감히 우리의 판단을 제시한다. 그러나 우리는 가까운 미래와 좀 더 먼 미래에 대한 우리의 평가를 세계와 공유하는 것이 다가올 위험과 기회를 공감하는 출발점이 되리라 믿는다.

용어 해설

우리는 세계은행 연구진을 따라 **거버넌스**(governance)를 '한 국가 내에서 권위가 행사되는 전통과 제도'로 정의한다. 여기에는 ① 정부를 선출·감시·교체하는 과정, ② 건전한 정책을 효과적으로 수립·시행할 수 있는 정부의 능력, ③ 국가와 국민 간의 경제적·사회적 상호작용을 규율하는 제도에 대한 국가와 국민의 존중이 포함된다.

국내실향민(internally displaced person: IDP)은 무력분쟁, 폭력이 일반화된 상황, 인권침해, 자연재해·인재 등의 영향을 피하기 위해서 또는 그 결과로 자신의 집이나 상시 거주지를 강제적으로 떠나거나 부득이하게 피난한 사람(집단)으로서 국제적으로 인정된 국경을 넘지 않은 사람(집단)이다.

국제체제(international system)는 국가 간 힘의 분포와 상호작용뿐 아니라 이러한 상호작용을 이끄는 일련의 제도·룰·규범을 가리킨다. **국제질서**(international order)라는 용어는 흔히 이러한 상호작용의 성격을 특징짓기 위해 사용되며, 대개 1945년 이후 만들어진 룰 기반의 국제질서처럼 특정한 질서 유형과 관련된다.

기후(climate)는 수십 년 또는 그 이상에 걸친 기상의 평균, 변동성 및 기타 통계를 망라한다. 반면 **기상**(weather)은 특정 지역의 단기적 대기 상태를 반영한다. 기상은 매우 덥거나 추운 날 또는 비오는 날을 포함하지만, 기상이변 사태에는 길어진 가뭄, 홍수, 폭염, 한파, 심한 열대폭풍 등이 포함된다.

기후변화(climate change)는 수십 년 또는 그 이상 측정된 기후의 비임의(nonrandom) 변화를 반영한다.

기후변동성(climate variability)은 기후가 장기 평균치의 위나 아래로 변동하는 정도를 반영한다.

우리는 폭넓게 산업화되고 1인당 소득이 비교적 높은 국가와 산업화·부(富)가 좀 더 제한된 국가를 구별하고자 **선진국**(developed countries)과 **개발도상국**(developing countries)이라는 용어를 사용한다. 이 연구의 목적상, '개발도상국'은 IMF의 '신흥시장과 개발도상국'에 포함된 국가로서 미국, 캐나다, 서유럽, 일본, 한국, 호주, 뉴질랜드의 선진경제를 제외한 모든 국가로 정의된다. 현재 세계은행은 경제 발전을 특징짓기 위해 좀 더 명확한 용어를 사용하며 그렇게 하는 기관이 더 많을 것이나, 우리는 UN과 기업계를 비롯해 광범위하게 사용하는 관례를 고려하여 전통적 용어를 유지한다.

1951년 UN 난민협약에 의하면, **난민**(refugee)이란 "인종, 종교, 국적, 특정 사회단체의 구성원 신분 또는 정치적 견해를 이유로 박해를 받을 수 있다고 인정할 충분한 근거가 있는 공포로 인해 자신의 국적국 밖에 있으면서, 그 국적국의 보호를 받을 수 없거나 또는 그러한 공포로 인해 그 국적국의 보호를 받는 것을 원하지 아니하는" 사람이다.

민족주의(nationalism)는 민족에 대한 개인의 충성과 헌신이 다른 개인적 또는 집단적 이해관계를 능가한다는 전제에 기초한 이념이다. **민족**(nation)은 특정 국가나 지역에 살면서 공동의 혈통, 역사, 문화, 언어로 결속된 큰 무리의 사람들이다. 민족은 국가일 수도 있고 아닐 수도 있다.

민중영합주의(populism)는 대개 엘리트와 대조되는 보통 사람을 옹호하는 정치 강령이다. 민중영합주의 호소는 정치적으로 좌파나 우파에서 모두 나올 수 있으며, 두 요소를 결합할 수도 있다. 민중영합주의는 민주화운동이나 독재운동과 모두 결부될 수 있으며, 대개는 인민과 정치 리더십 간의 직접적 관계를 고취한다.

세계화(globalization)는 세계의 사람과 기업, 각국 정부 간 교류와 통합의 과정으로서, 경계를 넘나드는 교역·자본·사람·사상·정보의 이동으로 추동된다.

이슬람주의자(islamist)는 정치에서, 때로는 공공생활의 다른 측면에서 이슬람의 역할을 증대시키는 데 전념하는 운동이나 접근법을 나타내며, 폭력적일 수도 있고 아닐 수도 있다.

이주(migration)는 국경을 넘어서, 또는 한 국가 내에서 사람(집단)이 이동하는 것이다. 이주는 인구 이동이며, 그것의 기간이나 구성, 원인을 불문하고 모든 종류의 이동을 포함한다. 여기에는 난민, 실향민, 경제적 이주자 외에 가족 재결합 등 다른 목적으로 이동하는 사람이 포함된다.

이주자(migrant)는 자신의 상시 거주지를 벗어나 국경을 넘어서, 또는 한 국가 내에서 이동했거나 이동 중인 사람이며, ① 그 사람의 법적 지위, ② 이동이 자발적인지 비자발적인지 여부, ③ 이동하게 된 원인, ④ 체류 기간은 이주자를 정의하는 데 관계되지 않는다.

주요 경제(major economies)는 세계의 7대 선진경제, 즉 G7 회원국(미국, 일본, 독일, 영국, 프랑스, 이탈리아, 캐나다)과 중국이다. 이들이 '최대 경제'가 아닌 것은 브라질과 인도가 캐나다와 이탈리아를 추월했으며 그 밖의 여러 나라 —러시아, 인도네시아, 멕시코, 한국, 사우디아라비아— 가 구매력평가 기준으로 일부 G7 회원국을 대체했기 때문이다. 그럼에도 우리는 공통된 인구학적 도전뿐 아니라 국민경제 규모와 1인당 부의 균형도 반영하고자

이 묶음을 사용했다.

토착주의(nativism)는 새로 온 사람이나 이주자의 이익에 대응하여 본토박이나 기존 주민의 이익을 옹호하는 것이며, 외부의 영향에 반대하여 전통적이거나 국지적인 관습을 강조하는 의미로 쓰이기도 한다.

부록 안내

'글로벌 트렌드' 프로젝트는 다양한 지역과 주제에 걸친 넓은 범위의 연구와 작업을 망라한다. 이러한 다양한 정보는 우리가 향후 20년 동안 세계의 전략적 위험과 기회를 평가하는 데 더 큰 통찰을 얻도록 도와주는 구성 요소(building blocks)로 기능하도록 고안되었다. 이 부록은 '글로벌 트렌드' 보고서의 중요한 두 가지 기본적 요소를 포함한다.

- 첫 번째 부록인 '지역별로 본 향후 5년'은 세계 각 지역의 트렌드를 체계적으로 조망하는데, 진행 중인 변화의 향후 5년에 걸친 일차적 효과에 초점을 맞춘다.
- 두 번째 부록인 '핵심 글로벌 트렌드'는 향후 20년에 걸친 일차적 효과를 지역보다는 인구학, 경제학, 거버넌스와 안보 등의 주제를 중심으로 탐구한다.

부록

지역별로 본 향후 5년

GLOBAL TRENDS ANNEXES:
THE NEXT FIVE YEARS BY REGION

계속되는 불안정과 중요한 정치적·경제적·사회적·환경적 조정이 전 세계적으로 향후 5년을 특징지을 것이다. 비록 세계의 지역에 따라 중요한 차이는 있겠지만, 모두 도시화와 대규모 이주, 환경적·생태적·기술적 변화와 관련된 압박을 경험할 것이다. 많은 사회가 지난 20년 동안의 개발 성과를 보존하는 데 완전히 성공하지는 못할 것인데, 특히 새로이 중산층이 된 사람들에게 그러할 것이다. 이것은 부유한 나라와 가난한 나라 모두 거버넌스에 결함이 있다는 것을 뚜렷이 보여준다. 발달된 정보기술이 불평등, 세계화, 정치, 부패의 차이를 증폭시킬 것이고, 굴욕과 부정의에 대한 인식이 저항과 폭력적인 대중 동원을 촉진할 것이다. 세계경제의 구조적 변동 – 일자리 창출 없이 부를 창출하는 기술과 금융에서부터 미래 성장에 부담이 되는 늘어나는 부채에 이르기까지 – 은 이러한 변화를 부채질할 것이다. 많은 사회에서는 구성원의 불만으로 인해 민중영합주의자나 이민배척론자 혹은 민족주의적 지도자들을 추종하게 될 것이다. 하지만 다른 사회들은 지탱할 수 없는 비용에 당면했을 때 시민들이 상호 간에 무엇을 빚지고 있는지 냉정하게 재평가할 것이다. 만약 지정학적 권력의 여러 중심축이 부상한다면 지역들과 국가들이 파편화될 가능성이 있고, 그렇게 될 것 같기도 하다.

- **경제적 압박.** 향후 5년 동안에 가장 중요한 세계경제의 불확실성은 중국의 성장이 될 것이다. 베이징이 얼마나 성공적으로 경제적 성장과 해외 투자를 유지할 수 있을지, 얼마나 효율적으로 수출과 투자 중심의 경제에서 소비 주도 성장에 기초한 경제로 이행할 수 있을지 등이 그것이다. 그러한 이행은 진작 이루어져야 했지만, 그것이 과연 이루어질지조차 의문이다. 중국 경제는 1995년에 세계 GDP의 2%를 차지하던 것에서 2015년에는 14%로 확대되었고, 지난 몇 년 동안

세계경제 성장의 가장 큰 원천이 되어왔다. 중국 경제의 성장 속도가 급격히 줄어들면 다른 지역의 성장을 약화시키고 전 세계적으로 빈곤 퇴치의 진행을 둔화시킬 것이다. 이러한 침체기에 많은 정부는 고용과 포괄적인 성장을 촉진할 개혁을 추진하라는 대중의 점증하는 압력에 직면할 것인데, 그러한 변화는 정부의 통제력과 정치적 지지자들에게 이득을 줄 능력을 위협할 수 있다.

- **정치적 압박.** 그러한 정치적·경제적 개혁을 추진할 준비가 된 정부는 거의 없으며, 많은 나라는 당면한 도전에 대처할 능력이 전적으로 결여되어 있다. 중동과 북아프리카에서 그러한 결함은 사회적·지정학적 힘들과 결합해 혼란과 폭력을 조성하거나 혹은 연장시킬 것이다. 서구의 선진 지역에서 대중의 환멸은 부와 권력의 불균형에 대처하고자 하는 민중영합주의자나 개혁가의 목소리로 표출될 것이다. 동남아시아와 중남미에서는 부패와 범죄, 환경, 건강, 도시 생활의 스트레스에 대한 불만이 지속적으로 행동주의를 부추기고 정부의 대응을 요구할 것이다.
- **사회적 압박.** 사회적 대립과 분열 – 보통 종교, 전통문화, 획일적인 세계화에 대한 반대에 근원하는 – 은 커뮤니케이션이 나날이 발전하는 세계에서 더욱 두드러질 것이다. 새로운 기술은 또한 계속해서 정치적 분열을 일으키고, 극단적인 집단이나 주변부 집단의 존재와 권한을 향상시켜 그들의 영향력 증대를 촉진할 것이다. 전투적인 극단주의자와 테러리스트 집단은 계속 초국가적으로 존재할 것이고 여전히 분열되어 있지만 아프리카, 아랍 세계, 남아시아 및 동남아시아에 있는 조직과 이념 및 자원을 공유할 것이다. 현존하거나 새롭게 출현하는 전염병의 확산은 모든 나라와 지역에 여전히 위협적이겠지만, 특히 그러한 위기에 대비할 능력이 없는 정부에 그러할 것이다.

- **지정학적 압박.** 강대국 간의 경쟁과 충돌의 위험은 향후 5년 동안에 심화될 것인데, 현재의 국제체제가 낙후되고 중국과 러시아가 좀 더 큰 영향력과 지위를 확보하려는 야심을 품기 때문이다. 국가와 비국가행위자들이 모두 사이버 능력과 소셜 네트워크와 같은 새롭고 비전통적인 권력 형태를 산출해 결과를 만들어내고 혼란을 초래할 것이다. 만약 국제규범에 대한 지역적 공격과 무시가 제어되지 않는다면 향후 5년 동안에 경쟁하는 권력 중심지가 여럿 부상할 수 있다.
- **환경적 압박.** 과학자들은 2016년이 1880년에 기구를 이용한 관측이 시작된 이래 가장 무더운 해였고, 가장 무더운 17년 중 16년이 2000년대에 있었다고 보고한다. 비록 짧은 시간 간격을 두고 기온 추세를 예측하는 것은 내부적인 기후변동성 때문에 어려운 일이기는 하지만, 기본적으로 지구 기온은 분명히 향후 5년에 걸쳐 더 상승할 것이다. 이러한 온난화는 폭풍과 강우, 해빙, 해수면 상승, 인간이 살아갈 전반적 조건에 영향을 미친다. 변화의 효과는 해안 도시나 수자원이 부족한 도심지처럼 기후변화에 취약한 지역에 집중해 사는 세계 인구의 상당수에게 특히 심각할 것이다.

동아시아와 동남아시아

EAST AND SOUTHEAST ASIA

세계에서 민족적·문화적으로 가장 다양한 지역이자 경제적 중요성이 커질 가능성이 가장 높은 지역인 동아시아와 동남아시아는 가까운 장래에 경제협력과 지정학적 경쟁 모두의 중심지로 남아 있을 것이다. 중국에서는 많은 요인이 정치적 불확실성을 증가시킨다. 즉, 경기 침체, 아시아의 맹주 자리를 차지하려는 베이징의 시도, 고령화에 따른 노동력 감소, 시진핑 주석으로의 권력 집중 등이 그것이다. 이러한 불확실성은 이 지역의 평화와 번영에 그림자를 드리우고 있다. 중국은 세계경제에 깊이 통합되어 있고, 지역을 경제적으로 지탱하고 있을 뿐 아니라 국제적 기준이나 규칙을 선택적으로 받아들이고 또 그것을 자신의 이익을 증진시키는 방향으로 형성하려 하기 때문이다. 중국은 남중국해 같은 문제에서 주권을 주장해 주변국의 반발을 불러일으키고 있으며, 국내적으로는 민족주의적 감정을 조장해 베이징의 운신 폭이 좁아질 수 있다. 안보 경쟁, 체제 안정, 경제협력 사이의 상호작용은 대부분의 지역적 상호작용에 영향을 끼친다. 중급 국가(middle power)들과 소국들이 모두 중국의 자기주장에 대한 보장을 요구하면서도 중국과의 경제협력 기회를 희생시키지 않기를 바라기 때문이다. 덜 견실한 중국 경제의 위험은 문제를 한층 더 복잡하게 한다. 중국에 대한 미국과 일본의 행동, 거기에 더해 인도와 인도네시아처럼 부상하는 대국들의 행동은 그 지역 국가들의 위험과 기회의 평가에 중요한 영향을 미칠 것이다.

- 오랫동안에 걸친 역내 수많은 **영토 및 해양 분쟁**은 향후 5년 이내에 해결될 것 같지 않다. 오히려 긴장이 계속 끓어오를 것이고, 미국의 도움을 요청하게 할 것이며, 동남아시아국가연합(Association of Southeast Asian Nations: ASEAN)과 같은 지역기구와 대응 기제의 성숙을 곤란하게 할 것이다. 아시아의 단층선 중 어디에서라도 긴장이 더욱 고조된다면 경제적 신뢰가 약화되고 투자와 지역적 경제협력이 위축될 것이다.
- 베이징은 이 지역을 향한 미국의 증대하는 전략적 관심, 일본의 방위 정책 변화, 타이완의 새로운 지도부와 점증하는 독립적 정체성 지각, 북한의 핵 프로그램, 중국 자신의 커져가는 경제적 도전의 결과로, 자신의 부상에 대해 더 강한 반발이 발생하기 전에 **중국**이 지역에서 더 큰 영향력을 확보할 마지막 '전략적 기회의 창'을 가지고 있다고 판단할 수 있다. 중국에 대한 외국의 생각은, 널리 받아들여지는 국제규범을 베이징이 얼마나 기꺼이 준수하려 하는지에 따라 달라질 것이다.
- 점점 더 자립하는 **일본**은 지역적·세계적 안보 문제에 대한 참여를 잠재적으로 증대시키고 미국의 좀 더 강력한 파트너가 되는 등 국제적 개입을 더욱 많이 할 것인데, 그것은 특히 동남아시아에서 견실한 경제 관계를 수립하는 것으로 시작될 것이다. 주로 중국의 커져가는 힘과 자기주장으로 인해 촉발되는 동아시아의 점증하는 불확실성에 따라, 도쿄는 자국의 안보 정책에 대한 전후의 제한을 완화하는 동시에 방위 정책을 위한 역량을 키우고 있다.

- **인도**는 동아시아와 동남아시아의 경제 및 안보 문제에 더욱 깊숙이 개입할 것 같다. 만약 일본과의 관계가 계속 강화된다면 특히 그러할 것이다. 중국의 야심과 인도의 이익에 대한 무시는 힘의 균형을 이루고 위험을 회피하기 위해 일본과 미국을 따르는 뉴델리의 경향을 촉진한다. 비록 자유무역에 대한 점증하는 서구의 관심으로 선택의 폭이 제한되기는 하지만, 인도가 참여하는 환태평양경제동반자협정(Trans-Pacific Partnership: TPP) 같은 조약이 맺어진다면 인도는 미국 및 그 밖에 경제적으로 중요한 태평양 국가들과의 경제적 통합을 잠재적으로 심화시키며, 국내 경제의 개혁과 성장의 추진을 돕고, 지역에서 더욱 적극적인 경제적 역할을 수행할 자신의 능력을 북돋울 경제적 와일드카드가 될 수 있다.
- **인도네시아**는 이슬람교 인구가 세계에서 가장 많고 세계에서 가장 다양한 생물이 서식하는 곳 중의 하나이며, 비록 넓게 펼쳐져 있는 다도해를 효과적으로 관리하는 문제로 계속 고심하고 있기는 하지만, 세계화된 테러리스트 네트워크의 영향에 대한 이슬람의 대응을 주도하거나 세계의 남아 있는 원시림에 대한 관리에 앞장섬으로써 세계적인 역할을 수행할 수 있다. 인도네시아의 삼림에 불이 나면 세계의 탄소 배출 및 대기오염이 증가하고 동남아시아 전역에서 기관지 질병에 따른 사망률이 상승한다. **말레이시아**에서, 즉 민주적이고 말레이족 이슬람교도가 다수인 국가에서 인종 및 종교 정책이 바뀌면 지역의 민주화와 사회적 안정 추세에 기여할 것이고, 세계적인 반과격주의 노력을 고취하는 데 도움이 될 것이다. 다른 이슬람교 국가들처럼 말레이시아와 인도네시아는 전통적인 수피 이슬람 관행에 대해 점점 더 비관용적으로 되어가는 살라피스트 이슬람의 영향을 받고 있는데, 이는 다민족적이고 다종교적인 그들 사회에서 긴장을

부채질한다. **태국**과 **필리핀**은 거버넌스 문제로 고투하고 있는데, 그러한 문제가 점점 더 독재정치를 선호하는 결과로 이어지고 있다.

- 중요한 **경제 변동, 인구학적 변화,** 현재 진행 중인 도시로의 이주에 따른 **도시 생활의 스트레스**는 아시아 국가에서 향후 5년 동안 더 중요한 문제가 되어 정치적 대응을 요구할 것이다. 인구 고령화에 따른 만성적 질병에 대처할 아시아의 의료체계에 대한 수요가 증가하면서 정부의 재정 부담은 커질 것이다. 중국과 역내 다른 곳에서, 특히 기업들이 이 지역과 다른 지역의 저가 경쟁자들에게 더욱 큰 압박을 받음에 따라, 경제적 불평등은 대중의 불만을 부추길 수 있다. 베이징은 중국의 성장하는 중산층 및 번영 계층의 욕망과 요구를 충족시키거나 그들의 실망을 감당해야 하는 압력을 받을 것이다.
- 혹심한 날씨, 폭풍 발생, 해수면 상승, 홍수 등으로 일어나는 **기후변화**는 동아시아와 동남아시아 국가에 불균형적으로 영향을 미친다. 그들 국가의 인구는 해안 지대에 모여 살고 있다. 현재 진행되는 압박으로 인해 그리 심하지 않은 이상기후에도 회복력이 감소될 것이다. 퓨리서치센터의 여론조사에 따르면, 중국과 말레이시아, 필리핀의 대중은 기후변화를 생존의 가장 큰 위협으로 간주한다. 인도네시아, 일본, 한국의 대중은 기후변화를 3대 위협에 포함시킨다. 수자원 안전과 식량 안전에 대한 두려움도 지역의 환경적 관심사에 포함된다. 최근 캄보디아, 라오스, 태국에서 발생한 가뭄은 이러한 위험을 더욱 두드러지게 했다. 미얀마, 캄보디아, 중국, 라오스의 수류(水流)를 둘러싼 분쟁이 지역 분쟁의 목록에 추가되고 있는 상황에서 물 문제에 관한 협력은 인구가 집중된 지역의 중대한 문제가 될 것이다.
- **공중보건** 분야에서 이 지역의 몇 나라는 세계적으로 유행할 잠재력이 있는 인플루엔자 바이러스의 발생 위험 구역으로 꼽힌다. 발

병률이 높은 조류 바이러스 H5N1은 중국, 인도네시아, 베트남 가금류의 풍토병이고, 인간에 대한 치사율이 높다. 발병률이 높은 H7N9 바이러스 역시 중국의 가금류 사이에 유행하고 있으며 인간이 감염된 사례도 2013년 이래 증가해왔다.

향후 5년 동안 지역의 지정학적 연관성: 중국은 어디로 향하는가. 이 지역의 모든 나라가 중국의 경제적·정치적 전망에 크게 기대고 있다. 앞으로 몇 년 동안 베이징은 경제의 구조적 변화 – 수출 주도의 경제에서 소비와 서비스 산업 주도의 경제로, 그리고 세계무역에서 사상 최대의 원자재 소비자가 아니라 좀 더 균형 잡힌 참여자가 되는 방향으로 이동 – 를 달성하는 가운데 계속 생활수준을 향상시키고 경제적 수혜자의 수를 늘릴 수 있을 것인지 시험받을 것이다. 무역과 통상에서의 유대에 더해 중국은 지역 전체의 나라들에 대한 개발 계획을 강력하게 구상한다. 동아시아 대중의 대부분과 남아시아, 중앙아시아, 유럽의 많은 사람이 중국의 투자를 호의적으로 바라보며, 이에 따라 베이징은 자신의 해외 영향력을 증대시키고 있다. 그러나 베이징이 약속한 경제적 동반자 관계를 실행하는 데 조금이라도 소홀하면 – 아시아인프라투자은행(Asian Infrastructure Investment Bank: AIIB)과 일대일로(一帶一路) 계획에서 보듯이 – 해외 대중이 중국의 참여에 실망하고 중국의 국제적 위신이 손상되며, 중국의 내륙과 서부 지역을 새로운 수출 시장으로 개발하려는 노력이 저해될 수 있다.

중국의 가장 큰 정치적 시험은, 사회적 안정성이나 중국공산당의 통제를 위태롭게 하지 않으면서 점점 더 힘이 커지는 활동적인 대중 – 책임 있는 정부와 사회적 이동성, 지속적인 성장을 기대하는 대중 – 을 만족시킬 수 있는가 하는 것이다. 최근 베이징이 감시 기술이나 다른 발달된 통신기술을 점점 많이 이용하고 인권을 탄압하는 것은, 사회 통제가 늘어나는 것과 다원주의 및 중국공산당을 대체할 다른 어떤 정치적 대안도 계속해서 거부하는 것을 반영한다.

- **종교적·민족적 긴장** 역시 베이징이 역사적으로 자신의 권위에 대한 위협이라고 간주해온 것을 수용하거나 관용할 수 있는지를 시험할 것이다. 이미 상당수에 달하는 중국의 이슬람교 및 기독교 인구는 향후 20년 동안 더욱 늘어날 것으로 예측된다. 정부는 신장(新疆) 지역의 이슬람교 관련 사안을 긴밀하게 감시하며 통제하고 있는데, 이는 베이징에 대한 주민의 반감을 악화시키고 있으며, 또한 지하 '가정교회(house church)'에서 예배를 보는 수만 명에 달하는 기독교인도 자주 정부의 박해를 받고 있다. 중국에서 인구가 가장 빠르게 증가하고 있는 티베트는 과거와 유사한 소요의 현장이 될 수 있다.
- **공중보건 문제**는 향후 수년 동안에 대두될 것이다. 중국은 증가하는 소득 수준에 따라 서구식으로 소비하는 삶의 양식으로 변동하고 있는데, 그 결과 비만이나 심장병, 암 같은 만성 질환의 발병률이 높아지고 있다. 건강에 나쁜 습관을 가진 수백만이 넘는 사람과 총인구의 급격한 고령화로 비전염성 질환이 늘어날 것으로 예측되고, 이에 따라 중국의 국가적인 보건체계는 역량이 위축될 것이며 또한 정부가 건강 관련 기반시설에 투자하고 충분한 인원을 훈련시킬 능력이 제한될 것이다.
- **환경문제**는 악화될 것이다. 베이징은 많은 지방에서 시민에게 충분한 양의 질 좋은 물을 공급해야 하는 문제에 직면해 있다. 농업과 관련해 중요한 자원의 품질이 저하되고, 주요 산업이 유발하는 오염으로 많은 도시에서 공기의 질이 나빠지고 있다. 이러한 상태가 지역적으로 견딜 수 없는 수준이 되었을 때 환경 관련 시위가 발생했

다. 몇몇 지방에서, 암을 비롯해 환경문제에 따라 발생하는 질병은 굳이 발달된 방법을 쓰지 않아도 충분히 상황을 알 수 있을 정도로 심각하다.

이러한 시험은 경제 성장이 침체되는 시기, 중국 경제의 구조적 전환의 시기, 2008~2009년의 세계 금융위기 이래 국내와 해외에서 부채를 조달해 했던 건설 사업의 청구서가 오는 시기에 일어날 것이다. 동시에 중국 지도부는 점차 권력을 집중화하고 있으며, 대중에게 인기 있는 반면 가장 부유한 중국인 집단을 소외시키는 반부패 캠페인을 추진하고 있다. 이러한 국내적 배경은 아시아 및 세계에서 중국의 점증하는 영향력이 국제체제에 새로운 활력과 효율성을 가져다줄지, 아니면 체계적인 경제적 충격과 지역 갈등의 위험을 고조시키는 것으로 귀결될지를 가르는 데 도움이 될 것이다.

- 이러한 도전을 성공적으로 처리하는 것은 **중국이 동아시아 이웃 국가들에 접근**하는 데에 좋은 영향을 줄 것이다. 순탄하고 능숙하게 경제적 전환을 이루어내고 지도부가 더욱 통합되면 베이징은 일본, 필리핀, 베트남을 다루는 데 자신감을 얻게 될 것이다. 그들이 자신들의 영토적 주권을 지키려 하는 것과 똑같이 해외 기업, 대학, 개인은 사이버 및 지적재산권 침해와 규제 장벽 및 시장 조작에 대한 보호를 추구함으로써 중국의 조정을 복잡하게 만들 것이다.
- 또한 새로운 다자간 투자 계획이 국내와 해외에서 고용과 생계를 향상시킨다면 베이징은 **국제적 영향력과 존중**을 얻을 것이다. 그러나 다자간 투자는 또한 해외에서 중국의 영향력을 위협할 수도 있는데, 만약 아프리카의 부패한 정권과 친밀한 관계를 맺음으로써 마

치 미국이 중동에서 그랬던 것처럼 대중의 반감을 불러일으킨다면 특히 그러할 것이다.

- 유사하게, 베이징은 지역이 **온실가스 배출을 관리하고** 해수면 상승과 공해, 극단적인 날씨, 생물 다양성 상실에 맞서 **회복력을 기르는** 데 주도적인 역할을 함으로써 이득을 볼 수도 있다. 환경문제는 지역 전체에서 삶의 질에 관한 핵심적 관심사로, 그리고 시민사회의 행동주의로 나아가는 통로이자 정부의 민감성과 혁신을 위한 기회로 남아 있을 것이다.
- 극동의 러시아 민족의 인구가 급감하고, 러시아의 동부 지역 도시들이 심하게 공동화됨에 따라 중국의 관심과 기호가 북쪽을 향하는 것은 자연스러울 것인데, 이에 따라 그 지역에서 마찰이 증가할 가능성이 있다. 이미 많은 수의 중국인이 다양한 구실과 비자, 사업상의 관심을 가지고 그 지역으로 스며들고 있다.
- 베이징이 이슬라마바드와 평양과의 유대를 효과적으로 활용해 아프가니스탄과 북한 핵 프로그램의 해묵은 위협을 제어할 수 있을지는 남아시아와 동북아시아의 평화와 안정에 중요한 영향을 미칠 것이다.

다른 고려 사항: 동반자 관리. 환태평양경제동반자협정과 같은 자유무역협정이 이 지역이 중국에 과도하게 의존하는 것에서 벗어나 다변화하는 것을 도울 수 있는 잠재력이 있는 상황에서, 동반자와 동맹의 관리는 동아시아에서 미국의 으뜸가는 과제가 될 것이다. 그렇지만 환태평양경제동반자협정의 많은 가입국은 일부 아시아 국가의 사업가나 근로자 대중, 정치지도자처럼 중국에서 위협보다는 기회를 보고 있으며, 환태평양경제동반자협정에 대한 미국의 접근 방식과 약속에 대해 확신을 가지

지 못한다. 중국의 규모, 개발 수준, 자원, 그리고 고가의 자본재를 포함한 특별한 수요를 고려하면 중국은 지역의 다른 나라들의 시장, 투자 원천, 생산 기지로서 경제적 유망지다. 이는 그 방식이나 정도에서 미국이 반드시 필적할 수 있는 것은 아니다.

- **미국의 동맹국들**과 동반자 국가들은 또한 워싱턴의 국내 및 기타 국제 문제와 잠재적인 자원 제약을 고려할 때 미국의 지역에 대한 '재균형' 정책의 미래를 확신하지 못한다.
- **동북아시아**에서 베이징, 도쿄, 서울은 그들이 개별적인 안보 역량을 개선하는 동안에도 계속 경제적 상호의존 상태가 될 것이다. 그들은 안보 위험을 단호히 관리해야 할 것이고, 안보 딜레마의 역학과 방어적 조치가 공격적인 것으로 해석될 때 일어날 수 있는 상호적 군비 확장을 피해야 한다.
- 정치적 입장과 오래된 역사적 문제 때문에 향후 5년 동안 **한일** 안보 관계는, 얼마간의 진전은 있겠지만, 심화되기는 어려울 것 같다. 중국이 북한에 대한 제재를 망설이는 데 실망한 서울은, 비록 관광과 무역, 투자에서 중국을 여전히 중요한 동반자로 여기더라도, 도쿄 및 워싱턴과의 협력을 추구할 것이다. 한편 일본은 역내외에서 외교·안보 문제에 적극적으로 참여하려 할 것이다. 일본 경제는 전반적으로 볼 때 침체하고 있지만 여전히 전 세계에서 세 번째로 크며, 쇠퇴하는 인구에도 불구하고 고령 인구 대부분을 물질적으로 더 잘 살게 해주고 있다.

동남아시아에서 증대하는 경제적 상호의존성은 강대국 간의 경쟁, 국내 갈등, 종교적 과격화, 민주화와 권위주의 간의 투쟁을 비롯한 국내 정치적 불확실성의 배경이 될 것이다. 이 중 몇 가지가 결합하면 개방적이고 안정적이며 발전하는 지역 공동체를 침체, 권위주의, 불안정으로 위협할 수 있겠지만, 그러한 결과가 발생할 것 같지는 않다. 민족주의는 여전히 강력하겠지만, 그것만으로는 지역의 증대하는 경제적 통합을 교란할 것 같지 않다.

- **인도, 인도네시아, 베트남**은 아시아에서 과거 수십 년 동안보다 훨씬 더 두드러진 나라가 될 것인데, 부분적으로는 그들 자신의 개발 성과, 급속히 증가하는 무역 관계, 다른 많은 경쟁국과 비교했을 때 유리한 인구구성 때문이다. 지역의 경제 통합의 청사진은 동남아시아국가연합 경제공동체와 그것의 목표인 무역자유화, 조화, 개선된 통관 절차, 서비스 교역, 투자 및 자본 시장 자유화, 기반시설의 연결성 등이다.
- **안보 위협**은 지역에서 군사 설비의 계속적 구축과 잠재적인 사용의 동기가 될 것이다. 경제 성장이 현재 수준이나 그에 가까운 수준으로 유지되는 상황에서 지역의 국가들은 군사 지출을 확대할 것인데, 이는 한편으로는 국내적 이유 때문이고, 다른 한편으로는 중국에 대비하는 동시에 이 지역에 대한 미국의 불확실한 의도에 대비하기 위한 것이다. 동중국해와 남중국해의 해양 분쟁은 계속될 것이며, 동남아시아국가연합 국가들은 이슬람 과격주의를 엄히 단속하기 위해 더 많은 자원을 쓸 것이다.
- **거버넌스의 결함**은 지역의 권위주의 정권과 민주 정권 모두에 영향을 주는데, 정책을 시행하고, 부패에 대처하며, 자주 문제가 발생하는 관계인 국가 수준의 정책 입안자와 그 정책의 집행 책임자인 지방 관리 사이의 관계를 관리하는 것은 양자 모두에게 앞으로도 매

우 어려운 일일 것이다. 정부들이 얼마나 공공재를 잘 공급하고, 좀 더 나은 생활수준을 위한 늘어나는 요구를 잘 충족시키는지에 따라 지역의 안정성 수준은 큰 영향을 받을 것이다.

재균형화된 중국에 대한 고찰

중국을 투자와 수출 주도의 경제로부터 국내 소비자에게 좀 더 많이 의존하는 경제로 '재균형화하는' 데에는 몇 년간의 조정 과정이 필요할 것이고, 중국과 전 세계 경제 파트너들의 일상생활에 지대한 영향을 줄 것이다. 베이징은 오랫동안 기반시설과 설비에 비정상적으로 많은 투자를 함으로써 성장을 촉진해왔는데, 그중 많은 부분이 활용도가 낮고 비효율적이었다. 그것은 이제 지속 불가능한 모델이지만, 이내 소비 주도의 성장으로 대체하기는 어려울 것이다.

- 2015년에 중국의 투자는 GDP의 40% 이상에 달했는데, 이것은 다른 아시아 개발도상국들의 평균치인 30%를 훨씬 상회하는 것이며 최근의 최고점에서 거의 변화가 없는 수치다. 그러한 높은 투자 지출은 평화 시의 주요 경제 대국에서는 유례가 없는 일이다.
- 실질 투자 성장이 매년 단 1%만 된다 하더라도 – 그런 일은 천안문 사태가 일어난 이듬해인 1990년에 마지막으로 있었다 – 중국이 소비·투자 균형을 다른 아시아 국가 수준으로 하기 위해서는 만 10년 동안 개인과 정부의 소비가 연 8%씩 성장해야 한다.

설령 베이징이 재균형화에 성공한다 하더라도 그러한 변화가 중국 국내 경제의 오랜 패턴을 교란할 수도 있다.

- 더 많은 민간 소비는 국영기업보다 소비자의 수요에 더 민감한 사기업의 기회를 확대하겠지만, 이로써 베이징은 오랫동안 회피해왔던 법치와 지적재산권 보호에 관한 문제를 개선하고 개인 소비자 금융을 발전시킬 것을 더 강하게 요구받을 것이다.
- 똑같이 중요한 일로서, 경제에서 중공업 지향적인 국유기업의 역할을 감소시키는 것은 정부의 경제통제를 위한 주요 지렛대 중 하나를 약화시키는 것인데,

그것은 근래 베이징이 의지를 거의 보이지 않았던 일이다.

- 중국에서 개인 소비는 높은 개인 저축률 때문에 지체되어왔는데, 이것은 베이징이 사회안전망 프로그램, 특히 건강보험과 퇴직연금을 강화하지 않는 한 변화가 있을 것 같지 않다. 그렇지만 사회안전망을 위한 지출의 증가는 군비 현대화와 국내 안보를 위한 지출과 경합하게 될 것이다.

재균형화된 중국 경제는 여전히 세계경제의 주요 참가자일 것이 확실하고, 장기적인 성장에 더 유리한 입장이 될 것이지만, 다른 한편으로 그러한 중국 경제는 지역과 좀 더 넓은 세계에서 종전과 매우 다른 무역 상대가 될 것이다.

- 중국은 기반시설과 중공업의 비중이 줄어듦에 따라 기계류나 제조 설비와 같은 자본재를 더 적게 수입하고, 소비재보다는 투자재에 더 많이 사용되는 철광이나 구리 같은 원자재의 수입 비중이 줄어들 것으로 예상할 수 있다. 이것들은 2015년에 거의 8000억 달러, 즉 중국 총수입액의 47%에 달했는데, 가장 큰 공급자 중에는 독일과 일본, 전 세계의 원자재 수출국들이 있다.
- 소비자 부문이 더 발달한다는 것은 거의 틀림없이 소비재, 식료품, 농업생산품의 더 많은 수입을 의미할 것인데, 이 분야의 수입액은 2015년에 겨우 약 900억 달러, 즉 중국 수입액의 6%도 안 되었다. 세계적으로 그러한 상품의 최대 수출국은 중국을 제외하면 소비재의 경우 미국과 독일, 식료품과 농산품의 경우 미국과 네덜란드인데, 가장 경쟁력 있는 이 수출국들은 아마도 중국의 강력한 수요 성장에서 가장 많은 이득을 얻을 것이다. 설령 좀 더 소비 지향적인 중국 경제가 이러한 수요의 많은 부분을 충족시킬 수 있다 하더라도 그러한 상품에 대한 수요는 전 세계적으로 증가할 것이고, 중국과 다른 지역의 생산자들에게 똑같이 이득이 될 것이다.
- 재균형화가 중간재 – 수출이나 국내 사용을 위한 상품의 생산과 조립에 쓰이는 부품 – 의 수입에 어떤 효과를 나타낼지는 확실하지 않다. 비록 중국의 저부가가치 생산이 동아시아의 다른 지역이나 남아시아, 심지어 아프리카를 비롯한 다른 국가와의 점증하는 경쟁에 직면할 것이지만, 중국이 현재 생산하는 소비

재의 많은 몫은 급속히 성장하는 국내 소비자 부문에서 소화될 것이다.

베이징은 순탄한 전환에 도움이 될 풍부한 자원을 가지고 있다. 개인 소비를 촉진하기 위해 진력하는 동안에 정부와 지시에 따르는 국유기업의 지출을 이용해 성장을 받쳐주고, 심지어 만 5년 동안 시간을 끌 수도 있다. 그러나 전환과 그 전환을 불가피하게 만드는 불균형은 시간을 오래 끌수록 더 많은 비용과 혼란을 가져올 것이다. 향후 몇 년은, 이미 성장이 둔화되었다 하더라도 베이징에 가장 좋은 기회의 창이 될 것이다.

- 향후 20년 내에 중국의 생산가능인구는 실제로 감소하는 반면에, 중위연령은 37세에서 약 46세로 늘어날 것이고 그 이후에도 계속 급속히 늘어날 것이다. 중국의 은퇴 연령은 기대수명이 매우 낮았던 1950년대 초에 정해졌다. 이러한 규정을 바꾸자는 논의가 공개적으로 진행되고 있지만, 고령 인구를 위한 의료 비용 증가는 부담을 가중시킬 것이다.

중국

2035년 예상 인구

1,408,316,000

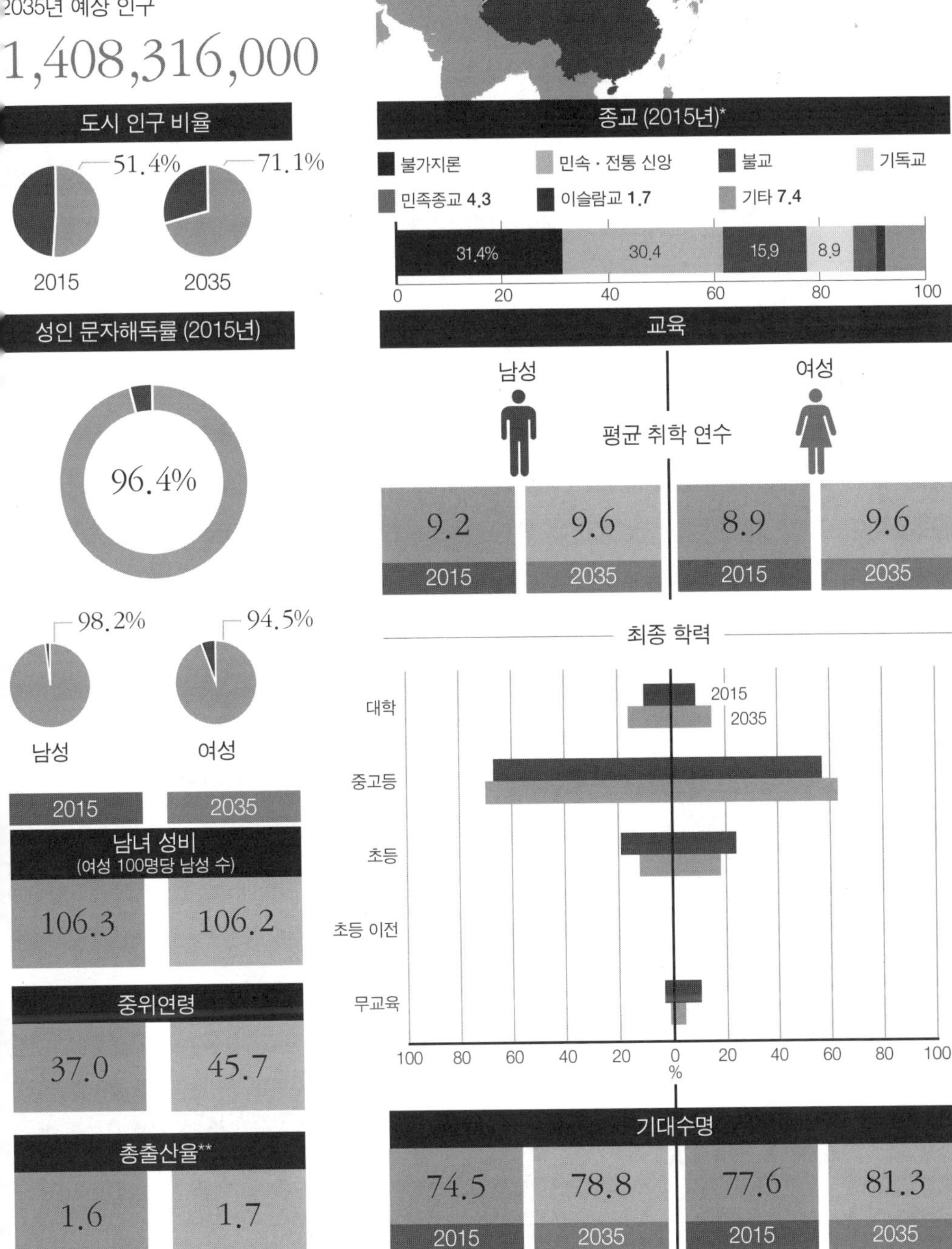

* 종교는 세계종교데이터베이스(World Religion Database)에 기초했으며 소수점 둘째 자리에서 반올림함.

** 총출산율은 가임 기간의 끝까지 생존할 때 여성 1인당 추정되는 평균 자녀 수임.

주: 인구통계 자료는 2035년에 각 지역에서 가장 많은 인구를 보유할 것으로 추정되는 나라만 제시됨.

인도네시아

2035년 예상 인구

304,847,000

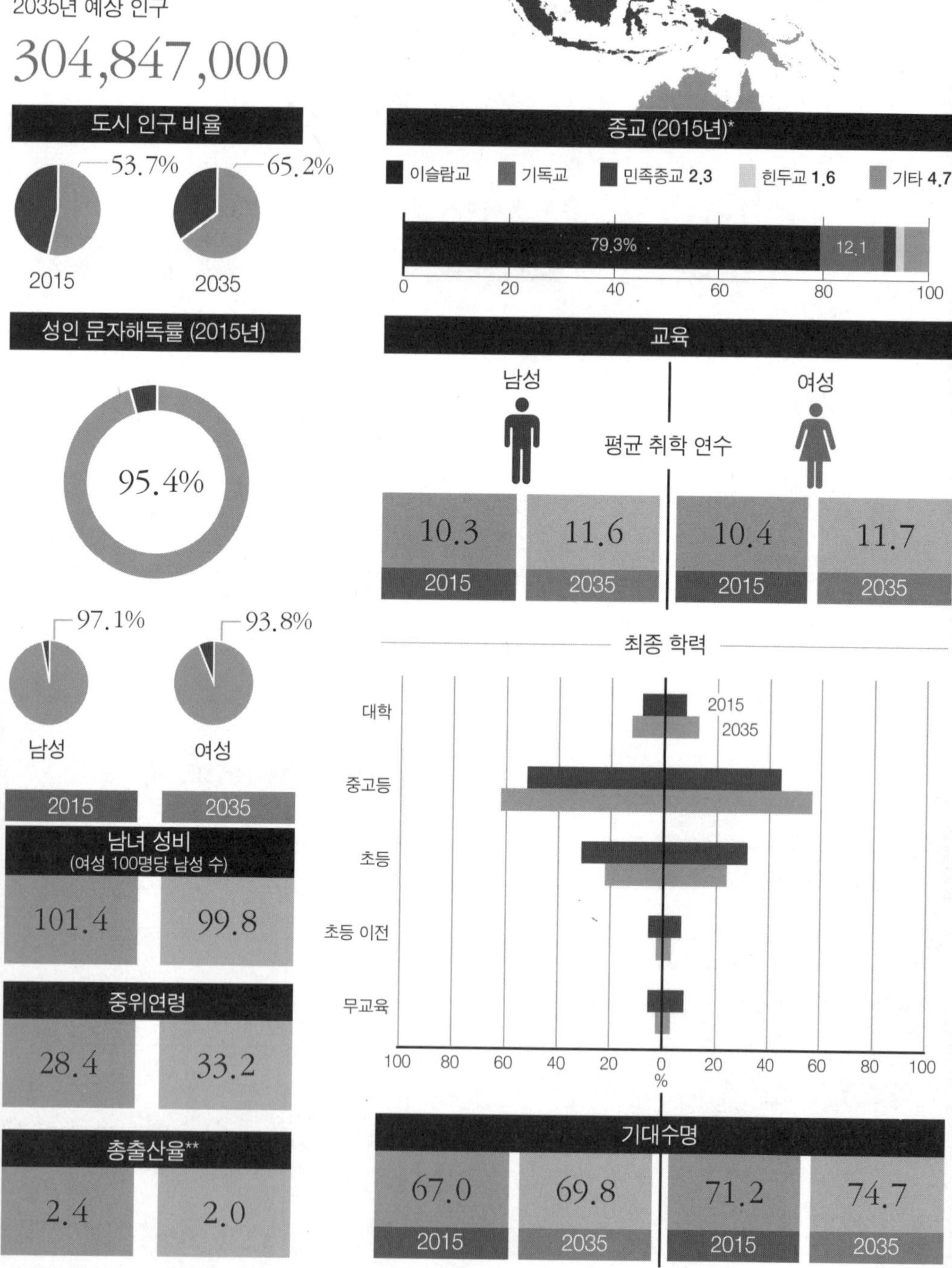

* 종교는 세계종교데이터베이스(World Religion Database)에 기초했으며 소수점 둘째 자리에서 반올림함.

** 총출산율은 가임 기간의 끝까지 생존할 때 여성 1인당 추정되는 평균 자녀 수임.

주: 인구통계 자료는 2035년에 각 지역에서 가장 많은 인구를 보유할 것으로 추정되는 나라만 제시됨.

남아시아

SOUTH ASIA

향후 5년 동안 수많은 내외적 변화가 남아시아의 안보와 정치적 안정에 영향을 미칠 것이다. 아프가니스탄에서 국제군의 예정된 감축, 미국과 인도의 관계 심화, 중국의 일대일로 계획에 따른 서부 개발 목표, ISIL(이라크·레반트 이슬람국가)과 여타 테러리스트 집단의 침투는 모두 나름의 효과를 가지고 있다. 남아시아는 또한 정치적 혼란 – 특히 안정을 유지하려는 파키스탄의 분투 – 과 폭력적인 극단주의, 종파적 분열, 거버넌스의 결함, 테러리즘, 정체성 정치, 고조되는 환경적 관심, 취약한 보건체계, 성 불평등, 인구 압력으로부터 계속 도전을 받을 것이다.

이러한 요인은 이 지역이 지난 수십 년 동안 이룩한 개발 성과를 이용하기 위해 필요한 경제 통합과 정치 개혁을 길게 지체되게 할 것이 거의 분명하다.

- 이 지역의 정부들은 시급한 환경 및 도시 생활의 스트레스가 진행 중인 상황에서 **커져가는 대중의 기대**를 충족시키기 어려울 것이다. 개인이나 공동체 수준에서 번영이나 부패에 대처하는 주도권을 좀 더 많이 갖도록 하는 데 도움이 될 조건들을 만드는 것이 진보를 촉진할 것이다.

- 지정학적으로 이 지역의 가장 큰 희망은 지역의 교역과 개발을 추진할 **경제적·인적 잠재력**을 이용할 수 있는 인도의 능력이다. 동시에 아프가니스탄의 불확실한 전망, 파키스탄에서의 극단주의와 폭력, 인도와 파키스탄 간에 항시 존재하는 전쟁 위험은 지역이 잠재력을 발휘하는 데 가장 큰 장애 요소일 것이다.

향후 5년 동안 지역의 지정학적 연관성: 경쟁. 이 지역의 폭력적 극단주의와 양대 핵보유국인 인도와 파키스탄 사이의 긴장 등 지속적인 문제에도 불구하고 이란이 제재 완화 이후 경제적으로 개방하고 있고, 중국이 초점을 서부로 향함에 따라 이 지역의 세계적 관련성은 변화하고 있다. 또 인도는 지정학적 요인에 의해 아시아에서 자신의 중요성이 새로이 형성됨에 따라 지역에서 점차 중요한 요소가 되고 있으며, 미국과 인도는 역사상 그 어느 때보다도 더욱 밀접한 관계가 될 것이다. 인도의 증대되는 번영으로 환경문제가 더욱 복잡해짐에 따라 뉴델리는 자신의 성공의 희생자가 될 것이다. 예컨대 현재 전기를 이용하지 못하는 3억 명의 시민에게 석탄이나 가스를 이용하는 화력발전으로 전기를 공급하는 것은 인도의 탄소발자국(carbon footprint)을 크게 늘리고 오염을 가중시킬 것이다.

뉴델리는 방글라데시, 미얀마, 이란, 네팔, 스리랑카와 역내 무역과 기반시설 투자를 놓고 협력을 강화할 것이다. 그러한 협력은 지역의 많은 부분에서 안정과 번영을 촉진할 것인데, 특히 인도가 역내 정당들의 지지를 받을 경우에 그러할 것이다.

- **아프간·파키스탄 국경 불안** – 정치적 혼란, 끊임없는 폭동, 허술한 국경 보안 – 은 아프가니스탄의 갈등과 폭력적인 극단주의 집단의 존재와 함께 지역 불안정의 첫 번째 요인이 될 것이다. 30개 이상의 극단

주의 집단이 이 지역 안정을 위협하고 있으며, 마약은 아프가니스탄의 지하드 집단을 포함한 비국가행위자들의 주요 수입원이 될 것이다. 라슈카르 에 타위바(LET), 파키스탄 탈레반(TTP), 알카에다와 그 연관 단체들은 ISIL의 확장 및 관련 이데올로기에 대한 동조와 함께 역내 불안의 핵심적 요인으로 남을 것이다.

- 남아시아의 많은 지역에서 **청년층 인구가 대규모 증가**할 것인데, 이는 교육과 고용에 대한 수요를 증가시킬 것이다. 한 추계에 따르면 인도에서만 앞으로 수십 년간 매년 1000만 개의 일자리를 만들어내야만 새로이 노동 연령이 되는 사람들이 일자리를 얻을 수 있다고 한다. 불충분한 자원과 사회적 차별이 결합되어 나타나는 불충분한 기회로 인해 이 지역 청년층의 일부가 과격화할 수 있다. 그에 더해 광범하게 이루어지는 태아 성별 선택은 이 나라의 청년층 남녀 구성비가 불균형적으로 남성에 치우치게 하는 데 일조하고 있다. 많은 사회과학자가 전망 없는 젊은이와 폭력 간의 상관관계를 강조하듯이, 그것은 사회 안정에 중대한 결과를 가져올 잠재력이 있다.
- 더욱이 인도의 경제적 역량을 감당할 수 없는 **파키스탄**은 균형적 외형을 유지하기 위한 다른 방도를 찾을 것이다. 파키스탄은 경제적·안보적 도움을 받을 수 있는 다양한 해외 파트너와 관계를 유지하려 할 것이고, '전장' 핵무기와 해상 기지 발진을 포함해 자신의 핵무기와 운반 수단을 확대함으로써 믿을 만한 핵 억지력을 개발하려 할 것이다. 이슬라마바드는 교전 상태를 감소시키기 위해 노력하는 가운데 여러 가지 국내적인 안보 위협과 함께 이러한 작전에 쓸 설비의 점진적인 낙후, 재정적 자원의 감소, 그리고 극단주의의 활동 공간을 축소시키는 데 필요한 변화를 둘러싼 논쟁에 직면해 있다. 폭력적인 극단주의자들이 향후 5년 동안에 파키스탄의 존립을 위협할 것

같지는 않지만, 이 지역의 안정에 부정적인 영향을 미칠 것이다.

다른 고려 사항: 환경, 보건, 도시화. 남아시아의 열악하게 통치되는 나라들은 계속적인 도시화가 초래할 현재와 가까운 장래의 문제들에 제대로 대비하고 있지 못하다. 이 지역은 점점 더 도시화되고 있는데, 뉴델리에서 이슬라마바드에 걸쳐 하나의 대도시가 형성될 것이고, 오로지 지형과 정치적으로 설정된 경계에 따라서만 단절된 부분이 생길 것이다. 이 아대륙은 세계 최대 도시 10개 중 3개, 50개 중 10개를 갖게 될 수도 있다. 그처럼 급성장하는 인구에 대해 단순히 서비스를 제공하는 것만도 어느 나라에나 큰 문제일 것인데, 남아시아의 자원이 쪼들리는 정부들로서는 감당할 수 없는 일일 수 있다. 하지만 이러한 규모의 도시 지역은 새로운 사회적·정치적·환경적 그리고 보건상의 취약성을 초래하는데, 예를 들면 이질적인 집단들이 접촉하면서 새로운 정치적 운동이나 종교적 조직에 대한 지지를 고무하게 되는 것이다.

- 남아시아에서 개발 단계에서의 도시화와 함께 **오염**은 거의 필연적으로 증가해 인간의 건강과 곡물에 해를 끼치는 기후 조건을 만들어내고, 도시 생활의 경제적 비용을 증가시킨다. 남아시아에는 이미 전 세계의 가장 오염된 도시 25개 중 15개가 있으며, 인도에서만 20개 이상의 도시가 베이징보다 공기 질이 나쁘다. 쓰레기 처리와 관련된 결정 또한 도시 생활의 질에 중대한 영향을 끼칠 것이다. 서비스가 제한된 지역에서 가까이 모여 사는 조밀한 인구는 보건 문제를 악화시키고 전염병의 전파를 확대할 수 있다.
- 대도시는 대개 국민경제의 성장에 기여하지만, 그것은 또한 **뚜렷한 빈부 격차**를 낳으며 새로운 정체성과 이데올로기, 운동을 구축

한다. 남아시아의 도시들에는 세계에서 가장 큰 슬럼가가 있으며, 그것들이 예시하는 경제적 불평등에 대한 인식이 증대됨으로써 사회적 불안이 발생할 수 있다. 가난한 지역에서 좀 더 기회가 많은 지역으로 사람들이 이주함에 따라 교육, 고용, 주거, 자원에 대한 경쟁 때문에 현재 존재하는 민족적 증오가 부추겨질 수 있다. 실제로 인도의 여러 지역에서 그러한 일이 발생해왔다.

- 새로 도시화된 지역의 사람들은 **더 종교적**이 되는 경향도 있다. 파키스탄과 방글라데시에서 도시 생활의 압박으로 인해 두 나라의 가장 오래되고 뿌리 깊은 이슬람 집단인 정치적 이슬람 운동이 북돋워질 수 있다. 방글라데시 이슬람당(Jamaat-e Islami)은 대체로 도시 조직이다. 비슷하게 인도의 힌두트바(Hindutva), 즉 힌두 민족주의 역시 주로 도시적 현상이다. 가장 과격한 힌두트바 정당인 시브 세나(Shiv Sena)는 지난 40년의 상당 기간 인도의 상업 중심지인 뭄바이를 통치했다. 인도는 2050년에 인도네시아를 추월해 세계 최대의 이슬람교 인구를 가진 나라가 될 것으로 예상되는데, 이 때문에 종파 간 불신에 따른 안정에 대한 의구심도 일어난다. 감지되는 테러리즘의 위협과 힌두교도들이 본토에서 자신의 정체성을 상실하고 있다는 생각으로 힌두트바에 대한 지지가 증대하고 있으며, 때로는 그것이 폭력과 테러리즘으로 나타난다. 인도 최대의 정당인 인도인민당(Bharatiya Janata Party: BJP)은 정부가 힌두트바를 더욱더 많이 정책에 포함하도록 하고 있으며, 이것은 현재도 상당한 규모인 이슬람교 소수자만이 아니라 파키스탄과 방글라데시의 이슬람교 다수자와도 긴장을 촉발하고 있다.

기후변화는 거의 확실하게 남아시아에 더 높은 기온의 형태로 영향을 미칠 것이다. 그것은 인간의 건강과 식량 안전 보장에 해를 끼친다. 증가하는 온실가스 농도와 국부적인 에어로졸 오염은 모두 강수량의 패턴을 변화시킬 수 있다. 전 세계 인구의 거의 절반이 남아시아의 몬순에 영향을 받는 지역에서 살고 있는데, 몬순의 시간과 강도가 조금만 정상을 벗어나더라도 지역의 농업에 중대한 악영향을 끼칠 수 있다. 몬순의 시작이 늦춰지면 농업 생산, 물 가용성, 수력발전과 배전망의 안정성은 크게 감소할 것이다. 역으로 방글라데시를 포함한 일부 지역의 강수량 증가는 홍수를 악화시키고 주민의 이주를 초래할 수 있다.

- **기후변화**로 파키스탄과 인도의 북부 강에 물을 공급해주는 파미르 고원의 빙하가 예상보다 빠르게 녹을 수 있다. 해수면이 약간 상승한 상태에서도 열대 폭풍이 불어닥치면 지금도 부족한 방글라데시의 토지가 감소할 수 있고, 담수 자원을 망가뜨려서 사람들을 인도와 미얀마로 밀어내 종교적·지역적 갈등을 악화시킬 수 있다.
- 인도와 파키스탄은 또한 **극심한 날씨 변화**에 취약하다. 중요한 예를 들어보면 2010년에 파키스탄을 황폐화한 대홍수, 식량 안전 보장을 어렵게 만든 예측하지 못한 몬순, 2015년에 파키스탄에서 1000명, 인도에서 2500명을 사망하게 한 열파(혹서) 등이 있다. 100년 만의 홍수가 점점 빈번해지고 있는 최근 몇 년간 볼 수 있었던 몬순 패턴의 변동은 삼림이 없는 산과 협곡의 홍수를 저장하기에도 벅찬 파키스탄의 댐으로는 감당할 수 없을 것이다. 한편 몰디브와 다른 태평양의 섬들이 사라져가면서 해수면 상승의 장기적인 위험에 대한 대중적 인식이 확대될 것이다.
- **강수 패턴의 변화**로 말라리아, 콜레라, 소아마비 등과 같은 위험한 수인성 질병의 급증을 초래하는 물 생태계 변화가 초래될 수 있

다. 폭풍이나 홍수는 수백만 명을 하수 등 오염수와 수많은 질병에 노출시킬 수 있으며, 따라서 더 현대적이고 회복력 있는 물 관리 체계를 구축하는 데 투자하는 것은 대중의 건강과 안전에 필수적이다.

인도

2035년 예상 인구

1,585,350,000

도시 인구 비율

	2015	2035
도시 인구 비율	32.7%	42.1%

종교 (2015년)*

힌두교 / 이슬람교 / 기독교 4.7 / 민족종교 4.0 / 기타 4.4

힌두교 72.5% · 이슬람교 14.4

0 20 40 60 80 100

성인 문자해독률 (2015년)

72.2%

남성	여성
80.9%	63.0%

교육

평균 취학 연수

	남성 2015	남성 2035	여성 2015	여성 2035
평균 취학 연수	8.7	9.9	7.4	9.5

최종 학력

대학 / 중고등 / 초등 / 초등 이전 / 무교육

2015 / 2035

100 80 60 40 20 0 20 40 60 80 100

%

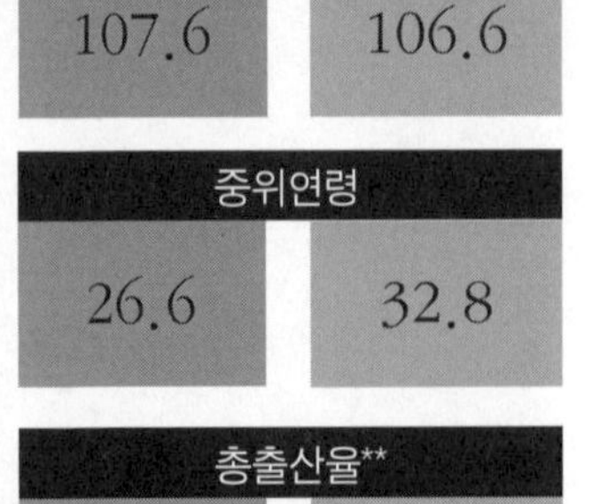

* 종교는 세계종교데이터베이스(World Religion Database)에 기초했으며 소수점 둘째 자리에서 반올림함.

** 총출산율은 가임 기간의 끝까지 생존할 때 여성 1인당 추정되는 평균 자녀 수임.

주: 인구통계 자료는 2035년에 각 지역에서 가장 많은 인구를 보유할 것으로 추정되는 나라만 제시됨.

중동과 북아프리카

MIDDLE EAST AND NORTH AFRICA

중동과 북아프리카는 향후 5년 동안 정치적 격변으로 특징지어질 것이다. 견고한 엘리트층에게 대중이 더 많은 요구를 하고, 실패한 여러 국가에서 내전과 대리전이 계속될 것으로 보이기 때문이다. 낮은 에너지 가격으로 체제가 취약해짐에 따라 종교적·정치적 세력들 사이의 다툼이 있을 것이다. 그러한 다툼 중에는 이란, 사우디아라비아, 터키, 이스라엘, 어쩌면 이집트까지 포함한 나라들 사이의 안보 경쟁이 있을 것이고, 중국, 러시아, 미국이 관련될 수도 있다. 지도층과 엘리트층의 대중과의 고질적인 단절은 이 지역의 많은 나라에서 향후 5년 내내 지속될 것이 거의 확실하다. 사회경제적·대중적 도전은 더욱 악화될 것이고, 지역의 권위주의적 통치와 억압, 예속의 유산에 뿌리내린 긴장은 더 큰 대표권을 바라는 국가 내 지역 집단들의 요구를 부추길 수 있는데, 특히 쿠르드족의 경우가 그러하다.

- 지역의 핵심 과제는 성장을 촉진하고 **젊은 노동 연령 주민들을 끌어들일** 정치적 조건과 경제적 기회를 창출하는 것이다. 그렇지만 만약 이것이 사람들의 잠재력을 인식하고 전통적인 믿음과 조화되는 방식으로 수행되지 않는다면 정의와 존경심의 결여로 인해 실망과

타인에 대한 학대를 조장하는 일이 계속될 것이다. 극단적인 경우에는 자존감의 결여가 종교적 과격화를 북돋울 수 있는데, 아랍 지역이 세계화와 서구의 외교 정책을 통해 경험하는 세속주의의 대두와, 보수적인 종교 신자들이 도발적이라고 생각하는 소셜 미디어라는 쌍두마차에 의해 그런 일이 일어나는 경우가 자주 있다.

최근 몇 년간의 혼란은 빈곤 퇴치와 개인 역량 강화에서 중요한 진전의 시기를 중단시켰다. 지역의 극단적인 빈곤은 1987년 이후 점차 감소해왔는데, 알제리, 요르단, 모로코, 이집트에서 가장 큰 진전이 이루어졌다. 예를 들면 이집트에서는 빈곤선 이하의 생활을 하는 인구의 비율이 1981년의 12%에서 2005년에는 겨우 2%로 줄어들었다. 비록 정치적 격변의 영향을 가장 많이 받은 나라들에서는 이러한 진전이 의문의 여지없이 중단되거나 심지어 역전되기까지 했지만 말이다. 비슷하게 이란에서는 1979년 이래 빈곤이 감소하고 중산층이 확대되며 문자해독률이 상승했다. 덜 불안하지만 난민이 많은 국가, 특히 레바논과 요르단 등지에서는 외부의 도움 없이는 이러한 개선 추세가 역전되기 시작할 것이다. 난민으로 인한 부담이 이미 경제적 자원을 제한하고 의료 서비스에 감당하기 어려운 짐을 계속 지우고 있기 때문이다. 한편 저유가는 페르시아 만 국가들의 예산과 경제를 압박해 이집트와 같은 전략적으로 중요한 국가들이 곤경에서 벗어나도록 돕고 다른 나라들을 원조할 능력을 제한하고 있다.

• 이 지역은 자생적인 발전에 별로 좋은 조건을 갖춘 곳이 아니었다. 이집트에서의 혁명과 반혁명의 역학, 이라크·리비아·시리아·예멘에서의 내전, 이스라엘과 팔레스타인의 지속적인 갈등 등, 이 모두

가 의미 있는 정치적·경제적 기회를 제공하려는 모든 노력을 약화시켜왔다.

- 이 지역에서 대중의 불만을 관리하는 통상적인 수단, 즉 보조금과 기타 현금 지급은 탄화수소와 외국의 도움으로 자금이 충당되는데, 석유 가격이 2014년 이전 수준보다 현저히 낮고 회복될 것 같지 않아 그 수단이 흔들리고 있다. 거의 10년 동안의 자본 잉여 – 최소한 그중 일부는 원조를 통해 비산유국가에 들어갔다 – 와 강력한 투자 및 송금의 흐름 뒤에 지역은 뚜렷한 자본 부족을 겪게 될 것이다. 걸프협력회의(Gulf Cooperation Council: GCC)의 좀 더 부유한 회원국들은 국내 지출을 유지하기 위해 그들의 적립금을 인출해서 쓸 것이지만, 앞으로는 공유할 것이 더 적을 것이다. 알제리나 이라크 같은 중규모 생산국들은 앞으로도 사회적 평화를 확보하고자 분투할 것인데, 그것은 반대자에 대한 탄압에 의존할 위험을 증대시킨다. 이집트, 요르단, 레바논과 튀니지에 대해 페르시아 만 국가들은 덜 후해질 것인데, 이것은 이들 나라의 경제 조건을 악화시키고 불안정의 위험을 증대시킬 것이다. 비아랍·비산유 국가인 이스라엘과 터키는 이러한 압박에서 벗어날 수 있겠지만, 그중 어느 나라도 지역 성장의 중요한 원천이 될 정도로 충분히 큰 규모의 경제를 갖추고 있지 못하고 지역적 연계도 충분하지 못하다.

향후 5년 동안 이 지역 국가들이 안보, 교육, 고용에 대한 대중의 요구를 충족시키지 못하는 것은 **폭력적인 과격화**의 비옥한 토대가 될 것이다. 편협한 종교적·종파적 집단에 대한 대중의 지지가 확대될 수 있고, 이것은 소수자 집단에 대한 역사적인 관용을 감소시키고 좀 더 동질적인 지역 건설을 폭력적으로 추진하는 발판이 될 수 있다. 그렇게 되기보다는 극단주의자들의 행동이 여전히 과격주의에 대한 신뢰를 허물어뜨리고 더 많은 시민이 국가 제도를 중심으로 결집하도록 고무할 수도 있다.

- 민족 분규와 낮은 석유 수익으로 지역의 거버넌스 구조가 압박받고 있으며, 이는 **전반적인 거버넌스와 서비스 제공을 쇠퇴시키는** 결과를 가져온다. 분규가 오래 지속되는 것도 제도에 큰 타격을 주고 있다. 2004~2014년에 이라크·시리아·예멘·리비아의 내전 및 체제 변동과 함께 세계은행 거버넌스 지수의 이 지역 점수가 참여와 책임성, 정치적 안정, 비폭력, 정부의 효율성, 법치, 부패 통제 등 핵심 영역에서 하락했다.
- 이러한 **중앙 거버넌스의 단점**에 비추어볼 때 개인과 부족이 정치적 논쟁, 국가 하부 수준에서의 조직과 동원에서 더 큰 역할을 수행할 것 같다. 시리아와 리비아처럼 전쟁으로 피폐해진 나라들에서 지방 혹은 시군 협의회가 만들어진 것은 그러한 경향을 보여주는 것이라 할 수 있다.

향후 5년 동안 지역의 지정학적 연관성: 전염과 경쟁. 지역적인 안보 체계를 향한 진전은 대규모의 폭력과 내전, 권위의 공백, 오랜 세월 지속되어온 인도주의적 위기 때문에 기껏해야 제한적일 것이다. 비슷하게, 그들 나름의 종교를 정치적·전략적으로 이용하고자 할 뿐만 아니라 광범한 신도들의 견해와 행동을 조종하는 국가와 비국가행위자들에 의해 이 지역은 형성될 것이다.

- 레반트 지역과 아라비아 반도에서의 **격렬한 폭력**은 페르시아 만 연안과 레반트와 마그레브 지역에서 뚜렷이 다른 정치적·경제적 조

건을 만들어 지역을 더욱 분열시킬 위험이 있다. 그리고 초국가적인 과격한 이슬람 사상이나 운동을 통해 사하라 이남 아프리카, 유럽, 중앙아시아, 동아시아, 남아시아 깊숙이 전파될 수 있다.

- 이 지역은 **물 부족에 특히 취약**하고 수자원에 접근하는 것을 둘러싸고 지방적·국가적·초국가적 긴장이 감돈다. 물을 공급하기 위해 담수화 공장을 운영하는, 지역의 가장 부유한 국가들조차 그러한 공장이 제대로 작동하지 않으면 생존과 관련한 취약성에 노출된다.

지역의 문제들은 억제될 것 같지 않다. 점증하는 인도주의적 위기와 시민들의 희생으로 국제적 갈등과 인권에 관한 규범은 계속 손상될 것이 분명하다. 서구가 충분한 뒷받침이나 실질적인 지원 없이 이러한 규범들을 소리 높여 외치는 것은 아랍 대중의 눈으로 볼 때 서구를 더욱 약화시킬 뿐이다. 미국의 아시아 중시 정책이나 2011년 워싱턴이 무바라크 등 아랍 집권자들을 지지하지 않기로 결정한 것의 결과로, 이 지역의 정부들은 미국이 믿을 만한 파트너가 아니라고 인식하게 되었고, 이 지역에서 미국은 러시아 그리고 아마 중국과도 지정학적 경쟁을 하게 되었으며, 아랍 국가들은 워싱턴을 추종하는 데 따르는 위험을 분산시키고자 하게 되었다. 지속적인 갈등 속에서 난민 이동은 계속될 것이다. 비록 일부는 점점 더 각박해지는 유럽 이외의 다른 목적지를 찾아야 할지도 모르지만 말이다.

이란, 이스라엘, 사우디아라비아 그리고 아마도 터키는 지역의 안정을 위해 고심하는 다른 나라들에 비해 강력하고 영향력 있는 나라로 남을 것이다. 하지만 이들 나라는 여러 문제에서 서로 뜻이 맞지 않고, 일부는 그들의 지역적 야심에 영향을 줄 듯한 커다란 국내 문제에 직면해 있다. 이란의 커지는 힘, 핵 역량, 공격적인 행동은 이스라엘과 사우디아라비아, 일부 다른 걸프협력회의 회원국에게 걱정거리로 남을 것이다. 이란과 사우디아라비아의 지역적 경쟁의 종파적 성격은 이러한 걱정을 악화시키는데, 비인간적인 수사와 이단 주장은 지역 전체의 갈등을 부채질한다.

- **이집트, 알제리, 사우디아라비아**와 같은 아랍 국가들의 불안정 위험은 장기적으로 볼 때 증가할 것이 거의 확실한데, 특히 유가가 계속 낮은 수준에 머물러 있을 때 그러할 것이다. 리야드는 몇 가지 경제개혁과 훨씬 소규모의 사회적·정치적 개혁에 착수했다. 이러한 시도는 중요하고 사우디아리비아의 청년들에게 일자리를 늘려줄 수도 있지만, 너무 늦어져 대중의 기대를 만족시킬 수 없을 수도 있다. 더욱이 개혁은 사우디아라비아를 아시아와 아프리카의 부상하는 수출국과 저가 분야에서 경쟁하고 선진국과 서비스 분야에서 경쟁할 수 있도록 개발하는 것을 목표로 하는데, 성공하기가 극히 어려울 것이다. 살만 국왕 이후 사우디아라비아의 권력 이행에 관한 투명성이 결여된 것도 개혁 노력의 전망을 불확실하게 만드는 요인이다.
- **지역의 에너지 자원에 대한 세계의 수요**, 특히 아시아 국가들의 수요 때문에 지역에 대한 국제적 관심과 개입은 확실하게 계속될 것이다. 그러나 외부 세력은 지역의 수많은 문제를 '해결'할 의지와 역량이 결여되어 있을 것이고, 일부는 싸움에 말려들 것인데, 이는 아마도 현재와 미래의 갈등을 연장시킬 것이다.
- **이스라엘, 사우디아라비아, 일부 걸프협력회의 회원국들**은 이란이 포괄적 공동행동계획(Joint Comprehensive Plan of Action: JCPOA)의 기금을 지역의 안정을 더욱 위태롭게 하는 활동을 증대하는 데 쓸 것을 우려한다. 이 국가들은 또한 장기적으로 이란의 핵 활동에 대한 제한이 포괄적 공동행동계획 과정에서 해제됨에 따라 이란의 행동에

민감하게 반응할 것이다. 만약 테헤란이 자신의 더 커진 재정적·군사적 자원을 역내에서 자신의 이익을 공격적으로 주장하는 데 쓴다면, 혹은 이란의 이웃 국가들이 테헤란이 핵무기 개발을 재개하려 한다는 두려움을 갖게 된다면, 이란과 이 지역 국가들 사이의 긴장은 커질 것이다.

- 러시아의 새로운 개입과 함께 지역에 **강대국 정치가 귀환**하면, 미래의 역학에 영향을 주는 또 하나의 강력한 힘이 될 것이다. 러시아의 푸틴 대통령은 2000년에 집권한 이래 이 지역에 영향력을 행사하려고 모색해왔다. 다마스쿠스에 대한 모스크바의 군사적·정보적 지원은 이라크나 이란 등 과거의 소련 동맹국에 대한 러시아의 접근이 임박했음을 시사하는 것일 수 있다.

다른 고려 사항. '아랍의 봄' 봉기에 나타났던 것과 같은 인구학적이고 경제적인 압력은 아마도 해결되지 않은 채로 남아 있거나, 만약 혼란이 연장되어 중요한 두뇌 유출이 가속화된다면 더 나빠질 수도 있다. 청년 실업 – 지역의 인구구성의 결과로서 몇 년간 중요한 문제로 남아 있을 것이 확실한 – 과 경제적 다양성의 결여는 지역 대부분의 국가가 경제 성장과 생활수준 향상, 세계경제로의 통합으로 나아가는 것을 더욱더 방해할 것이다. 지금도 여유가 없는 토지와 물 자원은 도시화와 인구 증가, 기후변화로 말미암아 상황이 더욱 나빠질 것이다. 이란의 경제는 관리를 좀 더 잘하고 제재가 풀린 덕분에 성장이 촉진되었지만, 경제적 개선이 정치적 개혁을 하는 데 도움이 될지는 불확실하다.

- 교육과 충분한 의료 서비스를 받지 못한, **갈등에 상처받은 어린이라는 잃어버린 세대의 등장**으로 말미암아 쉽게 과격화될 수 있는

새로운 집단이 만들어질 수 있다. 불안정이 이어진 탓에 지역 전체에서 여성의 상황을 훨씬 더 나쁘게 할 조건들이 만들어질 것 같다. 최근 몇 년간 증가한 추행과 희생에 비추어볼 때 그러하다. 특히 취약한 경제 성장과 고용 불안으로 정체성에 기반을 둔 극단주의가 증가할 수 있다. 2016년의 제8차 버슨-마르스텔러(Burson-Marsteller) 연례조사에서 질문을 받은 아랍 청년들은 이른바 이슬람국가의 부상에 대해 압도적으로 부정적인 태도를 나타내면서도, 일자리와 기회의 부족이야말로 그 집단에 가담하는 첫 번째 요인이라고 지적했다.

- 이러한 역학에 비추어볼 때 **웨스트뱅크와 가자지구의 운명에 대한 되살아난 관심**은 아랍인들을 자극할 수 있다. 시리아의 내전과 이슬람국가의 부상을 포함해 미디어를 지배해온 최근의 사건들 역시 추가적인 팔레스타인 난민 운동과 팔레스타인 사람들을 위한 재정적 지원의 부족에 대한 관심을 촉발했다. 팔레스타인에 관한 연구들은 2014년의 하마스와 이스라엘 간 갈등의 결과로 가자지구 주민들에게 재건과 회복을 지원하기 위해 아직도 39억 달러가 필요하다고 시사한다. 그러한 필요는 나머지 지역의 아랍 사람들의 관심사다. 2011년에 아랍조사정책연구센터(ACRPS)에서 실시한 여론조사에 따르면, 아랍 세계 전역에 걸친 응답자 1만 6000명의 80% 이상이 팔레스타인 문제는 모든 아랍인의 문제이지 팔레스타인인만의 문제가 아니라고 언급했다.

가뭄, 이상 기온, 오염 같은 **환경적 위기가 발생할 위험**이 높은 상태로 남을 것이다. 토지와 물 자원은 지금도 아주 빠듯한데, 도시화와 기후변화의 영향으로 더욱 상황이 악화될 것 같다.

- **예멘에서는 분쟁 지역과 높은 물 가격, 기반시설의 손상**으로 인해 이미 암울한 상태인 물 문제가 더욱 심각해져 인구의 80%가 안심하고 쓸 수 있는 담수를 얻지 못할 것이다. 충분한 기반시설이 없어서 가정에서 쓰기 위해 저장해놓은 물이 오염될 수 있고 모기, 말라리아, 뎅기열, 콜레라균의 번식지가 확대될 수 있다.
- **요르단**에서는 **시리아**의 난민이 유입되어, 줄어드는 지하수를 정부가 더 대규모로 끌어올려야 하게 되었다. **이집트**는 나일강 상류 개발 때문에, 특히 에티오피아가 르네상스 댐에 물을 채우기 시작함에 따라 긴급한 물 문제에 직면할 것이다.
- 이 지역, 특히 **이란과 사우디아라비아**는 도시 대기오염이 세계에서 가장 심한 곳 중 하나로 남을 것이다.

지역의 **공중보건** 문제 역시 심각할 것이다. 이집트는 발병률이 높은 조류 인플루엔자 바이러스가 현재 가금류의 풍토병이며 인간을 감염시킬 위험을 안고 있는 나라 중 하나다. 사우디아라비아는 2012년부터 중동호흡기증후군(MERS: 코로나바이러스 감염으로 발생)의 발생에 대처해오고 있으며, 그 바이러스가 돌연변이를 일으켜 더욱 전염성이 높아지는 것을 우려한다. 그 병이 더 광범위하게 발생하고 잘못 관리된다면 지역의 불안정을 불러일으키는 한 원인이 될 수 있다.

그렇지만 이러한 압박에도 불구하고, 가능성은 낮아도 유류 시장이 견실해지고 유가가 상승하기 시작한다면 지역에 더욱 바람직한 시나리오가 펼쳐질 수도 있다. 그렇게 되면 이란과 사우디아라비아의 지도자들은 유류 시장에서 점유율을 높이고자 제로섬 경쟁을 펼쳐야 한다는 압력을 덜 받을 수 있고, 그것은 그들의 종파적 수사를 완화시키는 결과를 가져올 수 있다. 좀 더 나은 상호 관계는 그들의 대리전을 종식해 지역을 안정시키는 데 도움이 될 수 있고, 권위주의나 ISIL 및 이슬람 극단주의에 대한 강렬하고 건설적인 대안을 마련하기 위한 풀뿌리 운동의 조건을 창출하는 데 잠재적으로 도움이 될 수 있다. 참된 공공의 대화, 그리고 종교적 규범이나 다른 문화적 규범과 조화를 이루는 경제 개발은 2011년 아랍 봉기의 밑바탕에 깔린 좌절을 해소할 수 있을 것이다.

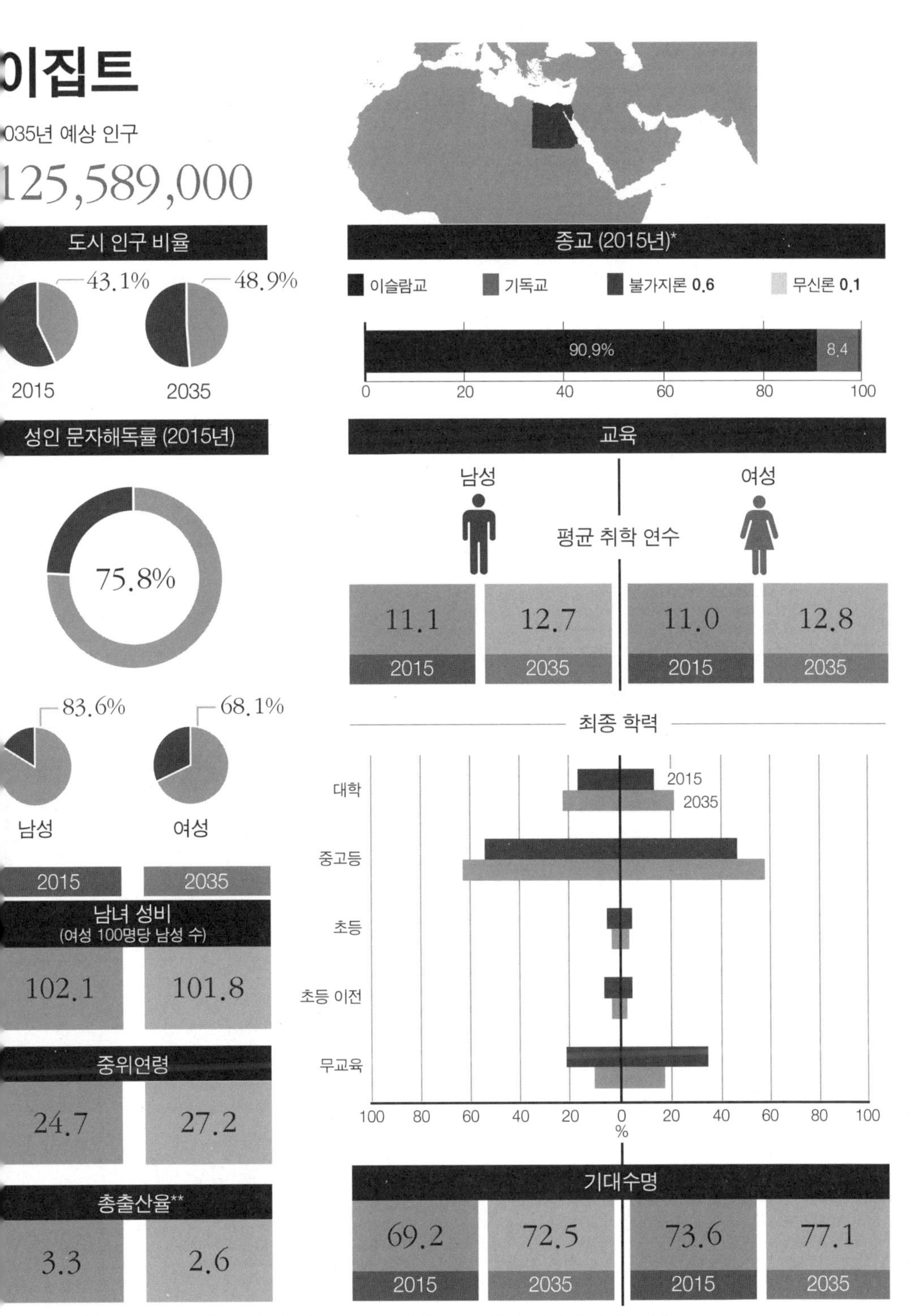

* 종교는 세계종교데이터베이스(World Religion Database)에 기초했으며 소수점 둘째 자리에서 반올림함.

** 총출산율은 가임 기간의 끝까지 생존할 때 여성 1인당 추정되는 평균 자녀 수임.

주: 인구통계 자료는 2035년에 각 지역에서 가장 많은 인구를 보유할 것으로 추정되는 나라만 제시됨.

사하라 이남 아프리카

SUB-SAHARAN AFRICA

향후 5년 동안에 사하라 이남 아프리카는 더 인구가 많아지고, 젊어지고, 도시화되고, 유동적이 되고, 교육을 많이 받고, 네트워크화될 것이다. 이 지역의 인구 증가율 추정치는 세계에서 가장 높은데, 출산율을 크게 높이는 오래된 성 차별 문제가 즉각적으로 변화할 것 같지는 않다. 급격한 인구 증가로 식량과 물 자원, 의료 서비스, 교육과 도시 기반시설에 부담이 생길 것이다. 이러한 여건은 또한 인구를 부양하는 데 충분할 만큼 경제 성장이 이루어지지 않는 지역에서 인구 유출을 증가시킬 것이다. 그 결과 지난 10년간 지역의 강한 성취를 촉진한 지정학적·경제적 추세가 약해진다 해도, 젊고 도시에서 살며 네크워크화된 사람들이 경제적·정치적 역학을 추동할 것이다. 동시에, 교육받고 도시에 사는 젊은이들의 수가 늘어남에 따라, 종교에 가입하는 현재의 경향과 부패, 상승하는 인플레이션, 높은 실업률, 정부의 빈약한 성과에 불만을 갖고 항의하는 현재의 경향이 강화될 것이다. 그러한 조건하에서 복잡한 안보 문제가 고조되고, 민족적 긴장이 확대되며, 종교적 극단주의, 특히 과격한 이슬람과 근본주의적 기독교가 훨씬 더 넓게 전파될 것이다.

이 지역은 경제 성장과 일자리 창출이 충분하지 못해 고통받을 것으로 보이며, 훌륭한 거버넌스가 더욱 필요하지만 대부분 정부의 능력으로는 감당하기 어려울 것이다. 이 지역 정부 중 생산 활동을 하는 새로운 노동자를 더함으로써 '인구배당효과'에 의한 경제 성장을 확보할 정책을 시행하고 그에 필요한 기반시설 혹은 교육받은 노동력을 가지고 있는 예는 거의 없다. 중국 경제가 냉각됨에 따라 최근 몇 년간 아프리카 수출국들에 뜻밖의 행운이던, 상품에 대한 중국의 수요가 줄고 있으며, 선진국 경제가 여전히 취약하고 다른 지역의 인도적 수요가 늘어남에 따라 원조도 줄어들 것이다.

- **대중 동원, 도시화, 종교 가입.** 민주주의가 확대되면서 – 현재 아프리카에는 1960년대 초반에 탈식민지화가 시작된 이래 그 어느 때보다도 민주적으로 선출된 정부가 많다 – 아프리카의 대중은 정부 정책을 형성하고 사회 변혁을 추진하기 위해 점점 더 항의와 정치적 행동을 이용할 것이다. 그렇지만 일부 전문가는 민주주의가 정체되거나 심지어 역행했다고 경고한다. 즉, 이들 신생 민주주의 국가 – 가장 최근의 남수단을 포함해 – 다수가 여전히 취약하고 부패했으며 심하게 분열된 상태라는 것이다. 중장기적으로 민주주의를 심화시키는 과정의 성패는, 점점 더 많아지는 적극적인 시민사회단체가 선거 결과, 인기 없는 경제 정책, 지나치게 열성적인 안보 기관, 인권 탄압, 원하지 않는 헌법 개정에 얼마나 성공적으로 도전하느냐에 좌우될 것이다. 이것과 관련해, 아프리카의 증가하는 도시 인구는 민주화에 중요하게 작용할 것이다. 시민사회단체 구성원 가운데 절대다수가 도시에서 살 것이기 때문이다.
- 그러나 급속한 도시화는 또한 빠듯한 기반시설을 압박하고, 이것은 점점 눈에 잘 띄는 부패와 결합해 정부의 서비스 제공 실패에 따른 대중의 좌절감을 부채질할 것이다. 제1세대 도시 거주자들은

다음 세대보다 더 종교적인 경향을 띠고, 도시화가 종교 가입을 북돋워 종교에 기초한 갈등을 일으킬 것이다. 도시화는 또한 대중이 거버넌스에 참여하도록 부추겨 잠재적으로 정치집단과 긴장을 일으키거나 국가 건설의 원동력으로 기능하게 할 것인데, 이것은 아프리카의 다양한 민족적 배경이나 종교를 조화시키는 데 도움이 될 것이다. 이런 다양한 가능성은 아프리카연합, 서아프리카경제공동체, 동아프리카공동체, 남아프리카개발공동체와 같은 지역적 혹은 부분 지역적 기구를 통해 아프리카인들이 추진하는 훌륭한 거버넌스를 위한 노력을 지탱하는 것이 얼마나 중요한지를 보여준다.

복잡한 안보 위협. 비록 알샤바브, 보코하람, ISIL, 안사르 알샤리아, 알카에다 북아프리카지부(AQIM) 같은 단체들의 의도적 파괴에 대처하기 위해 많은 노력을 기울였지만, 아프리카 정부들은 반군과 극단주의 집단이 제기하는 비대칭적인 위협과 계속 싸우게 될 것이다. 많은 국가 및 지역 군대는 거의 틀림없이 그러한 도전에 대처할 자금과 인력, 훈련이 결여되어 있으며, 특히 반군과 테러리스트는 구멍 뚫린 많은 아프리카 국경선을 넘어서 국제 네트워크로부터 무기나 다른 자원을 손쉽게 구할 수 있기 때문이다. 아프리카인들은 계속해서 국제적 또는 지역적 평화 유지 활동을 위해서 군대를 파견하겠지만, 좋은 의도의 이들 작전 중 일부는 복잡한 안보 위협에 대처하기 위한 임시변통의 메커니즘으로 평화 유지, 안정화, 반란 진압, 테러 진압, 잔혹 행위 예방, 국가 건설 등을 모호하게 만드는 지시를 받으면서 힘겹게 임무를 수행한다. 일부 군대 파견 국가들은 계속 다자간 평화 유지 활동에 의존해 자기 군대를 훈련시키고 자금을 조달하겠지만, 평화유지군이 때로는 스스로 잔혹 행위를 저지른다는 최근의 인식 때문에 일부 다자간 참여가 약화될 수도 있다.

- **과격화.** 대부분의 사하라 이남 아프리카는 폭력적이고 과격한 이데올로기를 계속 배척하겠지만, 그러한 행동을 받아들이는 사람들은 부분적으로는 소셜 미디어를 통해 혼란 유발과 광범위한 메시지 전달이 점점 더 가능해지고 있다. 과격 집단은 정부에 대한 단호한 반대와 현금 보상 약속을 통해 권리를 박탈당한 일부 사람들의 관심을 끌 것이다. 예컨대 기독교 민병대는 수만 명의 이슬람교도가 중앙아프리카공화국의 집에서 벗어나 권력을 두고 다투는 반대파 집단이 되게 만들었다. 이러한 도전에 대한 국가의 대응의 특성이 중요해질 것이다. 서아프리카나 동아프리카에서 볼 수 있는 사법절차 외의 군사적 대응은 이러한 경향을 복잡하게 만들고 강화하기만 할 것이다. 좀 더 나은 결과는 이러한 경향을 단계적으로 축소하는 조치, 즉 정보를 수집하고 분석하는 국가의 능력 향상, 사법적 투명성, 정치적 분권화, 지역 경비와 개발, 젊은이의 참여와 고용 계획처럼 극단주의 집단의 인력 충원 풀을 대폭 줄일 조치들을 통해 나올 것이다.
- **침체되는 수요.** 많은 아프리카 경제는 세계 상품 가격과 중국 및 서구의 수요 변동에 계속 취약할 것이다. 비록 원자재 생산국이 아닌 일부 아프리카 국가들은 낮은 가격으로 이득을 보지만, 대부분의 아프리카 원자재 수출국들은 원자재 가격의 붕괴에 견딜 수 있는 다각화가 불충분하다. 15년간의 유례없는 성장률을 기록한 이후에 2015년에는 아프리카의 경제 성장률이 3.8%로 떨어졌는데, 주로 중국과 다른 나라에서 구리, 석유, 가스와 같은 원자재 수요가 줄어들었기 때문이다. 지역 최대의 석유 수출국이면서 두 나라를 합쳐 아프리카 인구의 거의 5분의 1을 차지하는 나이지리아와 앙골라는 큰 타격을 받았는데, 이곳에서 석유 외의 수입원을 개발하는 데는 몇 년이 걸릴 수 있다. 그러한 노력을 하기 위해서 두 나라 모두 지출을 줄여야 하

는데, 지출 삭감 대상에는 그들의 거대한 젊은 인구가 현대적인 세계 경제에 취업할 수 있도록 준비시키는 데 필요한 교육과 그 밖의 프로그램이 포함될 수 있다.

- **환경, 생태, 보건의 위험.** 아프리카의 사바나, 삼림, 초원, 사막, 담수 자원, 수백만의 사람과 헤아릴 수 없는 생태계는 인간이 초래한 환경 변화와 더불어 자연적인 변화에 의해 심각한 위협을 받는다. 이들 문제의 상당수에 대처하는 것은 국경과 개별 국가의 역량을 초월하기 때문에 여러 나라의 협동 작업이 필요하지만, 문제가 발생한 관련 국가들은 아마도 환경과 인간의 건강 문제를 그들의 가장 시급한 문제로 보지 않을 것이다.
- **인구와 방목하는 가축 및 경작지 손실에서 오는 압박**은 되풀이되는 가뭄, 홍수와 함께 토양의 생산성과 지역의 식물피복(vegetation cover)을 더욱 악화시킬 것이다. 사하라 이남 지역은 세계의 다른 어느 지역보다 더 사막화의 위협을 심하게 받고 있으며, 세계 평균보다 두 배 빨리 진행되고 있는 지역의 삼림 파괴는 특히 중앙아프리카의 서식지와 토양 건강, 수질에 나쁜 영향을 주고 있다. 7500만에서 2억 5000만 명에 이르는 아프리카 사람들이 심각한 물 부족을 겪을 것이고, 그 때문에 이주하는 일이 발생할 것이다. 함부로 불을 피우는 것, 나무나 숯을 이용한 취사, 산업화, 유연휘발유의 광범한 사용 등으로 대기오염이 심하고, 쓰레기 처리는 대륙 전체에서 하나같이 좋지 못하다.
- 특히 코끼리와 코뿔소를 비롯해 **야생동물에 대한 인간의 심각한 위협**에 대해서 전 세계 대중의 인식이 높아졌는데도, 막대한 범죄 수익 때문에 밀렵과 불법 거래가 계속 이루어지고 있으며, 그것들은 거의 멸종 단계에 이르렀다. 서아프리카 근해의 풍부한 어장은 상업적

인 불법 어로 때문에 급속도로 자원이 고갈되고 있다. 돼지와 가금류 사육이 늘면서 동물을 매개로 한 신종 감염 질병이 발생해 아프리카인들에게 경제적·보건적 위험을 초래하며, 일부 경우에는 세계의 다른 지역까지 위험하게 만든다.

이러한 경향의 정치적 영향은 49개국에 걸쳐 매우 다른데, 일부는 분권화로 향하고, 다른 일부는 르완다 스타일의 권력 집중과 권위주의를 시도한다. 대부분의 지도자는 계속 현상유지형일 것이며, 정치적 또는 경제적 개혁보다는 정치적 생존에 초점을 맞출 것이다. 많은 아프리카 국가에서 향후 5년 동안에 수행될 정치적 세대교체는 미래의 안보와 안정을 말해주는 지표가 될 것인데, 불안정의 위험을 초래하는 현상유지를 추구하는 나라도 있고, 기술과 개발에 따른 변화를 관리하는 데 좀 더 적합할 다음 세대로 권력을 이양하는 나라도 있을 것이다. 이러한 교체는 또한 민족적 분열에 영향을 미칠 것이고, 갈등의 가능성을 높일 것이다.

- **인간 자본, 특히 여성과 청년에 대한 투자**와 인간의 개발과 혁신을 북돋울 제도에 대한 투자는 지역이 미래에 번영하는 데에 대단히 중요할 것이다. 지역의 중산층 확대, 지난 20년 동안 기대수명의 놀라운 상승, 시민사회의 활력, 민주적 제도와 정신의 보급, HIV/AIDS 발생의 감소는 모두 아프리카에 존재하는 많은 긍정적 가능성을 보여준다.

향후 5년 동안 지역의 지정학적 연관성: 거버넌스 경쟁. 향후 5년 동안 사하라 이남 아프리카는 아프리카의 발전 여건을 개선하고 궁극적으로는 지역의 시장에 접근하려는 정부, 기업, NGO, 개인의 실험과 영향력의 무대로 남을 것이다. 대부분의 아프리카 국가는 지난 15년간의 성과를 공고히 하고 그것을 위협하는 지정학적·경제적 역풍에 힘들게 맞서야 하기 때문에 국내 문제에 초점을 맞출 것이다. 만약 세계 경제 성장률이 침체된 가운데 직업 전망이 계속 불충분하고 시골의 환경적 압박과 급속한 인구 성장으로 도시 인구가 팽창한다면 아프리카 외부로 경제적 이주가 증가할 것이다. 전투적인 이슬람과 기독교 극단주의가 외딴 지역과 심지어 일부 도시에까지 계속 확산되면서 가까운 장래에 이 지역의 안보·대테러 활동은 증가할 것이다.

이 지역은 정치적 엘리트들이 다른 거버넌스 선택을 함에 따라 지정학적인 경쟁, 자원을 둘러싼 경쟁의 장이 될 것이다. 아프리카의 많은 지역에서 종교 가입이 늘어나면서 일부 자유주의적 규범과 제도에 대한 배척이 일어날 가능성이 크다. 국제적 자유주의에 대한 현재의 의혹과 서양이 자신들의 도덕을 아프리카에 강요하는 것에 대한 반감에 비추어볼 때 그러하다.

- 많은 아프리카 국가의 **공식적 정치제도가 취약**하다는 것은, 특히 국제적인 개입이 약해짐에 따라 민주적 정치와 권위주의적 정치 사이의 방황이 지속되리라는 것을 시사하는데, 이는 대규모의 정치적 불안정이 발생할 위험을 수반한다. 미국과 서방이 아프리카에 대한 개입을 축소하는 것은 특히 중국의 영향력이 상대적으로 확대되는 것에 비추어볼 때 우려스러운 일이겠지만, 이 지역에서 중국의 역할은 여전히 불확실하다. 경제력과 아프리카의 자원에 대한 관심으로 중국은 기반시설을 위한 중요한 자금원이 되었고, 중국 기업들이 상업 투자를 많이 해서 베이징이 이 지역에서 큰 영향력을 갖게 되었지만, 최근 중국의 원자재 수요가 냉각되고 중국 기업들이 고용주로서

존경을 받지 못함에 따라 이러한 영향력이 약해질 수 있다. 러시아는 소련 붕괴 이후 아프리카에서 중요한 참여자가 아니었고, 앞으로도 중요한 방식으로 개입할 능력이나 의지를 가지고 있는 것 같지 않다. 유럽의 정책은 경제적 제약 때문에 제한될 듯하지만, 원조를 늘리는 것이 이민자의 유입을 감소시키는 데 도움이 될 값싼 방법이라고 여기게 될 수도 있다.

- 아프리카에서 **국제적 인권 문제**는 취약할 것이 거의 틀림없는데, 현실적인 계산이 유럽과 북아메리카의 규범적 자극을 상쇄할 것이기 때문이다. 아프리카의 지도자들은 국제형사재판소가 아프리카에 대해 편견을 가지고 있다고 계속 생각할 것이며, 더 적극적으로 재판소를 배척할지도 모른다.
- 재래식 기반시설을 뛰어넘는 전기 생산과 기술 – 예컨대 3D 프린팅처럼 많은 수의 대규모 제조 공장을 필요 없게 만드는 – 은 커다란 경제적 이득을 보장하며, 대중과 개인의 많은 관심을 끌 것이다. 기초 기반시설에 대한 투자는 경제 성장에 중요할 것이고, 잘 관리된 기반시설 투자는 잠재적 수익이 크다. 이는 아프리카가 다른 지역에 비해 강한 성장 잠재력을 가지고 있기 때문이다. 다른 지역의 낮은 수익 환경 때문에 아프리카는 외국 투자가에게 매력적일 수 있으며, 대륙 전체에서 경제적·정치적 운명을 개선할 잠재력이 있다.

다른 고려 사항. 아프리카의 인구는 향후 5년 동안 세계에서 가장 빨리 증가할 것이다. 출산율은 많은 인구학자가 예측한 것보다 더 느리게 낮아져, 1995년도의 여자 1인당 아이 5.54명에서 2015년도에 4.56명이 되었다. 전반적인 하락은 UN 새천년개발목표의 상대적 성공, 특히 여성의 건강과 교육 분야에서의 성공을 반영하는 것일 수 있다. 아프리카의 중앙 지역은 기회와 거버넌스가 불충분하다면 세계에서 가장 젊고, 가장 폭력과 불안정의 위험이 큰 지역 중 하나로 남을 것이다.

- 어려운 지정학적·경제적 환경에서 만약 아프리카가 부패를 줄이고 정치적·미시경제적 정책을 수립할 능력을 개발하지 못한다면, 지난 15년간에 크게 개선된 **발전 여건**은 정체하거나 심지어는 더 나빠질 것이다. 지속적인 빈곤과 관련한 문제들은 사하라 이남 아프리카에서 가장 시급한 과제다. 아프리카에서 출생 시 기대수명은 60세로, 20년 전보다 크게 늘어나긴 했지만, 여전히 세계에서 가장 낮다. 깨끗한 물과 위생시설, 보건 기반시설을 갖추고 있지 못한 탓에 기생충에서 에볼라에 이르기까지 전염병이 급속히 확산될 위험이 커지고 있다. 국제원조를 받아 HIV/AIDS의 충격을 크게 완화했지만, 1900만 명의 아프리카인이 여전히 바이러스에 감염된 채 살고 있으며, 이는 다른 어느 지역보다 많은 숫자다. HIV/AIDS 외의 다른 지표도 아프리카의 계속되는 공중보건상의 취약성을 보여준다. 산모 사망률은 최근에 낮아지기는 했지만 여전히 높고, 5세 미만 어린이들의 건강 상태는 훨씬 더 나쁘다. 2015년에만 5세 미만 어린이 590만 명이 사망했는데, 하루에 거의 1만 6000명꼴로 사망한 것이다. 그 사망 중 83%가 전염병과 신생아 합병증 또는 영양 상태에 기인한 것이다.
- **HIV/AIDS 퇴치의 진전**과 2014년에 서아프리카에서 에볼라가 만연하지 않도록 최종적으로 막은 것은 아프리카 국가들과 국제사회의 협력으로 보건상의 성과를 더욱 올릴 수 있다는 잠재력을 보여준다. 사하라 이남 아프리카는 주요 원조 기구들이 그들의 노력을 많은 질병 분야에 집중하는, 세계의 중심적인 보건 전략 실험장이 되었다. 이러한 계획들의 운용 범위는 수십 개국 정부, 수많은 국제기구와

NGO를 포괄하고 수백만 아프리카인들에게 영향을 미친다. 이러한 운용 네트워크를 관리하고 작동하는 것은 아프리카의 정부들과 그들의 개발 파트너의 책임 있고 효율적인 거버넌스를 시험하는 가장 중요한 척도가 될 것이다.

- **아프리카는 세계적으로 시골에서 도시로 이주하는 속도를 결정할 것이다.** 일부 아프리카 도시들은 기반시설과 수용력에 대한 우려를 말하며 대도시 지역으로 이동하는 것을 제한하려 노력해왔다. 그러나 다른 도시들은 도시화의 잠재적인 이득을 인식하고 있으며, 그러한 경향은 대체로 약화되지 않을 것이다. 예컨대 아크라, 이바단, 라고스는 도시 발전 회랑을 형성해 이들 세 도시의 상업을 연결했는데, 이것은 성장 기회를 만들고 결국 일자리를 만들 수 있다. 2020년까지 라고스(인구 1400만 명)와 킨샤사(인구 1200만 명)는 카이로보다 더 크고 밀집된 도시가 될 것이다. 많은 아프리카 국가에서 현재는 조그만 교역 중심지에 불과한 곳들도 도시로 성장할 것이다. 예컨대 나이지리아에는 곧 20만 명 이상이 거주하는 도시 100개가 있을 것이다.

나이지리아

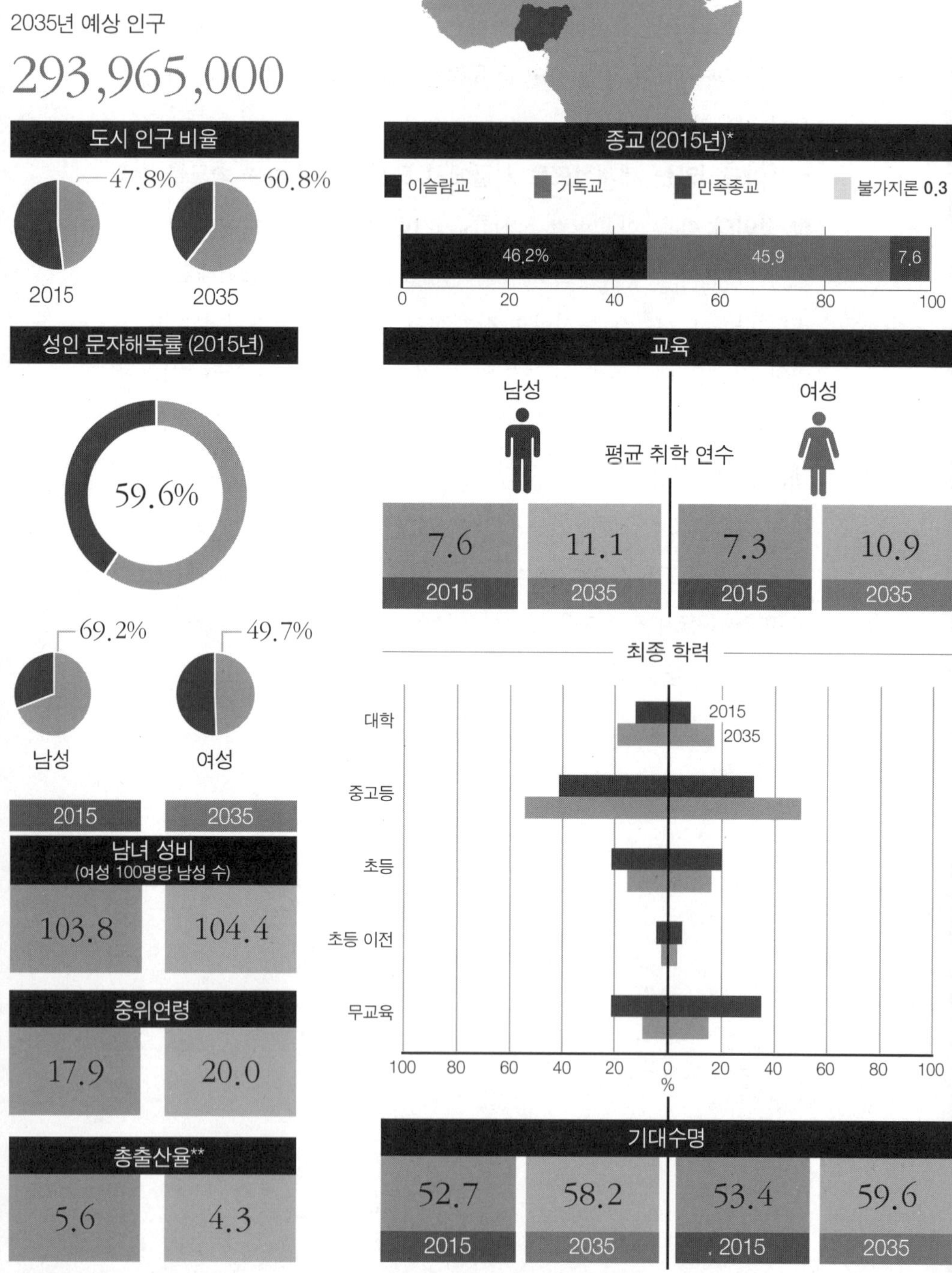

* 종교는 세계종교데이터베이스(World Religion Database)에 기초했으며 소수점 둘째 자리에서 반올림함.

** 총출산율은 가임 기간의 끝까지 생존할 때 여성 1인당 추정되는 평균 자녀 수임.

주: 인구통계 자료는 2035년에 각 지역에서 가장 많은 인구를 보유할 것으로 추정되는 나라만 제시됨.

러시아와 유라시아

RUSSIA AND EURASIA

향후 5년 동안 러시아의 지도층은 군사력의 현대화, 자국의 영향력 확대와 서구의 영향력 제한을 추구하기 위한 대외적인 개입, 핵무기 위협, 강화된 민족주의를 통해 강대국의 지위를 회복하기 위한 노력을 계속할 것이다. 모스크바는 불안정한 세계관을 유지하다가, 2014년의 우크라이나에서처럼 자국의 이익을 보호하거나 시리아에서처럼 자국의 영향력을 더 먼 곳까지 강화하기 위해서 필요할 때 움직일 것이다. 푸틴 대통령은 그러한 노력을 통해 어려운 경제 사정과 제재에도 불구하고 국내 대중의 지지를 유지할 수 있었으며, 공공의 반대를 잠재우고자 가혹한 조치와 정보 통제에 계속 의존하게 될 것이다. 모스크바는 또한 반서구적인 수사와, 러시아 민족의 제국으로서의 도덕적인 힘을 환기시키는 민족주의 이념을 지속적으로 이용해 내부의 약점을 관리하고 자국의 이익을 증진시키려 할 것이다.

크렘린의 이념, 정책, 구조, 경제통제는 시민사회와 소수민족에 대한 심각한 억압에도 불구하고 엘리트와 대중의 지지를 누린다.

- 이러한 **권위주의·부패·민족주의의 혼합**은 서구 자유주의의 대안을 대표하는데, 전 세계에 남아 있는 독재자와 수정주의자의 다수

가 그것을 매력적인 것으로 생각한다. 모스크바의 견해에 따르면, 자유주의는 무질서와 도덕적 부패의 동의어이며, 민주화 운동과 선거 실험은 전통적인 질서의 방어벽과 러시아 정부를 약화시키려는 서구의 음모다. 러시아를 약하게 만들고 고립시키려는 서구의 시도에 대응하기 위해서 모스크바는 베이징의 부상을 단기적으로는 수용하겠지만, 강대국 러시아라는 자기 이미지에 거슬리기 때문에 궁극적으로는 중국의 종속적인 협력자가 되는 것은 주저할 것이다.

자유주의 세계 질서에 대한 러시아의 불안과 실망, 불신은 냉전 이후 NATO와 EU의 동시 확대에 따라 굳게 뿌리 박혀서, 러시아 대외 활동의 동기가 되고 있다. 러시아는 전쟁과 평화의 조건을 의도적으로 모호하게 만드는 '회색지대(gray zone)'라는 군사 전략을 계속 사용할 것 같다. 그렇지만 최근 몇 년 동안 조지아, 우크라이나, 시리아, 유럽의 극우 민중영합주의 정당에 대한 지원에서 러시아가 보인 다양한 움직임은 세 가지 중요한 질문을 제기한다.

① 21세기의 러시아는 20세기 국제질서 원칙 가운데 어느 것을 지지할 것인가?
② 러시아는 어느 정도까지 '러시아의 세계'를 옹호하면서, 러시아 문명의 중심성을 강조하고 서구의 자유주의적 가치를 거부할 것인가?
③ 러시아의 영향력이 미친다고 여기는 영역을 방어하기 위해 유라시아의 현재 정치적 국경에 어떤 도전을 – 만약 있다면 – 할 것인가?

향후 5년 동안 지역의 지정학적 연관성: 다시, 수정주의. 러시아의 공격적인 대외 정책은 향후 5년 동안에 상당한 변동의 원천이 될 것이다.

러시아는 거의 틀림없이 북극지방을 포함한 국경에서 계속 영토의 완충지대를 찾을 것이고, 특히 자국의 주위를 둘러싼 우호적인 권위주의 정부를 계속 보호할 것이다. 이런 단호한 태도는 발트 해 연안과 동유럽 일부의 반러시아 정서를 강화해 충돌 위험을 고조시킬 것이다. 모스크바는 한편으로는 자국 이익에 반한다고 여기는 규범과 질서에 도전하면서도, 지정학적 영향력을 강화하는 데나 핵확산 금지처럼 크렘린에 중요한 쟁점에 관한 진전을 촉진하는 데는 국제적으로 협력할 것이다. 러시아는 세계 경제 질서에서 자국이 차지하는 지분이 거의 없다고 믿으며 – 심지어 침체된 경제가 전략적 취약성의 원천으로 남게 될 것인데도 – 미국과 유럽의 세계경제 질서에 대한 영향력을 약화시키기 위해 행동할 것이다. 모스크바는 NATO와 유럽의 결의를 시험하면서 서구의 신뢰성을 훼손하려고 할 것이며, 유럽의 북부와 남부의 분열을 이용하고, 미국과 유럽 사이를 틀어지게 하려고 할 것이다.

- 심지어 경제 침체나 후퇴기를 맞더라도 전략적인 억제를 강조하면서 **푸틴 정부는 계속해서 군사 비용**과 군사력 현대화를 **우선순위에 둘 것이다**.
- **러시아는 NATO**의 억제 정책과 발트 해 연안과 중부 유럽의 군사력 증가 – 비록 영구적이지 않더라도 – **에 계속 대응할 것이다**. 또한 모스크바는 이 지역을 러시아의 정당한 영향력이 미치는 영역으로 보기 때문에 이 지역에 대한 미국의 개입에 아주 민감하게 반응할 것이다.
- 러시아가 **활발하게 전개하는 사이버 작전**은 서구에 대한 위협을 증대시킬 것이 거의 틀림없다. 왜냐하면 러시아는 서구 기술에 대한 의존도를 줄이고 간접적이며 비대칭적인 전투 능력 개선을 추구하기

때문이다.

- 미국이 국제적 사안의 중심인 것을 고려한다면, 러시아도 **미국의 정책**이 자국의 이익에 도움이 되는 방향으로 **이동하도록 노력**하는 데 계속 자원을 쏟아부을 것이다.

만약 모스크바의 전략이 흔들리면, 아마도 러시아의 지정학적 영향력은 점차 약화될 것이고, 러시아는 대내적인 불안정을 겪게 될 것이다. 어느 면에서 보더라도, 부정적인 경제 전망 – 낮은 석유 가격, 서구의 제재, 침체된 생산성, 취약한 인구 지형, 만성적인 두뇌 유출 문제, 첨단기술 분야로 다양화하는 능력의 부재 – 은 장기적으로 모스크바의 야망을 약화시킬 듯하다. 경제적·정치적 개혁은 그러한 문제에 대한 통상적인 치유책인데, 푸틴의 러시아에서는 곧 있을 것 같지 않다.

- **점증하는 경제적 제약**과 지나친 확장을 회피하려는 희망으로 푸틴의 야망은 아니더라도 그의 대외 정책 능력이 궁극적으로 약화될 수 있다 해도, 상황이 더욱 악화된다면 모스크바는 **공격성이 약화되기는커녕 오히려 강화**된 국제적 행동을 하게 될 것이다.
- 그렇지만 **러시아 대중은** 혹독한 여건에 처해서도 **결의를 보여주었고** 아마 푸틴을 버리지 않을 것이다. 크렘린이 러시아의 위대함에 대한 대중의 신뢰를 지속적으로 고양할 수 있는 한 대규모 저항은 저지될 것이다.

다른 고려 사항: 유라시아. 러시아처럼 유라시아의 많은 정부는 개혁에 대한 통제를 강조하고, 취약한 경제적 성과와 부패로 고통받는다. 그런 나라들은 또한 러시아의 송금, 선전, 군사적·문화적 유대에 의존하기

때문에 러시아의 영향력에 아주 취약하다. 모스크바에 대한 의존, 불안정한 정치제도, 심각한 수준의 부패, 대중 탄압으로 이 지역에는 우크라이나식 붕괴의 위험이 커지고 있다. 이러한 맥락에서 향후 5년 동안 세 가지 잠재적으로 변화된 전개가 뚜렷해질 것이다.

- **지역에 대한 중국의 개입 증가**는 베이징의 일대일로 계획에서 보듯이 투자, 기반시설 개발, 중앙아시아로의 통합을 통해서 이루어질 것인데, 중국의 거대 권력 야망에 대한 러시아의 수용 의지를 시험하게 될 것이다. 이 지역에 대한 중국의 관심은 여전히 대부분 경제적이다. 그러나 베이징이 만약 심화하는 대내적인 극단주의에 직면하게 되면 정치적이고 안보적인 목적이 더욱 강화될 것이다. 러시아는 유라시아경제공동체(Eurasian Economic Union) 계획에도 불구하고 천연자원, 군사기술, 이주 노동 기회 말고는 경제적으로 제공할 것이 없는데, 지역의 정치적·안보적 통합의 심화를 추구해 잠재적으로 역내 국가들의 불화를 초래할 것이다.
- **우크라이나 분쟁이 해결**된다면 전 지역에 걸쳐 영향을 끼칠 것이다. 만약 서구 지향적인 우크라이나가 1991년 독립 이후 국가를 오염시킨 조직적 부패를 축소하고 적어도 얼마간의 성장을 이룩하는 개혁을 시행하면, 오늘날의 러시아에 강력한 반대 사례로 기능할 것이다. 하지만 만약 러시아의 돈바스 지역 개입이 우크라이나에서 경제적·정치적 실패를 초래한다면 지역 전체에 권위주의적 체제가 강화될 것이고 서구적인 경로를 추구하려는 국가들의 결의가 약화될 것이다.
- 러시아는 **우크라이나 정부**가 EU나 NATO를 통해 서구에 통합하려고 한다면, **그 어떤 우크라이나 정부도 불안정하게 만드는 방안**

을 계속 추구할 것이다. 모스크바는 또한 지역 내 다른 국가의 반서구적인 군사력을 지원하고 정당 활동을 지원하기 위해 우호적인 정부에 대한 재정적 우대, 적극적인 허위정보 전파 활동, 군사적 개입에 이르는 수단을 계속해서 사용할 것이다.

• 중앙아시아에서 안정성의 지주로서 오랫동안 기능한 **카자흐스탄과 우즈베키스탄의 지배층 교체**는 모스크바의 관심을 유발할 것이다. 권력 승계가 이 나라들의 통치 질서에 극적인 변화를 초래할 것 같지는 않지만, 오랫동안 지속된 지배층 내분으로 불안정한 위기가 발생할 가능성이 커지고 안보 공백을 생성할 수도 있으며, 이에 따라 이슬람 극단주의자들이 이를 활용하려는 유혹에 빠질 수도 있다.

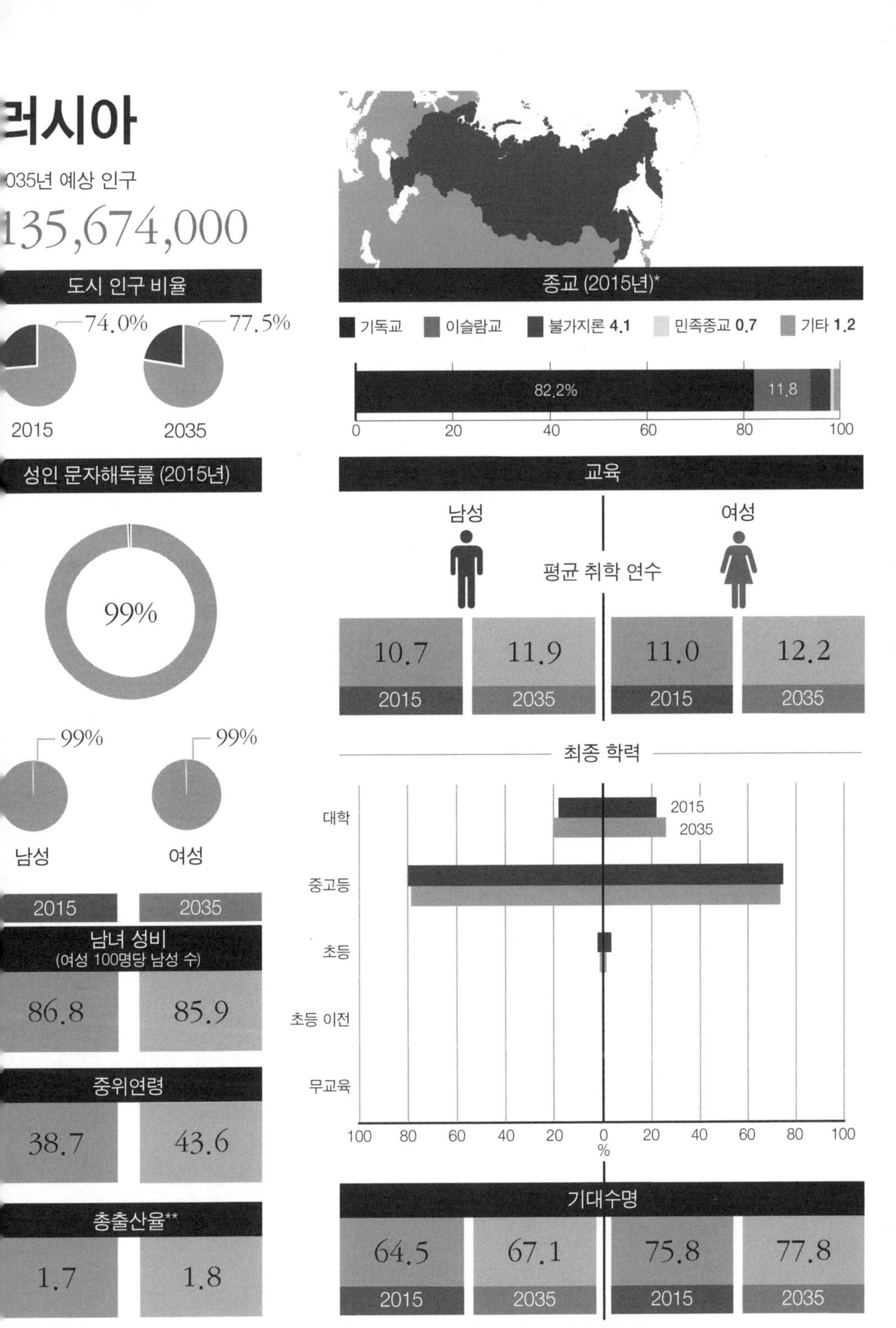

* 종교는 세계종교데이터베이스(World Religion Database)에 기초했으며 소수점 둘째 자리에서 반올림함.

** 총출산율은 가임 기간의 끝까지 생존할 때 여성 1인당 추정되는 평균 자녀 수임.

주: 인구통계 자료는 2035년에 각 지역에서 가장 많은 인구를 보유할 것으로 추정되는 나라만 제시됨.

유럽

EUROPE

향후 5년 동안 유럽은 유럽 프로젝트(European project)의 잠재적 해체를 막고자 노력할 것인데, 불안정하고 종종 위협적인 주변으로부터의 급속한 이민과, 경제적 불평등을 증가시키는 세계화된 경제로부터의 경제적 압력으로 인해 제2차 세계대전 이후의 사회질서는 지속적으로 압박받을 것이다. 유럽을 형성한 지역기구들, 특히 EU, 유로존, NATO는 세계의 GDP와 인구에서 유럽이 차지하는 비중이 축소되는 가운데서도 지금껏 국제무대에서 유럽의 영향력을 유지해왔지만, '브렉시트' 투표가 보여주었듯이 EU의 실존적 위기는 최소한 다음 몇 년 동안 지속될 것이다.

EU는 각국 정부가 공유된 번영, 경제적 안정, 평화를 창출하도록 지원했지만, 유로존의 단일 통화에 걸맞은 재정적 결합이 결여되어 2008년 금융위기 이후 더 가난한 국가들이 부채를 짊어지게 되었고 성장 전망을 감소시켜왔다. 나아가 EU는 유럽의 모든 시민이 공통된 운명을 공유한다는 인식을 형성하는 데 실패했고, 경제적으로 어려운 시기를 겪고 있는 회원국들은 되살아나는 민족주의에 취약해졌다.

- **EU와 유로존의 미래.** 정당, 국가 지도자, EU 당국자는 EU의 적절한 기능과 권한에 계속 동의하지 않을 것이다. 게다가 회원국에 성

장을 촉진할 자율권을 주거나, 훨씬 덜 대담하지만 성장 격차와 은행 부문 문제에 대한 범유럽적 해결책이 제시되지 않는다면 그들은 예산 규율과 경상수지를 유지하는 것에 관한 유로존의 현 강조점이 지닌 타당성에도 동의하지 않을 것이다. 계속되는 저성장에도 불구하고 정책이 제한되어, EU와 회원국 정부는 특히 유입되는 이민과 테러의 도전을 적절하게 처리할 수 없게 되면 대중적 지지의 약화에 직면하게 될 것이다.

- **위협적인 주변부.** 일관된 대응을 위한 지지를 불러일으키는 데 실패하게 된다면 더욱 공격적인 러시아의 위험과 이슬람 극단주의의 인지된 위협, 중동과 아프리카의 여파로 인해 대중의 경각심이 증대할 것이다. 러시아는 EU와 미국에 반대하는 정당들을 위한 선전, 허위정보, 금융 지원을 통해 직접적으로 유럽을 위협하고 있고, 한편 ISIL은 외국인 전사들을 고양하고 지원하는데, 그들 중 일부는 유럽으로 돌아와서 유럽의 테러 공격 위협을 증가시킨다.
- **인구학적인 압력.** 불안정한 주변부로 인해 상당수 난민과 이민자가 계속해서 유럽으로 유입되어 각국의 정부와 EU 기관의 대응 능력을 제한하고, 회원국과 EU 기관 사이에 긴장이 유발되어 외국인 혐오 정당과 집단에 대한 지지가 가열될 것이다. 동시에 기존 유럽 인구의 고령화는 새로운 노동력의 필요성을 증가시킬 것이다. EU 기관과 각국 정부는 지속적으로 이민을 제한하고 이민자와 그들의 자녀를 효율적으로 통합하기 위한 길을 추구할 것이다.
- **취약해진 정부.** 전후 유럽을 구축한 초석 가운데 하나는 자유주의 국제경제 질서에 대한 대중적 지지를 얻은 거래였는데, 복지국가의 사회적 보호가 그 대가였다. 이러한 합의는 경제 성장과 대의민주주의라는 양 측면 모두에서 안정성을 조성했다. 과거 30년 동안의 선

거 변동성 증가와 취약한 2008년 금융위기 회복으로 인해 그 합의는 압박을 받고 있다. 새로운 좌우 양쪽의 민중영합주의 정당들은 더딘 성장에 대한 불만, 축소된 사회적 혜택, 이민에 대한 반대, 기성 좌우 정당 사이 이념적 격차의 축소를 이용하고 있다.

향후 5년 동안 지역의 지정학적 연관성: 불확실한 통합. 세계적 행위자(global player)로서 유럽의 지위는 통합, 물질적 능력, 소속 국가들 – 특히 프랑스, 독일, 영국 – 이 공유하는 목표와 지정학적 전망에 대한 광범위한 일치에 의존해왔다. 다가오는 5년 동안 적어도, EU에서 탈퇴하기로 한 영국의 결정을 고려해 유럽의 관계를 조정할 필요성 때문에 유럽의 국제적 영향력은 약화되기 쉽고 대서양 양안의 협력도 취약해질 수 있다. 우리는 나아가 러시아가 자기 권리를 주장하며 유럽 프로젝트를 분열시키려는 계획적인 시도를 할 것으로 예상한다. 그렇게 될 것 같지는 않지만, 러시아가 우크라이나의 정치적 지배권을 다시 획득하거나 발트 해의 안정을 약화시킨다면, EU와 NATO의 신뢰성은 손상될 것이다.

- **터키의** 더욱 독립적이고 **다방면적인 외교 정책**과 비민주적인 충동의 문제가 적어도 중기적으로는 유럽의 해체 흐름에 힘을 더할 것이며 NATO의 결집력과 NATO·EU의 협력에 위협이 제기될 것이다.
- 유럽 프로젝트의 핵심에는 유럽이 평화, 관용, 민주주의, 문화적 다양성을 옹호하고, 그 역사에 만연된 분열적인 전쟁은 오직 통합으로만 방지할 수 있다는 생각이 있었다. 2015년에 그리스를 유로존의 일원으로 지키고자 대부분의 EU 회원국 정부가 그렇게 노력한 한 가지 이유는 유럽 프로젝트의 해체를 방지하기 위한 그들의 결의였다. 브렉시트의 과정과 유럽의 다른 지역에 미치는 부정적 결과, 주요 회

원국의 필요한 경제개혁 실행 실패, EU의 전 지역에 걸친 성장 촉진 실패, EU의 이민 정책 조정 실패, 일부 새로운 회원국에서 특히 맹렬한 토착주의 등은 **EU의 미래에 심각한 위협**이 되는 쟁점들이다. 이러한 긴장으로 경제적 하락과 민주주의 후퇴를 심화시키는 심각한 분열이 시작될 수도 있다.

다른 고려 사항. 향후 5년 동안 지역의 거버넌스에 기회가 주어질 수도 있을 것이다. 브렉시트로 인해 EU는 회원국 및 유럽 대중과의 관계를 재규정하려는 자극을 받았다. 만약 브렉시트 투표를 계기로 EU 당국자들과 소속 국가 지도자들이 협력의 장점을 보여주는 개선된 정책을 수립하고, 유럽 지도자들이 우호적인 출구를 찾아내 국제적 쟁점에 대해 영국이 대륙의 상대방들과 밀접하게 계속 협력하게 된다면 유럽은 번영할 수도 있을 것이다. 유럽의 결정에 대한 대중의 증가하는 불만족에도 불구하고, 유럽의 지도자들은 공통적인 대의를 찾고 공통적인 정책을 수립하는 데에 여전히 다른 어느 지역 지도자들보다 더 나은 능력을 보여주고 있다. 그들에게는 아직 국가의 정체성과 의사결정에 관한 대중의 감성을 더욱 존중하는 좀 더 효율적인 EU를 구축할 기회가 있으며, 이 지역의 잘 제도화된 민주주의는 민중영합주의와 더욱 극단적인 지도자들의 영향력을 성공적으로 축소시킬 수 있는 구조와 억제책을 지니고 있다.

- 헝가리와 폴란드에서의 **반민주주의적인 전개**에도 불구하고, 제도적인 제약으로 오스트리아와 핀란드처럼 더욱 정착된 민주주의 정부에 진입한 극우 토착주의 또는 민중영합주의 정당들의 영향이 완화되어왔다. 제2차 세계대전 이후 대부분의 유럽에서 도입되어 실질적인 사법 심사를 실행하는 강력한 사법제도의 발전은 신생 민주주

의에서는 여전히 불완전하지만, 심지어 헝가리에서조차 용인된 규범을 넘어서는 것으로 간주되는 정부 정책에 대한 반발이 있어왔다.

- 독일 총리 메르켈과 프랑스 대통령 올랑드가 그리스의 구제금융, 우크라이나에 관한 EU의 정책을 놓고 극도로 밀접하게 협력한 데서 볼 수 있듯이, **프랑스와 독일은** 관점과 정책 선호가 서로 다른데도 불구하고 함께 일하는 데 **계속해서 전념할 것**이다.
- 지난 10년간 있었던 대부분의 위기에 대해 유럽의 대응을 이끌었던 메르켈이, 시리아 난민에 대한 좀 더 친화적인 접근으로 독일과 EU에서 지지를 얻는 데 실패한 이후, 정치적 탄력을 회복할 것인지는 여전히 지켜봐야 할 것이다. 다른 유럽 국가들이 독일의 역할에 만족해온 것은 아니지만, 지역의 지분과 대응에서 균형을 잡을 능력이 있는 다른 지도자를 찾기도 어렵다.

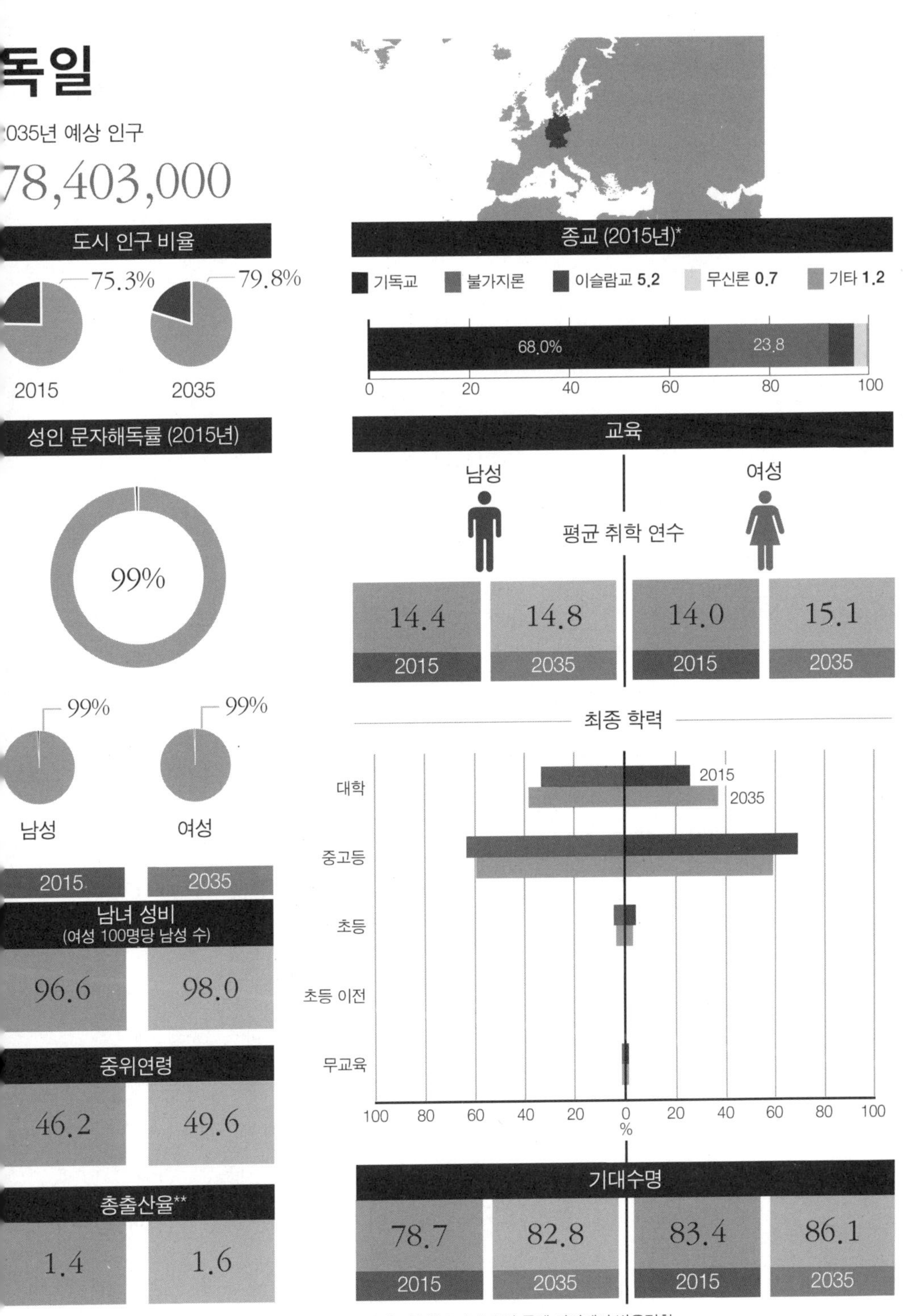

* 종교는 세계종교데이터베이스(World Religion Database)에 기초했으며 소수점 둘째 자리에서 반올림함.

** 총출산율은 가임 기간의 끝까지 생존할 때 여성 1인당 추정되는 평균 자녀 수임.

주: 인구통계 자료는 2035년에 각 지역에서 가장 많은 인구를 보유할 것으로 추정되는 나라만 제시됨.

북미

NORTH AMERICA

북미 지역은 향후 5년 동안, 특히 만약에 경제 성장이 지지부진하고 더 광범위한 번영을 생성하는 데 실패한다면, 증가하는 사회적·정치적 압력의 검증을 받게 될 것이다. 미국에서 도미니카에 이르기까지 경제는 그 조건과 동력이 극적으로 다르지만, 전 지역에 걸쳐 각 정부는 예산의 압박과 부채가 선택을 제한하는 시기에 더 큰 경제적·사회적 안정에 대한 증가하는 대중의 요구를 관리하는 일이 더욱 어려워진다는 것을 알게 될 것이다. 지역의 많은 부분에서 대중의 불만이 큰데, 경제적 조건과 사회적 변화의 불확실성이 동시에 커져서 대부분의 정부에 대한 신뢰의 저하가 발생하고 있기 때문이다.

미국 경제의 강건함은 그 거대한 규모와 밀접한 연계를 고려한다면, 여전히 지역의 가장 중요한 변수로 남을 것이다. 미국이 2008년 금융위기에서 회복하는 것은 지난 침체기 이후보다 더욱 더디고 어려웠고, 대부분의 예측은 다음 수년 동안 미국의 경제 성장이 대단하지 않을 것이며 아마 전 지역에 걸친 성장을 북돋우기에 충분할 정도로 강하지도 않을 것이라고 전망한다. 그렇지만 얼마나 오랫동안 현재의 회복세가 지속될 것인지에 대해서는 경제학자들의 견해가 나뉜다. 일부 학자들은, 현재의 7년 기간 회복에 초점을 맞춰, 미국 경제가 이미 역사적인 평균 기간에 근거한 또 다른 경기후퇴기에 들어설 '기한이 지났다'고 경고하는 반면에, 다른 학자들은 최근 수십 년 동안 경기 확장의 기간이 10년까지 늘어났다고 말한다. 미국에 불경기가 닥칠 때마다, 상품에 대한 미국의 수요와 남쪽으로 향하는 거대한 송금 흐름의 감소에 따라 전 지역에 걸쳐 반향이 일어날 것이다.

- 심지어 멕시코처럼 점점 더 다양화하는 나라에서조차, **미국에서의 송금**은 여전히 GDP의 약 2%에 이르며, 아이티 경제에서는 20%까지 차지한다. 중미는 특히 취약해질 것인데, 이미 허우적거리고 있는 과테말라, 엘살바도르, 온두라스, 니카라과의 경제는 GDP의 10~20%를 미국에서의 송금으로 획득하고 있다.
- 미국에 경기 침체가 일어나면 미국에서의 송금 흐름이 줄어들 뿐만 아니라, 더 나아가 미국에서 일자리를 찾는 **절망적인 사람들을 위한 전통적인 안전판**도 닫히게 될 것이다. 쌍무무역의 규모가 큰 탓에 미국 경제의 상태는 캐나다의 성장 추세에도 심각한 영향을 미쳐왔다.

멕시코의 경제적·사회적 개혁은 또한 멕시코와 북미의 정치적 영향을 아마 완화할 것이다. 페냐 니에토 대통령은 멕시코의 경쟁력을 강화하기 위한 노력으로 교육은 물론이고 석유, 통신, 금융 등 주요 산업을 대상으로 광범위한 개혁을 시행해왔는데, 지금까지 의미 있는 성장의 확대는 이루어지지 않았으며, 부패 혐의, 지속적 폭력, 페소화 약세, 2014년에 43명의 학생이 시위 후 실종된 사건과 같은 국내의 위기 가운데에서 대중의 지지는 시들해져 왔다. 멕시코의 석유 산업을 외국인 투자에 개방한 것 같은 주요한 개혁은 결실을 얻는 데 시일이 필요하지만, 다음 몇 해 동안 혜택보다는 실망이 더 분명해지게 되면 반정부적인 항의가 고조될 것이다.

- 페냐 니에토의 단임 임기는 2018년에 종료되며, 만약 개혁이 멕시코의 격심한 경제적 격차를 축소하지 못하면 유권자들은 아마 차기 대통령 선거에서 개혁과 무역협정을 후퇴시키게 될 더욱 좌파적인 반대파에게로 기울게 될 것이다.
- 더욱이 멕시코의 고강도 개혁의 성패는 유사한 정치적 위험을 감수하려는 이 지역 다른 나라의 의지에도 영향을 미칠 것이다.

만약 더 심한 보호무역주의 정서가 다음 몇 해 동안 뿌리를 내린다면, 특히 미국과 멕시코에서 역내 교역의 미래가 어두워질 수도 있다. 미국의 국내 정치는 환태평양경제동반자협정(TPP) 교역에 대해 의심을 제기해왔고, 2018년 멕시코 대통령 선거에서 좌파의 유력 잠재적 후보는 북미자유무역협정(NAFTA)을 멕시코의 실업 원인으로 비난해왔다. 그렇지만 동시에 미국, 중미, 도미니카공화국 사이에 체결된 중미자유무역협정(CAFTA)은 정치적 갈등을 더 적게 생성했는데, 그 협정의 범위가 그다지 대단하지 않기 때문이다.

- 무역에 대한 여론은 전 지역에 걸쳐 다양하다. 질문을 어떻게 만드느냐에 달렸지만, 여론조사에서 미국에서는 무역에 대한 대중의 우려가 심각하다는 점이 나타나고 있고, 다른 한편으로 멕시코에서는 근소한 차이의 다수가 일반적으로 북미자유무역협정을 지지하고 있다. 캐나다에서는 비록 환태평양경제동반자협정의 이점에 대해서는 덜 확신하는 듯 보이지만, 점차 늘어나는 다수가 북미자유무역협

정을 지지하게 되었다.

- 일반적으로 경제학자들이 동의하듯이 기술 발전과 자동화가 실업과 저임금에 더욱 중요한 요소였고 다가오는 몇 년 동안에 걸쳐 여전히 그럴 것인데도, 이러한 분위기에서 북미 지역에 경제 불황이 발생하면, 일부 정치지도자는 대중을 안심시키기 위해 무역에서 더 강경한 노선을 취할 수 있다.

멕시코에서 미국으로 유입되는 노동자는 2008년 금융위기 이후 줄어들었는데, 이는 분명 미국의 불경기와 강화된 국경 통제, 멕시코의 일자리 기회와 인구학적 변화 때문이다. 그럼에도 카리브 해 연안, 중미, 멕시코의 이민과 심지어 여행까지도, 다음 5년 동안 지역의 불가피한 쟁점이 될 것 같다. 만약 미국과 캐나다에 테러가 터지면, 더욱 강화된 국경 통제로 지역의 이동이 제한될 것이고 이에 따른 정치적·경제적·사회적 결과를 초래할 것이다.

- 미국의 선거운동에서 강하게 **표출된 반이민 정서**로 인해 멕시코의 대중적 분노가 가열되어 2018년의 대통령 선거에 반영될 수도 있다. 게다가 미국이 국경 통제를 강화할수록, 멕시코는 남쪽 국경을 좀 더 효율적으로 통제하기 위한 노력을 더욱 강화함으로써, 중미의 국민이 멕시코에 들어와 더 북쪽으로 가지 못해 멕시코에 머무는 것을 좌절시키려고 할 것이다.
- 한편 다음 몇 년 동안 이 지역에 **지카 바이러스가 더욱 확산**되어 관광산업이 억제될 수도 있다. 일부는 관광산업이 카리브 해 연안 GDP의 약 5%, 멕시코 GDP의 약 7%, 플로리다 같은 미국 남부 주의 일자리 가운데 큰 비중을 차지하는 것으로 추정한다.

비록 이유는 다르지만, 폭력과 사회질서에 대한 우려는 지역의 여러 국가에서 점점 핵심적인 사안이 될 것이다. 폭력의 주된 이유 중 하나는 불법적인 마약 거래다. 불량배와 조직범죄단체가 기초적인 거버넌스를 무너뜨려 특히 중미의 북부 지역에 폭력이 만연한다.

- 마약 테러에 맞서 싸울 능력이나 교육, 보건, 기반시설, 성 평등, 법치와 같은 공공재를 제공할 능력이 각국 정부에 부족한 상황에서, 개선 전망은 어두워 보인다.
- 높은 여성 살해 비율에서 보듯이 엘살바도르, 과테말라, 온두라스는 전 세계에서 가장 폭력적인 국가들 가운데 수위를 차지하는데, 이 때문에 북쪽으로의 이민, 특히 최근 몇 년 동안 동반자 없는 어린이 이민이 증가했다.
- 멕시코 일부에서는 경제 발전과 거버넌스에서 의미 있는 진전이 이루어졌지만, 다른 지역에서는 심한 폭력과 사회적 긴장을 일으키는 만연한 빈곤, 부패, 부당한 처벌 면제와 계속 싸워야 할 것이다.
- 이 지역의 여러 곳에서 시민사회조직의 활동으로 엘리트의 부패에 대한 대중의 인식이 커지고 더 나은 거버넌스를 위한 압박이 이루어지고 있는데, 이것이 잘 관리되지 못하면 사회적 갈등이 고조될 수 있다. 2015년 8월에 과테말라 고위층의 부패에 대한 대중적 폭로로 거대한 반정부 시위가 촉발되어 대통령과 부통령이 축출되었고 시민사회단체들은 온두라스와 멕시코에서도 대규모 시위를 동원하는 데 도움을 주었다. 이런 시위의 대부분은 평화적이었지만, 정치적·경제적 엘리트에 대한 대중의 불만이 증가하거나 정부가 가혹하게 진압한다면 폭력적으로 변할 수도 있다.

향후 5년 동안 지역의 지정학적 연관성: 미국에 시선 집중. 미국의 새로운 행정부 출범으로 이 지역 모든 국가는 미국의 국제적 역할 변화에 관한 어떠한 신호든 면밀히 검토하게 될 것이다. 외부 관찰자들은 아프가니스탄과 이라크에 대한 확장된 개입, 지나치게 양극화한 정치, 국내 문제에 초점을 둔 선거운동을 고려할 때 워싱턴이 더 광범위한 국제적 지도력을 계속해서 영위할 의지와 능력을 가지고 있는지 우려하게 되었다.

- 무역에 대한 미국의 입장이 가장 주의를 끄는 한편, 미국의 동맹국들은 중국과 러시아의 더욱 적극적인 행동에 직면해 워싱턴의 안보 보장 이행의 확약을 요구할 것이며, 상대방들은 책략을 펼 여지가 있는지 가늠해볼 것이다. 만약 멕시코 또는 쿠바와 같은 주요 국가에서 경제적·정치적 긴장에 따른 정부 변동이나 이민 급증으로 이어질 위협적인 저항이 촉발된다면, 북미의 안보는 더욱 큰 우려 사항이 될 수도 있다.

다른 고려 사항. 향후 몇 년 동안 경제적·정치적 변화에 대한 대중의 압력이 어떤 경로를 취할 것인지는 북미에서 결정적인 쟁점이 될 것이다. 현대의 통신은 지역에서 불만을 가진 시민들이 지지를 얻어내고 엘리트들에게 압력을 행사하며 비정부적 노력을 동원하거나 지방정부의 성과를 비교하는 일을 쉽게 만들었지만, 이에 대한 대응은 여전히 요구 사항에 부응하지 못할지도 모른다.

- 소셜 미디어와 온라인에서의 지지가, 의미 있는 사회적·정치적 변화를 추동할 능력을 발휘할 수 있는지는 여전히 불분명하거나 최소한 국가에 따라 다양하다. 예를 들어, 멕시코와 중미의 엘리트는

극심한 불평등과 그것이 널리 주목될 수 있다는 위험성을 점점 더 많이 인식하게 되었지만, 경쟁과 교육, 기반시설, 사회복지 혜택을 개선하는 개혁을 지지하기 위해 그들의 재정적 기득권을 포기하려는 의지가 있는지에 대해서는 많은 관찰자가 의심한다.

- 한편 전 지역에 걸쳐 NGO는 더 나은 정부 서비스를 추동하기 위해 더욱 활동적이 되었고 때때로 서비스 제공을 주도하기도 하지만, 이러한 노력을 도전의 영역에까지 끌어올리는 데는 자주 어려움을 겪는다. 더욱이 지방과 중앙정부의 다양한 노력은 더욱 성공적인 방법을 만들어낼 계기가 되는 실험을 가능하게 하거나 또는 빈약한 거버넌스의 위험을 강조하게 될 것이다.

이러한 환경에서 유권자들은 전통적인 정당과 정부가 그들의 요구를 처리하지 않는다고 느끼면 **더욱 개인화한 정치에 이끌릴 것**이다. 정보기술 사용의 증가로 일부 소수 인종 집단은 구조적 불평등과 부정의를 강조할 수 있게 되었다. 이처럼 민감한 주제로 말미암아 이의 보완을 요구하거나 이에 반대하는 운동이 아마 계속될 것이다.

- 직업 기술과 자원을 가지고 어디에서나 일할 수 있는 일부 시민은 **국가를 떠나는 것으로 반대 의사를 표명할 수도 있는데**, 이로 인해 멕시코와 중미처럼 경제와 정치제도를 강화하기 위해 강력한 인간 재능이 가장 필요한 시기에 들어선 국가에서는 두뇌 유출이 확장될 수도 있다.
- 궁극적으로, 만약 개선의 전망 없이 여건이 더욱 악화되고 있다고 판단하게 되면 불만을 가진 **시민들은** 분노를 표출하기 위해 **더욱 가두시위에 나서려고 할 수도 있다**. 유권자들은 선거를 통해 그들의

견해를 표현할 수 있으며, 지난 몇 해 동안 전 세계에 걸쳐 다양한 국가에서 빈발한 세간의 이목을 끈 시위는 엘리트들이 대중의 포기를 기대해서는 안 된다는 것을 시사한다.

미국

2035년 예상 인구

365,266,000

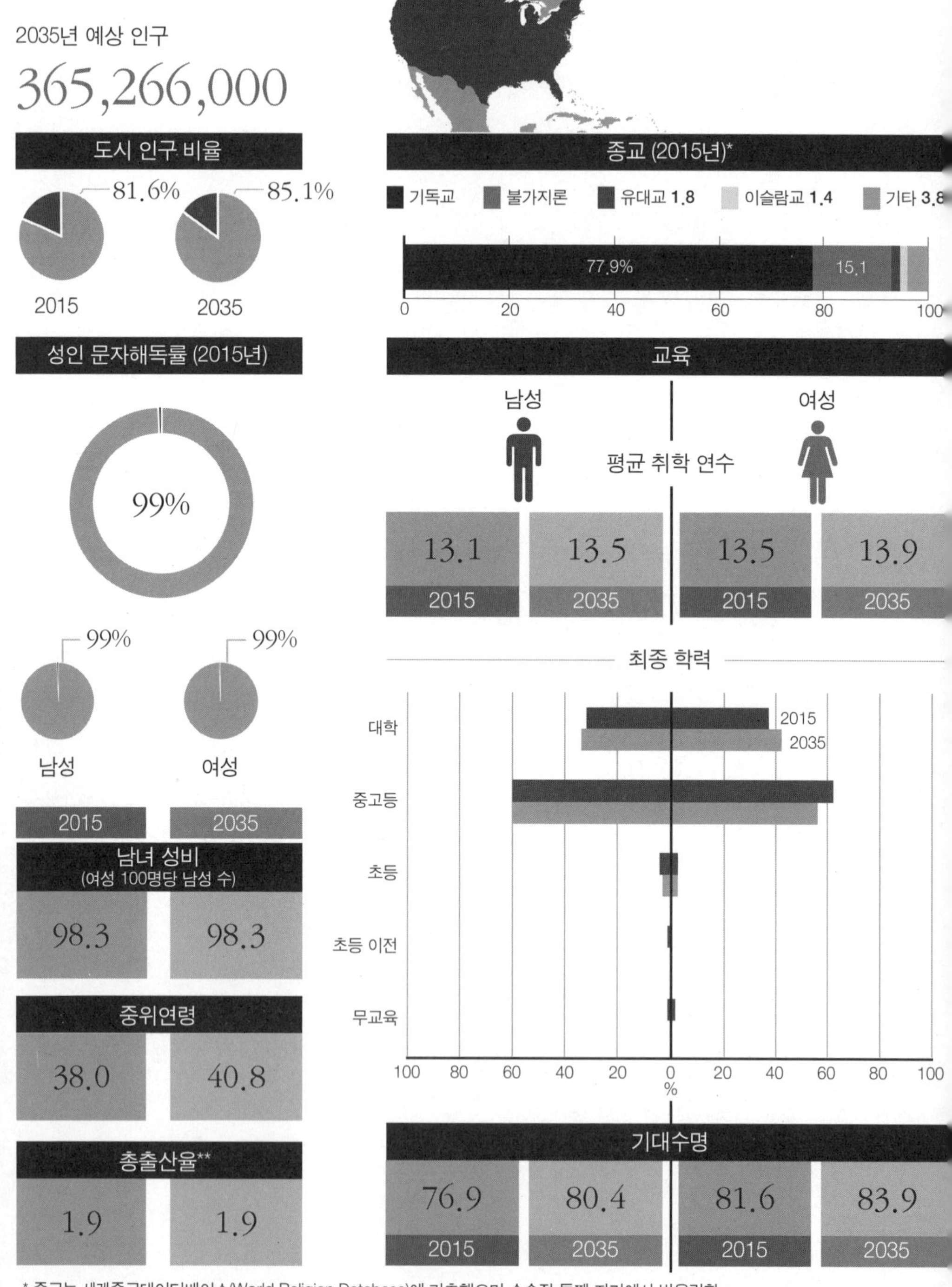

* 종교는 세계종교데이터베이스(World Religion Database)에 기초했으며 소수점 둘째 자리에서 반올림함.

** 총출산율은 가임 기간의 끝까지 생존할 때 여성 1인당 추정되는 평균 자녀 수임.

주: 인구통계 자료는 2035년에 각 지역에서 가장 많은 인구를 보유할 것으로 추정되는 나라만 제시됨.

남미

SOUTH AMERICA

향후 5년 동안 남미에서는 빈번한 정권 교체가 일어날 것인데, 그 원인은 잘못된 경제 관리에 대한 불만, 만연한 부패, 중국의 줄어든 원자재 수요로 인한 취약한 경제 성과, 중산층과 가난한 근로 계층에 새로 진입한 인구와 관련한 사회적 긴장일 것이다. 이러한 여건으로 인해 빈곤과 불평등 해소를 위해 지난 20년 동안 이룩한 지역의 상당한 진전 또한 위태로워질 것이다.

- 지난 10년 동안 남미대륙의 일부 정치를 특징지은 집권세력에 대한 반대 물결은 **좌파적 경향을 뒤집는 것**이었는데, 가장 유명한 사례는 2015년 아르헨티나 대통령 선거와 2015년 베네수엘라 의회 선거에서의 좌파 패배, 그리고 2016년 브라질 대통령 호세프의 탄핵이었다. 그런데도 저항에 직면한 일부 집권층은 그들의 권력을 방어하는 길을 찾고 있는데, 이 때문에 일부 국가에서는 치열한 정치적 경쟁과 민주주의 후퇴의 시기가 이어질 수도 있다.

역설적이게도, 역내 몇몇 좌파의 최근 성공으로 법치와 경제적·사회적 관리 측면에서 **시장친화적 발상에 대한 유인이 증가**하고 있다. 지난

12년 동안 남미에서는 임금이 상승하고 취학 접근성이 대폭 증가하며 여성 고용이 증가하면서 빈곤과 불평등이 상당히 줄어들었다. 2003년에 지역 주민의 41.3%가 빈곤선 아래에 위치했지만, 2013년에 이 숫자는 24.3%로 떨어졌다. 하루 10~50달러의 소득을 올리는 사람으로 정의되는 남미의 중산층은 이 기간에 인구의 21.3%에서 35.0%로 늘어났다.

- 그렇지만 최근의 UN 연구에 따르면, 지역의 경기 하락으로 빈곤이 다시 증가하기 시작했는데, 2014년의 1억 6800만 명의 빈곤 인구는 2015년에 1억 7500만 명으로 증가한 것으로 추정된다. 경기 하락의 가장 주요한 원인 가운데 하나는 원자재 가격의 대폭 하락인데, 원자재 가격은 2011년의 고점 대비 40% 하락했다. 취약한 성장은 정부의 예산을 압박하고 이미 세계적으로 낮은 투자율을 더 하락시키고 있다.
- 브라질과 이보다는 덜하지만 기타 지역에서의 복음주의 기독교의 성장은 **법치**와 완화된 정부 통제, 하층계급의 지지를 받는 견해를 **강조하는 새로운 정치세력**을 생성할 것이다. 브라질에서 성장하는 복음주의 정치세력은 인구의 약 5분의 1을 차지하는데, 낙태와 같은 쟁점에서 좌파 지도자들과의 초기 동맹으로부터 더 보수적인 의제로 이동해왔고, 다른 한편으로 하층과 중산층 회원의 필요를 해결하는 길을 추구하며 교육을 요구하고 있다. 2016년 봄에 '바이블 블록(Bible block)'이라고 알려진 복음주의자 단체는 부패를 이유로 호세프 대통령의 탄핵을 추진하는 노력을 지원했다. 그렇지만 브라질에서 여러 복음주의 정치인의 부패 혐의는 그들의 정치적 영향력에 타격을 입힐 수도 있다.

범죄와 부패는 집권세력의 주요한 정치적 부담으로 남을 것인데, 취약해지는 고용 전망으로 그들을 향한 대중의 비난이 일어나는 한편, 북쪽 시장을 향한 마약 밀매와 조직범죄가 더욱 두드러질 듯하다. 이러한 문제가 심화되면 안보에 대한 우려가 증가하고 대중의 불만족이 고조되어 부정 이득과 범죄 활동을 막는 데 비효율적이거나 그것을 가능하게 만든다고 인식된 정부를 전복할 수도 있다.

- UN의 연구에 따르면, 남미는 **범죄 측면으로는 전 세계에서 가장 폭력적인 지역 가운데 하나**이고 세계적으로 살인의 거의 3분의 1이 이곳에서 발생한다. 브라질과 베네수엘라는 세계에서 살인율이 가장 높은 나라에 속한다.
- 범죄는 여전히 대중의 첫 번째 걱정거리일 것이다. 여론조사는 많은 시민이 범죄를 자기들 국가가 직면한 가장 심각한 문제로 보고 있다는 점을 시사하지만, 각국이 침체하는 경제를 관리함에 따라 경제적 관심이 아마 더 중요하게 여겨질 것이다. 거대한 마약 밀매 조직의 영향을 받는 국가에서는 아마 제도의 질과 정부의 권위 및 정당성에 대한 훼손뿐 아니라 폭력이 증가하게 될 것이다.

교육과 의료 서비스부터 기반시설, 생산성, 비공식 경제에 대한 조세 정책의 분야에 이르기까지 전반적인 구조 개혁의 결여는 외부적인 경제 환경이 유리하지 않고 외국인 투자에 대한 경쟁이 심화됨에 따라 지역이 휘청거릴 것을 시사한다. 콜롬비아에서 성공적으로 갈등이 해결된다면 경제 성장을 고양할 기회를 얻을 것이다.

- 일부 아직 미약하지만 새롭게 힘을 얻은 생산적인 빈곤한 노동

계층과 **중산층은** 그들이 게으르거나 부패했다고 인식하는 사람들을 위해 **사회복지 세제를 지원하는 것에 분노**한다.

- **베네수엘라에서는 경제적·인도주의적 측면에서 압력**이 커지는 바람에 현직 마두로 대통령이 탄압을 강화하는 조치를 취할 수 있지만, 군부의 충성은 불확실하며 인도주의적 위기로 인한 위험으로 인접 국가와 아마 미국으로의 난민이 더욱 증가할 것이다. 베네수엘라에서 추가로 붕괴가 발생하면 지난 10년간의 남미의 좌파적 실험은 더욱 불신을 받게 될 것이고 경제 개선에 초점을 맞추라는 압력이 증가할 것이다.
- 이 지역의 보건제도는 분명 다른 지역들보다 더 중요한 **정치적 정당성과 국가 건설의 원천**이다. 고령화된 인구가 보건제도의 지속성을 위협하며, 건강관리 비용은 경제 성장을 약화시킬 것이다. 계속되는 지카 바이러스와 뎅기열의 위협 때문에 지역에, 특히 더 가난한 인구에게 더욱더 압력이 가해진다.

향후 5년 동안 지역의 지정학적 연관성: 정치적인 경제. 지정학적인 행위자로서 남미의 연관성은 향후 5년 동안 여전이 약화되어 있을 것이지만, 아프리카와 더불어 중국의 원자재 수요 하락, 지속되는 유가 하락, 가까운 미래의 환경과 기후변화의 도전을 정면으로 받게 될 것이다. 일부 원자재 의존적인 국가는 세계적인 경제 하락을 관리하기 위해 진력하면서 IMF의 프로그램과 성장 및 고용을 촉진하는 자유무역을 기대하게 될 것이다. 브라질은 더 좋은 국제 관계와 역내 무역 증가를 위해 아마 아르헨티나와 함께할 것이다.

- 만약에, 특히 시민들이 점점 더 환경을 재정적 이익의 원천 이상

인 어떤 것으로 간주하게 되면, 우리는 브라질과 다른 국가들이 **국제 기후변화 정책에 대해 영향력 있는 목소리**를 내는 것을 지속할 것이라고 전망한다. 특히 태평양 연안 국가들이 엘니뇨의 영향을 받고 있는데, 엘니뇨는 강우 패턴을 바꾸어 일부 지역에 심한 강우와 홍수를 일으키고 다른 지역에는 가뭄을 일으키고 있으며, 기후 모형은 엘니뇨의 영향이 더 커질 것을 시사한다. 2015~2016년에 발생한, 일부 측정에 따르면 기록상 최대인 엘니뇨의 영향으로 브라질의 최근 가뭄이 한 세기 만에 거의 최악의 수준으로 악화되었고 상파울로의 식수 공급, 수력발전, 지카 바이러스 전파와 같은 다양한 문제에 영향을 미쳤다. 브라질 중산층의 자동차 수요, 그리고 적극적인 삼림 관리로 탄소 배출을 상쇄할 수 있다는 에너지 분야의 믿음을 고려하면, 역내 국가의 온실가스 배출은 여전히 심각한 문제로 남을 듯하다.

- 남미의 남아 있는 좌경 ALBA(미주대륙을 위한 볼리바르동맹) 국가(볼리비아, 에콰도르, 베네수엘라)는 **계속 베이징과 모스크바의 지지를 얻으려고** 할 것이다. 중국은 특히 집권세력을 강화하기 위해 후한 자금지원을 해왔지만, 그 경제적 효과는 복합적이었다. 베네수엘라는 도산을 면할 수 있는 금융을 오랫동안 중국에 의존해왔지만, 베이징은 부조금을 축소하고 세계은행과 유사한 대출 방식에 더욱 가깝게 이동하는데, ALBA 국가들이 그 조건을 충족할 것 같지는 않다. 정부의 변화와 경제적 개혁이 이루어지지 않는다면 베네수엘라의 대규모 불안정과 경제적 붕괴가 확실해 보이며, 더욱이 상당한 외부 원조 없이는 그러한 경제적 개혁만으로 충분하다고 증명될 것 같지 않다.
- 베네수엘라의 대규모 불안정의 위협, 콜롬비아의 코카인 생산 호황, 중미와 멕시코의 범죄 가열, 전 지역에 걸쳐 지속되는 마약 밀매와 조직범죄로 인해 **지역의 안보 위협이 커지게 될 것이다**. 역내 많

은 나라에서 불법적인 시장이 커짐에 따라 폭력 – 그리고 부패로 약화된 정치기관과 안보기관 – 은 더욱 긴급한 우려를 자아낼 것이다. 남미의 정부들은 미국과 다른 선진국들에 마약을 합법화하라는 압력을 행사할 것이다.

다른 고려 사항. 지역의 우경화는 보수적인 정부의 부패 추문으로 늦춰지거나 중단될 수도 있다. 지켜볼 만한 다른 경향은 경기 하락에 따른 사회경제적 격차를 축소하는 것과 관련한 – 좌파건 우파건 간에 – 정부의 실패다. 그러한 실패는 점점 더 양극화된 사회로 이어지며, 계급이나 인종, 민족, 이념이 상호 격차를 크게 심화시킬 것이다. 이러한 불평등은 다가오는 몇 년 동안 일부 남미 국가에서 흑인라틴계 원주민 운동의 성장을 촉진할 수도 있다.

2015년 브라질에서 시작된 지카의 유행으로 WHO(세계보건기구)가 공중보건 비상사태를 선언했는데, 지카는 푸에르토리코와 미국 남동부를 포함해 미주 전체로 퍼졌다. 때로 지카는 임신 중인 태아의 신경 발달을 저해하는데, 이 때문에 여성의 건강에는 잠재적으로 새로운 형태의 변동이 초래되었다. 주민들에게 전파된 바이러스의 확산에 관해 많은 것이 알려지지 않아서 소두증 아이를 낳을 수 있다는 두려움은 더 커졌는데, 그런 탓에 지역 내 여행, 가족계획, 일상생활 영위에 큰 변화가 일어나고 있다. 만약 지카가 영구적으로 전 미주에 걸쳐 고착된다면, 그 영향으로 각국 정부는 세대에 걸쳐 그 유행병에 적응하고 대응할 방안을 더욱더 모색하게 될 것이다.

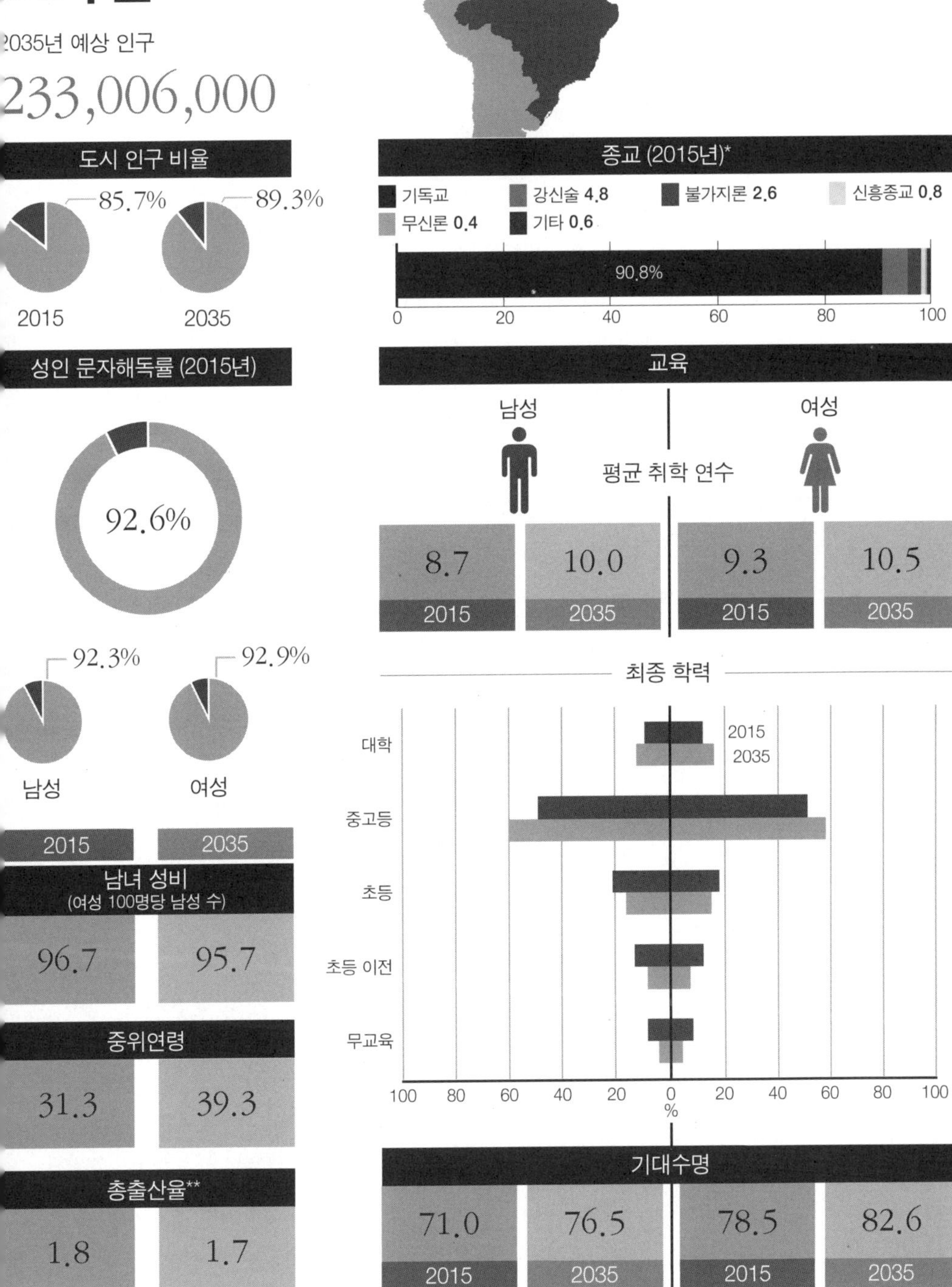

* 종교는 세계종교데이터베이스(World Religion Database)에 기초했으며 소수점 둘째 자리에서 반올림함.

** 총출산율은 가임 기간의 끝까지 생존할 때 여성 1인당 추정되는 평균 자녀 수임.

주: 인구통계 자료는 2035년에 각 지역에서 가장 많은 인구를 보유할 것으로 추정되는 나라만 제시됨.

북극과 남극대륙

THE ARCTIC AND ANTARCTICA

향후 5년 동안에 걸쳐 북극의 환경 변화가 세계 기후를 형성하고 주요 수송항로를 만들어낼 것이다. 북극에서 지구의 다른 지역보다 2배 정도 빠르게 온난화가 진행되면서, 빙하가 녹고 얼음이 얇아지는 모습이 담긴 고해상도의 충격적인 비디오나 이 지역을 상징하는 포유류가 굶어 죽어가는 모습이 생생하게 담긴 사진 등 극적이고 시사성 있는 이미지는 변화하는 기후에 대한 조기 경보 신호로 정착될 것이다. 그렇지만 마찬가지로 중대한 변화가 진행되는 중인데, 여기에는 북극해 수질의 급속한 산성화, 태양열을 우주 공간으로 밀어내는 반사율 감소, 미생물과 포유류에 똑같이 영향을 미치는 온도에 따른 생태계 변동 등이 그것이다. 북극에 거주하는 400만 명의 사람들에게 직접 영향을 미치는 물리적인 변화 외에, 북극의 높은 기온과 중위도 대륙의 극단적 기후 현상 사이의 연계가 점점 더 분명해지고 있는데, 여기에는 러시아의 장기간의 혹서, 유럽의 더욱 혹독한 겨울, 인도 여름철 우기의 높은 변동성 같은 것이 포함된다.

- **해상운송.** 완전히 얼음이 없는 여름은 아마 10여 년 뒤의 일이겠지만, 북극의 항해 가능 구역이 넓어지면서 더욱 핵심적인 경제적·안보적 쟁점을 만든다. 바다의 얼음이 녹아 중국, 일본, 한국으로부

터 유럽과 북미로의 수출처럼 주요 무역 블록 사이의 통상 경로가 대폭 축소될 가능성이 제기된다. 그렇지만 북극이 더 개방되면서 얼음, 날씨, 안개의 예측 불가능성이 이미 혹독한 조건을 더 악화시킴에 따라, 상당한 장애와 잠재적 재난을 초래할 것이다. 향후 5년 동안 지역 운영에 필요한 기반시설의 개선을 넘어서는 선구적인 노력이 이루어질 것인데, 여기에는 선박과 육지를 연결하는 통신망, 환적 설비, 재급유 기지, 선박 추적 시스템 등이 있다. 군대는 전형적으로 그러한 살기 힘든 환경에서 작전을 수행할 수 있는 물리적 능력과 모니터링 장비를 보유한 유일한 국가적 자원으로서, 수색 구조와 기타 위급 상황에 대한 책임을 넘어서는 군사력의 북극 주둔은 확고한 사안이 될 것이다.

- **천연자원.** 위험한 날씨와 바다의 얼음 때문에 북극의 거대한 천연자원에 대한 상업적 관심 또는 국가적 관심이 약화되지는 않을 것이다. 북극은 지구상에 남아 있는 가장 거대한 석유 미탐사 구역으로, 900억 배럴이 훨씬 넘는 원유, 1700조 입방피트의 천연가스, 440억 배럴의 액화 천연가스를 보유할 수도 있어서 지속적으로 연안 시추가 관심을 끌게 될 것이다. 향후 5년 동안에 석유 가격의 예상치 못한 급격한 반등이 없다면, 개발이 경제적으로 이익이 될 것 같지는 않지만, 개발은 대중적 항의를 받는 문제이기도 하다. 마찬가지로 내륙의 광산 개발 역시 특히 튼튼한 도로와 철도 기반시설이 없다면 대개 이론적인 것으로만 남을 것이다. 따뜻해지는 물이 상업적인 어업의 기회를 확대하겠지만, 환경 변화와 대양의 산성화는 북극의 어류에게 예측 불가능한 영향을 미칠 것이다.

남극대륙의 온난화는 북극을 둘러싼 대륙에 비해 상대적으로 거대한 남극해의 깊이와 넓이, 더불어 엄청난 열적 관성에 의해 늦춰졌다. 더구나 남극의 수 킬로미터 두께의 빙상은 일반적으로 북극의 수 미터 두께의 유빙보다 더 느리게 반응한다.

- 그러나 2002년의 라르센 B(Larsen B) 빙상의 급속한 붕괴, 파인 아일랜드(Pine Island)와 스웨이트(Thwaites) 빙하의 계속되는 축소는 대양과 지구의 온난화로 남극대륙 주변부 지역의 얼음이 얼마나 빠르게 사라지는지를 보여준다.
- 과학자들은 최근에 남극대륙에서 네 번째로 큰 라르센 C(Larsen C) 빙상에서 급속하게 커지는 균열을 식별했는데, 이 균열은 대략 델라웨어 크기의 얼음 조각의 박리로 이어질 수도 있다. 라르센 C 빙상은 한때 50년에 걸쳐 불안정해질 것으로 예측되었지만, 일부 과학자들은 현재로써는 5년 안에 분열될 것으로 추정한다.
- 빙상의 소멸과 빙하의 축소로 남극대륙 내부의 얼음은 해수에 노출되어 해수면의 상승을 가속시킬 것인데, 남극대륙 서부 단독으로도 전 세계적으로 3미터가 넘는 해수면 상승을 일으킬 잠재력이 있다. 그렇지만 이러한 해수면 상승이 이루어지기까지 수천 년이 걸릴지, 수백 년이 걸릴지, 또는 더 이를지는 여전히 풀리지 않은 문제로 남아 있다.

해수면이 상승하는 최후의 날 시나리오에서의 역할을 넘어서서, 남극대륙은 지정학적으로 중요한 지역으로 남아 있다. 12개 국가의 권리를 동결하고 남극대륙을 과학 기지로 설립하기로 한 1959년의 남극대륙협정(The Antarctica Treaty)은 아마 현대 역사에서 가장 성공적인 국제 협정으로 남을 것이다. 그렇지만 남극대륙에 대한 러시아와 중국의 활동이 고조되면, 특히 권리를 주장하는 호주, 뉴질랜드, 노르웨이와 같은 국가들 사이에서 잠재적인 협정 위반에 대한 우려가 가열될 것이다.

- 남극해에서 이루어지는 일본의 고래잡이와 중국의 크릴새우 잡이처럼 논란이 많은 활동은 남극대륙협정 내에서 계속 외교적 논쟁을 촉발할 것이다.

향후 5년 동안 지역의 지정학적 연관성: 협력 방안. 남극대륙과 특히 북극지방은 모두 국가적 안보 전략에서 두드러진 특징을 나타내며, 해빙 감소는 북극 국가들의 안전과 환경에 대한 우려를 키우는 동시에, 다른 한편으로 이 지역의 경제적 기회를 증가시킨다. 혹독한 기후와 장기적인 경제적 지분으로 북극 연안 국가들 사이에 협력이 권장되었지만, 경제적·안보적 우려로 인해 북극지방 국가들과 다른 국가들 사이에 항로와 자원에 대한 기회를 두고 고조되는 경쟁의 위험이 더욱 커질 것이다. 반면에 석유 가격이 지속적으로 낮게 유지된다면, 북극지방의 잠재적 에너지 자원에 대한 매력도 줄어들 것이다.

- 러시아는 주위를 방어하고 배타적경제수역(EEZ)에 대한 통제를 강화하기 위해 북쪽 해안을 따라 계속해서 군대의 주둔을 강화할 것이 거의 틀림없다. 러시아는 또한 확장된 대륙붕 주장과 자국의 배타적경제수역 내에서의 해상 교통 관리에 대해 계속해서 국제적인 지지를 구하게 될 것이 거의 분명하다. 만약 러시아와 서구의 관계가 악화되면, 모스크바는 정립된 국제 절차 또는 북극지방의 기구들을 더욱 부정하게 될 것이고, 이익을 보호하기 위해 일방적으로 행동할 것이다.

- **북극이사회(Arctic Council).** 북극이사회는 계속해서 뚜렷하게 성장하는데, 북극권에 독립된 영토를 가진 캐나다, 덴마크(그린란드 덕분에), 핀란드, 아이슬란드, 노르웨이, 러시아, 스웨덴, 미국 등 8개 국가로 구성된다. 북극이사회 회원국은 UN 해양법협약에 의거해 대서양에서의 영토 경계를 규정하는 길을 찾고 있는데, 미국을 제외한 모든 회원국이 이 협약을 비준했다. 1996년에 창립된 이후 북극이사회는 6개의 북극지방 토착민족조직에 상임 참여자 자격을 부여했고, 중국, 프랑스, 독일, 인도, 이탈리아, 일본, 네덜란드, 폴란드, 싱가포르, 한국, 스페인, 영국에 상임 참관자(observer) 자격을 부여했다. 수천 킬로미터 떨어져 있는 국가에 대해 참관자 자격을 추가한 것은, 심지어 이사회 헌장이 안보적 쟁점을 배제함에도 불구하고, 이 지역에 대한 강화된 국제적 관심을 반영한다.

다른 고려 사항: 그린란드의 독립 노력. 덴마크의 이전 식민지인 그린란드는 1979년의 자치법령 이후 점차 자치권을 획득했고, 거주자의 다수가 완전한 독립을 선호한다. 일부 저명한 지도자는 덴마크에 의한 그린란드 식민지화 300주년이 되는 2021년까지 그린란드가 독립할 수 있도록 열심히 영향력을 행사해왔다. 그렇지만, 덴마크의 중대한 지원금에 대한 누크의 의존과 국제 석유 가격의 하락으로 인해 가까운 장래의 독립이라는 안은 기본적으로 불식되었다. 그럼에도 단지 5만 7000명인 그린란드의 인구는 세계 최대의 섬이자 기후변화에 의해 급속히 변화하는 섬의 막대한 광물 자원을 이용하는 데에서 점점 강한 목소리를 내고 있다.

우주

SPACE

한때 오직 강대국만의 소유였던 우주는 오늘날 확대된 관계자 집단을 초대하고 있으며, 그 수는 향후 5년 동안 늘어날 듯하다. 비록 70개 정부의 우주기구 가운데 단지 13개만 실제적인 발사 능력을 보유하고 있지만, 인공위성을 운영하는 것부터 러시아와 중국의 우주선에 편승해 국제우주정거장에 우주인을 보내는 것까지, 많은 국가가 넓은 범위에서 우주에 기초한 활동에 참가한다. 우주비행이 점점 더 다국적이고 다부문적인 일이 되면서 아마 사람들에게 수십 년 동안 느끼지 못했던 우주의 소유권에 대한 집단적 의식을 부여하게 될 것이다.

- **다국적 우주 개발.** 오늘날 우리 태양계에 대한 중대한 과학적인 지식에 공헌하는 우주비행을 후원하는 국가의 수가 많아지고 있다. 인도는 2014년 화성 궤도 비행으로 첫 시도에 우주 탐사선을 화성 궤도에 진입시킨 최초의 나라가 되었다. 그해 늦게, 10년 동안 우주 공간을 항해한 뒤 ESA(유럽우주기구)의 탐사선 로제타(Rosetta)가 67P 추류모프-게라시멘코 혜성(Comet 67P/Churyumov-Gerasimenko)에 도착해 그 표면에 착륙선 필레(Philae)를 착륙시켰는데, 이는 인류 역사상 최초의 업적이었다. 2015년에 미국은 소행성 베스타(Vesta)와 세레스

(Ceres)를 탐사하기 위한 첫 번째 우주선인 돈(Dawn)을 후원했고, 뉴호라이즌스(New Horizons) 탐사선은 세계 최초로 명왕성과 그 위성을 근접 비행했다. 계획된 향후 5년 동안의 우주 과업에는, 일본의 소행성 류구(Ryugu) 착륙 및 귀환 항해, 중국의 달 뒷면 착륙, EU와 일본이 연합한 화성 항해, 화성 대기권의 탐사선 진입을 위한 아랍에미리트의 항해, NASA(미국항공우주국)의 제임스 웹 우주 망원경이 있는데, 이는 천문학의 모든 영역에 변혁을 일으킬 수도 있다.

- **상업화.** 우주는 더 이상 단지 정부를 위한 것이 아니다. NASA 같은 우주기구의 예산 감소에 따른 공백은 물론, 부분적으로는 장래의 이익에 대한 유혹에 이끌려 스페이스엑스(Space-X), 블루 오리진(Blue Origin), 버진 갤러틱(Virgin Galactic) 같은 사기업들이 인간을 우주 공간으로 곧 보낼 수도 있는 진지한 프로그램을 시작했다. 플래니터리 리소스(Planetary Resources)라는 기업은 소행성 채굴을 겨냥하고, 한편으로 비글로 에어로스페이스(Bigelow Aerospace)는 공기 주입식 우주 주거지를 약속한다. 비록 이들 산업의 완전한 현실화는 수십 년 뒤의 일이겠지만, 다가오는 5년 동안 개인들이 사적으로 우주 공간에 도달할 가능성을 타진하는 선도적인 시도가 이루어질 것이다.
- **새로운 세계위성항법시스템(GNSS).** EU의 갈릴레오(Galileo) 위성항법시스템은 2020년까지 최고의 운영 능력에 도달할 것으로 전망되며, 위치 탐색 능력에서 의미 있는 진전을 이루어 더 나아진 정확성으로, 더 넓은 범위를 포함하고, 더 높은 위도까지 운용할 것이다. 갈릴레오는 미국의 지피에스(GPS), 러시아의 글로나스(GLONASS), 중국의 베이더우(BeiDou), 일본과 인도가 추진하는 지역체제에 합류할 것이다. 다양한 GNSS 신호를 동시에 처리할 수 있는 장치는 우주 기반 위치 정보에 의존하는 전 세계 40억 명이 넘는 사용자에게 강화된 정

확성, 실내와 수직축의 위치 탐색, 전파방해 대응과 같은 새로운 기능을 제공할 것으로 보인다.

- **우주 쓰레기.** 50만 조각이 넘는 우주 쓰레기가 현재 지구 궤도를 돌고 있는 것으로 추적되는데, 일부는 시속 약 2만 8000킬로미터로 이동하고 있다. 수백만 개의 조각은 추적하기에 너무 작지만, 중대한 위성과 우주선에 위험이 될 수도 있다. 전 세계적인 우주 진출 확대를 가장 위협하는 쓰레기들을 식별하고 제거하기 위한 재원을 마련하는 국제적 노력이 아마 곧 필요할 것이다.
- **우주 군사화.** 우주가 더욱 혼잡해지면서 경쟁 또한 격화되었다. 우주 공간 자산의 거대한 전략적·상업적 가치는 우주에 대한 각국의 접근과 이용, 통제에 대한 다툼을 증가시키고 있다. 위성을 고의적으로 망가뜨리거나 파괴하도록 설계된 위성 공격용 위성 장비의 배치로 국제적 긴장이 고조될 수도 있다. 핵심적인 질문은 우주여행 국가들, 특히 중국, 러시아, 미국이 우주 공간 활동을 위한 행동 강령에 합의할 수 있는가 하는 점이다.

GLOBAL TRENDS
PARADOX OF PROGRESS

부록

핵심 글로벌 트렌드

GLOBAL TRENDS ANNEXES:
KEY GLOBAL TRENDS

지역별 인구 변화(2015~2035년)

UN의 예측에 따르면, 2015년부터 2035년까지 세계 인구는 약 20% 증가할 것으로 보인다. 그러나 성장 분포는 고르지 않다. 역동적이며 경제가 성장 중인 곳이 여럿인데도 1인당 소득이 5000달러에 불과한 아프리카는 인구 성장이 60%에 이를 것이다. 그에 반해, 아프리카보다 평균 소득이 6배 이상 많은 유럽의 인구는 상당수의 이민자 유입이 없다면 실제로는 감소할 것이다.

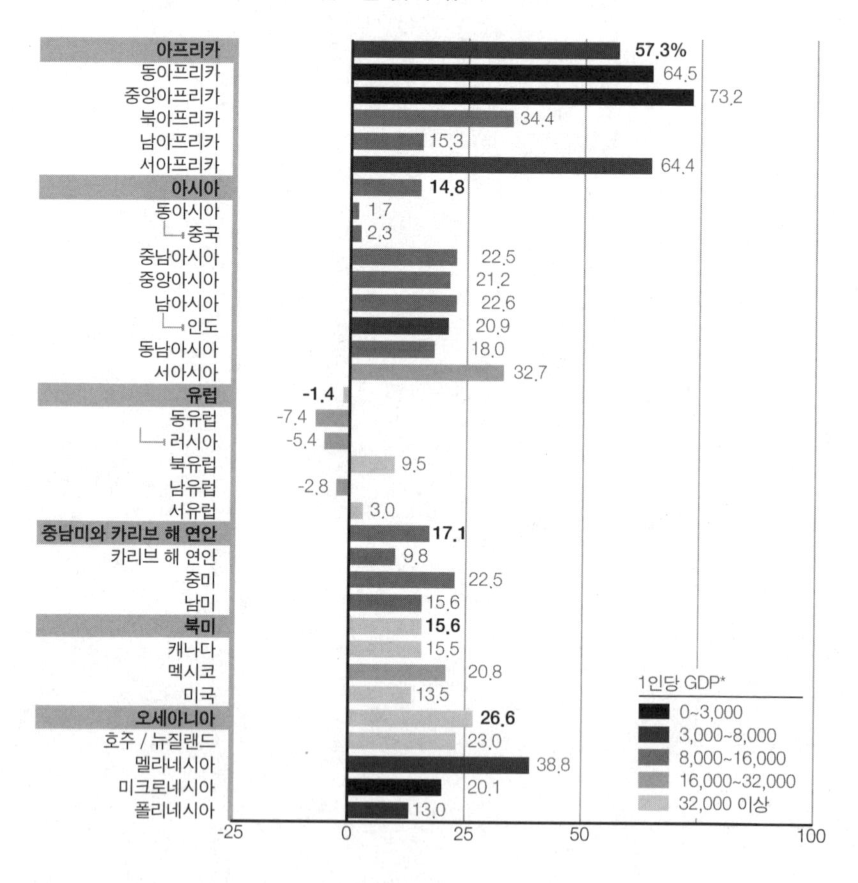

* 1인당 GDP는 2015년 구매력평가(PPP) 기준(달러).

자료: UN 인구 데이터(중위 예상치); IMF.

사람들

PEOPLE

2035년 세계 인구는 오늘날보다 늘어나고, 고령화되고, 도시화될 것이다. 그러나 지역에 따라 변화는 다르게 진행된다. 개발도상국에서의 빠른 인구 성장은 선진국에서의 정체 – 심지어는 감소 – 에 의해 상쇄될 것이다. 이러한 추세에 따라 개발도상국은 늘어나는 인구에게 사회적 기반시설과 기회를 제공해야 하는 과제에 직면할 것이다. 반면 선진국은 기술을 이용해 노동 수요를 최소화하는 동시에, 더 나은 기회를 찾아 개발도상국에서 떠나온 이민자들을 매끄럽게 통합시켜야 할 것이다.

- 2035년 세계 인구는 **20% 가까이 성장해 88억 명**에 이를 것이다. 중위연령은 2015년 30세에서 34세로 상승할 것이다.
- 같은 시기 세계 인구의 60% 이상은 도시에 거주할 것이다. 이는 2016년보다 약 7%p 상승한 수치다.

주요 국가의 연령 구조 변화(2015~2035년)

연령 구조 (중위연령)	2015년 예상치		2035년 예상치	
젊은이 (25세 이하)	니제르	14.8	니제르	15.7
	우간다	15.9	우간다	18.9
	콩고민주공화국	16.9	콩고민주공화국	19.4
	아프가니스탄	17.5	나이지리아	20.0
	나이지리아	17.9	이라크	21.9
	에티오피아	18.6	케냐	22.6
	케냐	18.9	아프가니스탄	24.3
	이라크	19.3	에티오피아	24.3
	예멘	19.3	예멘	24.5
	파키스탄	22.5		
	이집트	24.7		
중간 (26~35세)	남아프리카공화국	25.7	파키스탄	26.8
	인도	26.6	이집트	27.2
	멕시코	27.4	남아프리카공화국	30.2
	베네수엘라	27.4	이스라엘	32.5
	인도네시아	28.4	인도	32.8
	이란	29.5	인도네시아	33.2
	터키	29.8	베네수엘라	33.6
	이스라엘	30.3	멕시코	35.1
	베트남	30.4		
	튀니지	31.2		
	브라질	31.3		

성숙	중국	37.0	터키	37.0
(36~45세)	호주	37.5	튀니지	38.0
	뉴질랜드	38.0	베트남	39.0
	미국	38.0	브라질	39.3
	러시아	38.7	호주	40.6
	폴란드	39.6	미국	40.8
	영국	40.0	이란	40.9
	캐나다	40.6	뉴질랜드	41.0
	한국	40.6	영국	42.7
	쿠바	41.2	프랑스	43.3
	프랑스	41.2	러시아	43.6
	스페인	43.2	캐나다	44.4
			중국	45.7
과숙	독일	46.2	쿠바	48.0
(46세 이상)	일본	46.5	폴란드	48.2
			한국	49.4
			독일	49.6
			스페인	51.5
			일본	52.4

자료: UN Population Division, "World Population Prospects"(2015년 개정판)(중위연령 데이터).

우려되는 문제

향후 20년 동안 국내 불안정과 국가 간 정치적 마찰의 핵심 원인이 될 수 있는 다섯 가지 인구학적 추세는 다음과 같다. ① 만성적으로 젊은 국가, ② 국가 간 또는 지역 간 대량 이주, ③ 인구통계학적 단계의 이행, ④ 고령화의 심화, ⑤ 다수민족과 소수민족 간 격차 심화. 다음은 각각에 대한 개요와 향후 20년 동안 이 추세들이 가장 유효하게 나타날 지역 및 국가에 대한 예시다.

만성적으로 젊은 국가. 인구구조상 젊은 국가들은 그간 국가 또는 비국가행위자에 의한 국가 내 정치적 폭력에 매우 취약했다. 그중 다수는 사적 후원에 기반을 둔 정부 형태를 띠고 있는데, 이들은 출산율이 높고 특히 도시를 계획하고 수용할 충분한 재정적 수단이 없는 상태에서 대응 기반이 없이 빠른 도시 성장을 맞고 있으며, 청년층의 불완전 고용이 잠재적으로 불안정을 야기할 수 있다.

- 지난 40년 동안 보았듯이, 오랫동안 정치적 폭력과 제도적 역기능을 겪은 젊은 국가들은 역내·역외 강대국 개입을 초래할 위험이 있다.
- 젊은 국가들이 밀집한 지역에서 정부가 내란을 억제하거나 진압하지 못하면, 무장 폭력이 본래 발발한 국가의 국경을 넘어 역내에 주기적으로 번지곤 한다.

미국 인구조사국의 국제프로그램센터(USCB-IPC)와 UN 인구국은 아프리카 사헬 지방, 적도아프리카, 이라크·시리아, 예멘, 소말리아, 아프가니스탄·파키스탄 등 현재 만성적으로 젊은 국가들이 밀집한 지역이 향후

5년간 그대로 유지될 것이며, 그 대부분이 2035년까지 유지될 것으로 예측한다.

- UN의 예측에 의하면 **이집트는 2030년경 '젊은 국가' 분류에서 벗어날 것**이고, **파키스탄**과 **예멘**이 각각 2030년과 2035년에 그 뒤를 따를 것이다. 그러나 이 세 나라의 성장에 관한 과거의 예측은 지나치게 낙관적이었던 것으로 드러났으며, 이는 이번에도 마찬가지일 수 있다.

대량 이주. 갈등으로 분열된 '젊은 국가'들은 지난 수십 년간 위기에 의한 이주의 근원지였다. 이들의 상황이 2035년까지 유지될 것으로 보이므로 이주민 수용 국가들의 정치적 압박은 지속될 것이며, 노동 이주민과 관광객의 원활하고 질서 있는 유입이 중단되는 사태가 주기적으로 발생할 것이다. 갈등으로 분열된 '젊은 국가'들로부터의 유입은 이주민 수용 국가들에 가장 큰 걱정거리로 작용할 것이다. 이들은 새로운 사회 구성원을 수용하고 통합시키기 위해 상당한 재정적·사회적·정치적 비용을 감당하거나 아니면 제대로 통합되지 않은 인구들로 인한 스트레스를 처리해야 한다.

- 심지어 예측 가능한 경제적 이주조차 떠나온 국가와 들어간 국가 모두에서 문제를 일으킬 수 있다. 이주민이 떠나간 국가는 전도유망한 전문 인력 및 숙련된 기술자들을 잃게 된다. 반면에 이주민 수용국은 앞서 언급한 이주민 통합 비용 외에, 허가받은 이주민이 출입국관리를 회피하거나 과다 입국함으로써 – 혹은 무허가 이주민과 함께 움직임으로써 – 그 이주 경로를 밀수, 인신 매매, 테러리스트 잠입의 도

관으로 탈바꿈시킬 수 있다.

남부 및 중부 유럽, 그리고 터키·레바논·요르단 등 현재 분쟁을 겪고 있으면서도 상대적으로 안정적인 중동 지역 내 '접경 국가'들은 향후 5년간 위와 같은 난제들에 대처해야 한다. UN 난민고등판무관(UNHCR)은 **장기적 난민 사태의 수**(현재 32개이며 평균 지속 기간은 26년)가 1990년 초 이후 **급증했다**고 경고한다. 지속 기간이 길어짐에 따라 접경 국가에서 난민을 수용하기 위해 조성한 '임시 정착지'들은 영구적인 도시로 자리 잡을 가능성이 크다. 그러나 그곳은 잘 계획되어 관리되는 도시와 달리 기반시설이나 다양한 경제활동, 통치기구가 미비할 것이다.

- 향후 20년간, 안정 유지에 필요한 충분한 성장과 발전이 뒷받침되지 않는다면 **사헬 지역의 '젊은 국가'들로부터 이민자가 쇄도**하여 알제리, 가나, 케냐, 모로코, 세네갈, 튀니지에 영향을 끼칠 수 있다. 적도아프리카에서의 분쟁도 보츠와나, 케냐, 남아프리카공화국, 탄자니아로 이주민을 공급할 수 있다. 이라크·시리아와 아프가니스탄·파키스탄에서 갈등이 가라앉지 않는다면 이란 역시 더 많은 이민자를 흡수해야 할 것이다.

생산가능인구 규모가 큰 나라. 생산가능인구 규모가 비교적 클 때 '인구통계상 기회의 창'이라 하는데, 이러한 상태의 국가에서는 산모 및 아이의 높은 건강 수준, 아이 1인당 교육 투자 확대 및 성취 수준 제고, 노동력 확대 속도 둔화 등의 특징을 보였고, 일부에서는 가계의 저축과 자산 증가가 그 나라 경제 성장을 뒷받침하기도 했다. 최근에 이러한 기회의 창을 통과한 중국과 한국은 인적 자본을 크게 확충했고, 높은 수준의 기술 영역을 창출해냈으며, 도시를 살기 좋고 성장의 동력으로 기능하는 곳으로 전환시켰고, 민간과 정부 모두 부를 축적했다.

- 1970년대 이후 인구통계상의 기회의 창은 **자유민주주의의 발전 및 안정**과 연관되었다. 이는 1980년대 말과 1990년대 브라질, 칠레, 한국, 그리고 최근의 튀니지 사례가 뒷받침한다. 이 패턴을 따르면 앞으로 알제리, 콜롬비아, 에콰도르, 모로코, 미얀마, 베네수엘라 등 중간 단계에 있는 주요 국가들 중 하나 이상이 좀 더 강력한 민주주의로 이행할 가능성이 있다.
- 젊은 국가들의 높은 출산율 지속으로 인해, 앞으로 5년간 급속히 성장하는 아프리카 국가 가운데 중간 단계에 진입하는 나라는 극히 드물 것이다. 그러나 구소련 중앙아시아 5개국을 포함한 아시아와 중남미의 몇몇 젊은 국가들은 이행에 성공할 것이고 몇 년 안에 강력한 경제 실적 단계에 도달할 것이다.

선진국의 인구 고령화. 미국 인구조사국의 국제프로그램센터와 UN 인구국의 예측에 따르면, 인구구조가 '과숙 단계'인 나라는 현재 일본과 독일 두 나라뿐이나, 2035년에 이르면 유럽 동부·중부·남부와 동아시아의 여러 국가, 그리고 쿠바까지 포함하는 집단으로 확대될 것이다. 중국 또한 이 분류에 근접할 것이다. 이 국가들이 이후 단계에 마주할 난제들을 잘 헤쳐나가려면 사회안전망, 자유민주주의, 세계 자본주의와의 연계성 등 인구구조상 양호한 시기에 형성된 기왕의 제도적 틀을 손봐야 할 것이다.

- 모든 지역에서 **징병 가능 인력의 풀이 감소**할 것이며, 이에 따라

더 많은 정부가 기술적으로 정교한 소규모 군대, 용병 사용, 군사적 동맹 확대를 고려하게 될 것이다.

과숙 단계 국가의 정부는 이미 적응을 시도하고 있다. 젊은 생산가능 인구의 감소로 유럽·일본·한국 정부는 분권화된 네트워크식 작업장, 로봇 사용, 평생교육 지원 등 1인당 노동 생산성을 높이기 위한 정책에 보조금을 지급하고 있다. 또한 노동 참가율을 높이고자 여성 및 소외된 집단을 숙련노동으로 끌어들이기 위한 인센티브를 포함해, 육아 보조 확충 및 유지에 힘을 쏟고 있다. 각국 정부는 사람들이 더 오래 일함으로써 피부양자 수가 감소하도록 노령자 기간제 취업과 정년 연장을 촉진해왔는데, 아직 큰 성공을 거두고 있지는 않다.

- 앞으로 5년간 유럽에서는 취업규칙을 자유화하고 **정년을 연장하는 정책**이 계속해서 거센 저항에 부딪힐 것이다. 한때 이민은 복지국가를 유지하기 위한 미봉책으로 간주되었으나, 이제는 정치적으로 '논외'가 되었다. 유럽보다 복지 혜택이 일반적으로 적은 동아시아의 고령화 국가 주민들은 연금과 의료 서비스 개선에 더 많은 돈을 낼 의사가 있지만, 그들 역시 정부가 일정한 생활수준을 보장해주기를 바라고 있다.
- **연금과 의료 혜택을 축소하는 것이 정치적으로 불가능한** 나라에서는 어려운 재정적 선택에 봉착할 것이다. 즉, 교육 예산 또는 줄어든 청년 인구에 대한 투자를 삭감할 가능성이 큰데, 이는 그 나라 경제 전망을 어둡게 할 것이다. 정부가 운영하는 (적립식이 아닌) 부과식 연금과 기업주 기여 연금 방식으로부터 개인 저축에 기반을 둔 방식으로 전환하려는 노력은 재정 압박을 줄일 수 있겠지만, 이는 **국민의**

은퇴 자금을 금융시장의 변동성 위험에 노출되게 하고, 금융위기 후 정부의 개입을 초래할 가능성이 있다.

다수자와 소수자 간 인구 성장률 차이. 다민족국가에서의 인구 성장률 차이는 부유하고 교육 수준이 높으며 도시에 거주하는 다수자와 출산율이 높고 이민의 유입으로 인구가 늘고 있는 인종적·종교적 소수자 주민 간의 사회적·정치적 격차를 키울 수 있다. 소수자 주민의 정치·경제 활동 참여와 교육 기회를 제한하고 거주지를 분리하려는 정책은 인구 성장률 차이 및 소득 격차를 키우면서 긴장을 악화시킬 수 있다. 인구통계학자들은 이를 소수자 주민의 안정성 딜레마라고 부른다.

- 인구 성장률 차이는 양측에 의해 과장되어 **정치적 수사의 도구**로 사용될 수 있다. 이는 세대 간 대립을 가져올 수 있다. 왜냐하면 인구 성장률 차이가 초등학교 학령인구상 인종적 구성을 변화시킬 것인데, 이 학령 아동들의 교육은 다수자 주민들이 낸 세금에 의존하므로, 만약 악의에 찬 정치인이 이를 문제 삼는다면 아이들의 교육이 마비될 수 있기 때문이다.
- 이러한 정치 구도 때문에, 향후 20년 동안 이루어질 **인종구성상 변화**는 아마 선거 민주주의에, 특히 다수자의 정치지도자들이 선거에서 패하지 않고자 애쓸 때, 가장 큰 영향력을 끼칠 것이다. 그러한 변화는 이스라엘에서 이미 일어나고 있다. 현재 다수자인 세속적·전통적 유대인 집단은 앞으로 20년 동안 급성장할 초정통파 유대인, 민족주의적 유대인, 팔레스타인계 이스라엘인과의 선거전에서 점차 수세에 몰릴 것으로 예견된다.
- 마찬가지로 터키 동남부에서는 인구가 빠르게 성장하는 **쿠르드**

족이 선거에서 영향력을 갖고, 이는 더 크고 효율적으로 조직될 것이다. 남미의 중앙안데스 지역에서도 유권자 중 원주민이 차지하는 비율이 점차 커지면서 같은 변화가 일어나고 있다.

도시화의 지속. 세계의 도시 인구는 10년 전 처음으로 지방 인구를 앞질렀다. 도시 인구는 자연적인 이유와 이주로 인해 계속 증가해온 반면, 지방 인구의 성장은 최근 몇 년간 정체되었다. 도시화는 세계의 사회적·정치적 역학을 결정할 것이나, 도시 성장이 초래하는 정치적·경제적·사회적 긴장을 관리할 역량이 있는지에 따라 그 결과는 국가마다 다를 것이다.

제대로 된 계획이 뒷받침된다면 도시화는 정부, 기업, 개인의 거래비용을 줄여줌으로써 지속 가능한 성장을 위한 환경과 동력이 되며 거주민을 위한 베이스캠프가 될 수 있다. 어떤 자료에 따르면 환경 시스템, 지형, 인프라, 경제적 연결 관계, 주거, 토지 이용 형태 등을 공유하는 대도시 지역의 네트워크를 의미하는 '거대지역(megaregion)'들은 세계 경제활동의 66%를 담당하며 전체 기술 및 과학 혁신 중 85%를 일으키고 있다. 그러나 제대로 관리되지 않는 도시 및 도심지는 가난, 불평등, 범죄, 공해, 질병 등을 배양하는 인큐베이터가 될 수 있다. 발달 중인 거대도시에서 인프라에 관해 근시안적 결정이 내려진다면, 그 도시가 극단적 사태나 기후변화에 얼마나 취약한지 드러날 것이다.

- **도시화**의 증대는 인프라에 대한 수요를 충족시킬 역량이 부족할 경우에 사회적 긴장을 한데 모음으로써 **새로운 사회적·정치적 운동을 촉발**할 것이다. 특히 경제 성장 및 환경을 충분히 고려하지 않은 도시화는 낮은 삶의 질과 가난의 원인이 된다. 이러한 긴장은 사회적

변화와 자원 재분배에 대한 요구를 키우는데, 그 결과 지역 정치의 변동성이 커진다. 나아가 그 여파는 주민의 이주에 따라 다른 지역에까지 미친다.

- 개발이 효율적으로 이루어졌다 하더라도 **도시 지역은** 여전히 적절한 기반시설, 교통수단, 에너지, 깨끗한 물과 공기, 안정적인 식량 공급 체계, 건강보험 제공 같은 **과제를 도시계획가와 지방정부에 던져줄 것**이다. 이것은 유럽의 일부 도시에도 해당한다.

떠오르는 젠더 불균형

앞으로 20년 동안 바이오기술의 발달로 아이가 성인이 될 때까지 생존할 확률은 커질 것이나, 여성에 대한 교육 확대, 피임 확대, 평등한 노동시장 참여 등으로 출산율은 떨어질 것이다. 중동, 동아시아, 남아시아에서 태아의 여성 대비 남성 비율은 계속해서 상승할 것이다. 최근 수십 년 동안, 알바니아, 아르메니아, 아제르바이잔, 중국, 조지아, 인도, 몬테네그로, 한국, 베트남 등에서는 선별적 낙태, 여아 살해, 여아 방치 등으로 성비가 남성 쪽으로 기울어져 왔다.

- 향후 20년간, **중국과 인도의 대부분 지역에서 남성이 여성보다 10~20% 더 많을 것**으로 예측된다. 양국에는 이미 결혼 가능성이 없는 수많은 남성이 존재한다. 이러한 불균형은 결혼 적령 여성에 대한 납치나 매매, 성적 착취 등 심각한 범죄, 폭력, 인권 침해를 야기하고 있다.
- **젠더 불균형**의 심화는 정부의 힘이 위축된 상황에서 **부계체제**가 사회 안전에 얼마나 영향을 끼치는가와 직결되는 것으로 보인다. 이러한 사고방식이 더 큰 동력을 얻게 될수록, 그러한 이념을 따르는 집단이 여성의 삶의 가치를 억압할 가능성이 더욱 커진다.
- 신붓값을 치르는 것이 필수로 여겨지는 부계사회이면서 경제적 기회가 제한된 아랍권에서는 가정을 꾸릴 수 없는 젊은 남성이 결혼을 미루고 있다. **신붓값과 결혼 비용의 상승**은 젊은 남성에게 역진세로 작용하고 있으며, 이는 강력한 불만의 원인이 된다. 비용 급증, 비정상적 성비, 일부다처제에 대한 선호 등 그 원인이 무엇이든 결혼 시장의 마비는 젊은 남성이 반란 집단이나 테러리스트 집단에 가담하는 것을 촉진한다.

생활방식

HOW PEOPLE LIVE

앞으로 수십 년간 지구에 발생할 자연적인 또는 인위적인 변화는 지구의 회복 탄력성을 약화시키는 동시에 건강, 음식·물, 에너지, 인프라 등과 관련하여 사람들의 처지를 악화시키고 새로운 요구들을 불러일으킬 것이다. 기후가 변화함에 따라 날씨는 점점 더 예측 불가능해질 것이며, 지금보다 살기에 더 나빠질 것이다. 해양이 더 따뜻해지고 산성화되고 오염되면서 해양 내 생물 다양성도 크게 저하될 것이다. 폭염, 한파, 병원균 전파 역학의 변화가 인간과 동물의 건강을 위협할 것이다. 이러한 위험은 시간과 장소에 따라 다르게 분포하겠으나, 전 세계 인구 및 생태계 대부분에 해를 입힐 잠재력이 있으며, 때로는 심각한 결과 또는 재앙을 가져올 것이다.

환경 및 기후의 변화는 여러 차원의 시스템을 공격할 것이다. 예를 들어 폭염은 인프라, 에너지, 인간과 동물의 건강, 농업 분야에 압박을 가한다. 이미 물 부족에 시달리는 해안 거대도시들을 포함하여 특히 인구가 급증할 것으로 예상되는 지역은 극단적인 기상이변 사태와 해수면 상승에 가장 취약할 것이고 이런 지역에서는 기후변화 – 관측된 것이든 예상되는 것이든 – 가 사람들의 세계관 형성에 점점 더 중요한 요인이 될 것이다. 기후변화가 초래할 생태적·환경적 긴장 요인 대부분과 이로 인해 야기되는 감염성 질환은 국경을 넘어 전파되므로, 이에 효율적으로 대응하려면 정부와 국제기구 간 협력이 무엇보다 중요하다. 이러한 문제를 완화하고 그에 적응하기 위한 정책과 프로그램은 이미 유리한 위치에 있는 자들이 혜택을 볼 가능성을 키울 것이다.

핵심 트렌드

지구 시스템의 변화. 기후변화, 해수면 상승, 해양 산성화는 인구 증가, 도시화, 불충분한 환경 보호, 에너지 및 천연자원의 사용으로 인해 사람들이 기왕에 느껴온 스트레스를 증폭시킬 것이다. 새로운 기후 정책이 장기적으로 온실가스 배출을 감소시킬 수 있으나, 기존 방출량이 이미 지구 평균기온을 상당 수준 올려놓았다. 이에 따라 폭염, 가뭄, 홍수 등 극단적 기상이변 사태가 더욱 잦고 격렬해질 것이다. 과학자들은 연이은 기록적 기상이변과 극단적 기상사태를 근거로 기후변화가 예상보다 빠르고 강하게 찾아오고 있다고 말한다. 혼란의 강도는 각기 다를 것이나, 점점 더 많은 지구 생명체가 이미 멸종 위험에 처해 있음을 고려할 때, 우리를 경악시키는 사태들이 일어날 것이다.

- 광범위한 지역을 대상으로 정확한 일기예보를 하기가 점점 더 어려워졌다. 이로 인해 발전 단계를 불문하고 모든 나라에서 가장 취약한 계층이 피해를 겪을 것이다.
- 해수면 상승에 의해 일어나는 폭풍과 해일은 많은 해안 시스템과 저지대를 위협할 것이다. 이러한 환경상의 변동성은 식량 생산 패턴과 물 공급에 피해를 줄 것이며, 이는 더욱 광범위한 경제적·정치

적·사회적 긴장을 초래할 것이다. 북극의 변화는 중위도 지역에서 체감되는 수준을 뛰어넘을 것이며, 북극해의 얼음이 여름에 줄어듦에 따라 북극은 인류 역사상 가장 접근하기 쉬운 조건이 될 것이다.

인간 및 동물의 건강에 대한 압박. 환경이 변하고 전 지구적 연결성이 강화되면서 강수 패턴, 생물 다양성, 병원균 및 그 숙주의 지리적 분포 같은 것이 모두 영향을 받을 것이다. 이는 다시 작물과 농경 체계의 유용성 및 활력, 인간과 동물에 대한 감염성 질병의 등장·전파·확산과 의학적·약학적 발명 방식에 영향을 미칠 것이다. 홍수와 가뭄, 혹서, 폭풍우의 증가가 건강에 초래하는 환경적 스트레스의 직접적 여파로 인간은 어디서 어떻게 살 것인가에 관한 힘든 결정에 직면할 것이다. 이는 사하라 이남 아프리카와 남아시아의 저소득 국가에서 특히 심할 것이다.

- **인류의 건강에 대한 간접적·환경적 위협**은 식량 확보의 불안정, 영양 부족, 오염으로 인한 공기 및 수질 저하 등의 형태로 나타날 것이다. 그 결과 전염성 질환 – 특히 동물원성 감염증 질병이 늘어나고 항생제 내성균이 늘어남에 따른 – 과 비전염성 질환 – 심장병, 뇌졸중, 당뇨병, 정신 질환 등을 포함 – 이 더욱 문제가 될 것이다.
- 이러한 문제는 유럽과 아시아의 고령화, 아프리카와 인도의 영양 부족과 위생 문제, 사람이 살지 않던 지역의 도시화, 거대도시 등장, 불평등 격차 확대 등과 같은 **인구통계적·문화적 추세에 의해 더욱 악화**될 것이다. 인류의 보편적 목표라 할 수 있는 수명 연장은, 인구 성장을 뒷받침할 능력이 부족한 곳에서는 오히려 식량과 물의 안정성 저하를 초래할 것이다.

국제적 또는 국가적 차원에서 질병 관리 시스템상의 결함을 메우려는 노력이 아직 미흡하여 질병 발생 시 이를 발견하고 대처하는 데 어려움을 겪고 있다. 그 결과 유행병이 그 발생 지점에서 멀리 벗어난 곳까지 번질 가능성이 크다. 사람들 사이의 접촉이 늘어나고 질병이 쉽게 전파된다는 것은 결핵, HIV/AIDS, 간염 등 감염성 질환이 이미 널리 퍼져 있는 나라에서 질병 퇴치를 위해 국제사회가 상당한 재정을 지원하고 있음에도 불구하고 그로 인한 경제적·인적 부담이 커지고 있다는 것을 의미한다. 여러 중진국은 전염성 질환에 더해 날로 늘어나는 비전염성 질환과도 힘겨운 싸움을 벌이고 있다.

위험에 처한 인류의 핵심적 시스템들. 극단적인 기상이변 사태가 더 자주 일어남으로써 모든 사람이 위험에 처하지만, 밀집 거주 지역이 특히 더 취약하다. 국가나 지방자치단체가 그러한 위험을 완화하기 위해 가령 기반시설을 개선하고 조기경보 시스템을 도입하는 등의 조치를 취하지 않는다면, 위험에 처한 이들에게 음식, 물, 운송수단, 주거, 위생 등을 확보해주기 위한 국제기구의 활동이 점점 더 확대될 것이다.

- 향후 20년 동안 **토양과 대지의 악화**로 식량 생산이 가능한 면적이 줄어들 것인데, 이는 식량 부족과 식량 가격 상승의 원인이 될 것이다. 부유한 국가조차 위험에 처할 것인데, 그 정도는 평화 시기 안정적인 환경에서 이루어졌던 대단히 효율적인 국제 농산물 교역에 각각 어느 정도로 의존해왔느냐에 달려 있다.
- **물 부족과 수질 오염은** 주요 개발도상국을 포함한 전 세계 인구의 건강과 **경제 성장에 악영향을 미칠 것이다.** 전력을 생산하거나 공장을 가동하거나 자원을 추출하는 데 필요한 깨끗한 물을 충분히 보유하지 못한 국가는 경제적 산출이 저하된다. 물 문제는 가난, 사회

적 긴장, 환경오염, 비효율적 리더십, 젠더 불평등, 허약한 정치제도 등에 더하여 국가 실패를 촉발할 수 있다.

핵심 선택

생명의 지속 가능성이 낮아진 세계에 맞서 정치지도자 및 인류가 어떻게 대응할 것인가? 환경과 생태계의 파괴와 기후변화는 각 차원의 정부 및 구호단체들이 그들의 자원을 당면한 위기를 극복하는 데 – 특히 가장 취약한 계층에게 – 얼마만큼 배분하며 더욱 튼튼하고 적응력 있는 시스템을 갖추는 데 얼마만큼 투자할 것인지의 문제를 놓고 씨름하게 할 것이다. 전에 보지 못한 기상이변 사태의 발생과 사막화의 진행은 아프리카, 아시아, 중동의 취약한 계층에게 해를 입힐 것이고, 대형 가뭄은 일부 물, 식량, 가축 관리 체계를 망가뜨릴 것이다. 전보다 강력한 열대 폭풍우는 해안가와 저지대의 기반시설, 건강, 생물 다양성에 피해를 누적시키고 그 회복 및 재건 작업을 무력화할 수 있다. 긍정적으로 보면 그러한 혼란에서 살아남고자 하는 이들의 노력으로 급진적 혁신이 이뤄질 수도 있겠지만, 부정적으로 보면 사람들이 폭력적으로 변하거나, (만약 허용된다면 비슷하게 힘겹거나 덜 적대적인 이웃 나라로) 이주하거나, 아니면 목숨을 잃게 될 것이다.

- **기후지구공학**(climate geoengineering)을 활용한 개입을 요구하는 목소리가 커질 수 있다. 그러나 그러한 기술이 연구개발되었다 하더라도, 사회 분열을 최소화하면서 그것을 사용할 수 있는 거버넌스적·법적 구조가 마련되지 않으면 실제로 채택되기 어렵다는 것은 거

의 틀림없는 사실이다.

• 또한 **극심한 환경 파괴의 피해자들**에게 일종의 '망명자'와 같은 난민의 지위를 부여해야 한다는 요구가 나올 수 있다.

식품, 물, 에너지 확보, 공기와 해수의 질, 생물 다양성, 인간과 동물의 건강, 탄력적인 운송, 정보 시스템과 기타 중요한 기반시설을 개선하기 위해 개인이나 정부 또는 민간단체나 국제기구는 얼마만큼이나 신기술을 채택할 것인가?

복잡한 환경 및 기후 사태의 정확한 발생 시기와 발생 위치를 예측하는 것은 불가능한 탓에, 그 사상자 수와 피해를 최소화하기 위해 공무원들이 실시간 점검과 정책 결정을 할 수 있도록 정보 시스템을 개발할 필요성이 커지고 있다. 치유보다는 예방이 더 낫다. 일반적으로 회복 탄력성이 높은 기반시설을 건설하는 데 드는 비용은 재해 복구 비용보다 훨씬 싸다. 그러나 우선순위를 재조정해야 할 만큼 극적인 위기가 터지지 않는 한 예방 조치를 위해 정치적 의지와 자원을 동원하기란 힘든 일이다.

심지어 위기가 일어나더라도 추후의 피해를 예방하려는 의지는 필요한 예방 조치의 복잡성과 광범위함에 압도당하기도 한다. 여기서 말하는 필요한 예방 조치에는 기후와 공중보건의 상관관계에 관한 연구, 감시와 감독, 기후에 탄력적인 의료 시스템 개발을 위한 재정 지원, 지속 가능한 탄소 배출을 목적으로 한 예산 편성, 에너지 효율성이 더 높은 건물 및 운송 체계 개발, 생산 공정에 식품·물·의료 체계에 대한 위험을 감소시킬 수 있는 모범 사례 도입, 물 가격 조정과 '가상수(virtual water)' 교역을 통한 물 관리 개선, 농업·전력·물 관리 등 물과 관련한 분야에 대한 투자 등이 포함된다.

자원의 지속 가능성 문제와 관련해 점차 중요성이 커지고 있는 과제는 지역민들의 전력·연료·음식에 대한 요구를 실시간으로 파악할 수 있는 능력을 개발하는 일이다. 자원이 점점 더 희소해지는 오늘날, 천연자원과 사람(그리고 야생동물) 간의 상호작용을 추적하는 것은 자원이 어디에 필요한지를 이해하는 데 큰 도움이 될 것이다.

에너지와 기술에 대한 새로운 투자는 기후 악화의 리스크를 축소하는 데 큰 도움을 줄 것이나, 그 가운데 대부분은 효과를 내기까지 상당한 시간과 자금이 요구될 것이다. 거기에는 바닷가의 풍력 에너지, 태양광, 분산된 전력 생산 등과 같은 청정 에너지원 또는 그 생산기술, 바이오연료 또는 쓰레기의 에너지화 같은 연소 방법 개선, 탄소의 포획 및 격리를 통한 대기 질 개선 등이 포함된다.

- 탄소 배출량 감소는 **기존에 깊이 뿌리를 내린 경제적 이익단체의 이익**을 위협하고 탄화수소 산업을 중심으로 형성된 오래된 공동체를 와해할 것이다.
- 해양 에너지, 재생 가능 합성연료, 차세대 원자력, 메탄 수화물, 무선 에너지 전송, 에너지 하베스팅(energy harvesting) 등은 장래가 유망하나 아직은 유아기에 머물러 있다. 바이오기술의 산업화는 제조업, 추출 산업, 식품 및 건강 산업, 방위 산업에 도움이 될 것이다.

많은 새로운 기술은 세계가 마주할 난제를 해결하는 데 큰 잠재력을 갖고 있다. 그러나 오직 몇몇 나라와 엘리트 계층만이 이를 독점한다면 그 효과는 반감될 것이다. 전 지구적 연결성이 커진 탓에 더 많은 인구가 새로운 기술을 알게 되었고 그것에 접근하고자 하는 열망 또한 크다. 국가 정책이나 국제 정책이 기술 발전을 얼마나 빨리 따라가느냐에 따라 뒤처진 국가나 국제기구가 나올 수 있다.

- 의료, 합성생물학, 바이오기술, 정보, 재료공학, 제조업, 로봇공학 분야의 **기술 진보**는 질병에 대한 예방·감시·치료·관리를 개선해 삶의 질 향상과 수명 연장에 기여할 것이다.
- 제약 산업에서의 자동화는 의약품 설계를 합리화하고 인체 모형을 전산화할 것이다. 그럼으로써 동물 실험과 제품 실패를 줄이고 그 결과 연구개발비의 감축을 가져올 것이다.

공중보건을 위협하는 수많은 요인 중에는 바이오기술의 발전 하나만으로는 해결할 수 없는 것들이 있는데, 그중 하나가 바로 항생제 내성균(Anti-Microbial Resistance: AMR)이다. 또한 세계 모든 사람이 접근할 수 있을 만큼 상대적으로 단순한 기술에 대한 요구가 강력하다. 이러한 요구를 충족시키기 위해 보건의료기술 산업의 운영 방식이 송두리째 바뀔 듯하다. 전염병과 항생제 내성균 분야의 제품 개발은 이미 민간 투자에서 공공 기금 형식으로 전환되었다. 개발 자금도 고소득 국가를 비롯해 신흥개발도상국, 자선단체 등 종래와 다른 경로를 통해서 나올 가능성이 크다. 요컨대 비즈니스 모델의 혁신은 기술 그 자체의 변화만큼 중요하다.

인간에 대한 핵심적 지원 체제의 회복 탄력성을 높이기 위해 개인이나 정부, 민간단체 또는 국제기구는 새로운 방식으로 얼마나 협력할 것인가? (특히 인구가 밀집해 있는 도시 지역에서) 기후변화와 관련된 사태의 충격을 줄이고 그에 대한 대응의 속도와 질을 높이기 위해서는 지원 체제의 회복성을 높이는 것이 중요하다. 대다수 국가 및 지방정부는 주요 기반시설에 대한 투자 자본을 확보할 수 없을 것인 만큼, 민간단체나 국제기구 또는 기업이나 개인의 도움이 필요하다. 그러나 기부자나 정치적 이익단체는, 많지 않더라도 회복성 높은 기반시설을 구축하는 것보다 단지 더 많은 기반시설을 구축하는 데 흥미를 느끼기 쉽기 때문에 이들의 마음을 움직이기가 쉽지 않다. 그리고 개인이나 연구자 단체, NGO, 기업, 국가 또는 국제사회가 협력해 새로운 기술과 능력을 '가진 자'와 '못 가진 자' 모두 이용할 수 있게 하는 것도 또 하나의 도전 과제가 될 것이다.

창조와 혁신

HOW PEOPLE CREATE AND INNOVATE

바퀴부터 실리콘 칩까지 기술이 인류 역사의 궤도를 크게 바꿔놓았지만, 기술이 언제 어디서 어떻게 경제적·사회적·정치적·안보적 지형을 변화시킬지 예측하는 것은 대단히 어려운 일이다. 상온 핵융합과 같이 파급효과가 클 것으로 예상되었던 기술이 애초의 기대와 달리 아직 현실화되지 않았다. 그러나 몇 가지 변화는 전문가의 예상보다 훨씬 빠르고 강하게 이루어졌다. 예를 들어, CRISPR을 이용한 유전자조작의 발전은 생명과학을 빠르게 변화시켰다.

기술의 발전과 도입은, 도구와 기법이 널리 퍼져 있고 그것들이 서로 결합되는 곳에서 더욱 빠르게 진행될 것이다. 예를 들어, 첨단 정보통신기술은 자동차 산업부터 제조업까지 모든 분야를 혁신하고 있으며, 과학기술 전문가들은 바이오기술과 나노 소재의 발전도 비슷한 연쇄 작용을 가져올 것으로 예측한다. 새로운 기술들의 결합은 정말 놀랍고 흥미진진한 결과를 낳을 것이며, 부분적으로는 서로 무관한 영역에서의 발전을 야기하기도 할 것이다. 예를 들어, 바이오기술과 신소재공학은 에너지 기술의 변화를 일으킬 수도 있다.

핵심 트렌드

인공지능, 자동화, 로봇공학 등 첨단 정보통신기술. 정보통신기술의 개발과 도입은 노동 생산성을 제고하고, 경영 과정을 혁신하며, 경제 성장과 정치적 대응의 기반인 통치제도의 개선을 가져올 것이다. 정보통신기술은 거의 모든 산업에서 핵심 조력자가 될 것이다. 새로 부상하고 있는 사물인터넷(IoT)과 인공지능은 빅데이터 처리기술 및 논리분석기술(analytics)과 결합하여 비즈니스에 대한 새로운 통찰을 가져올 것인데, 그 결과 산업계의 면모가 일신되고 기계들끼리 서로 의사소통하는 세상이 올 것이다. 증강현실·가상현실(AR/VR)과 같은 기술의 대중적 이용은 특히 미디어와 엔터테인먼트, 일상생활에서 대변화를 일으킬 것이다.

- 새로운 정보통신기술은 **금융 분야**에 큰 영향을 끼칠 것이다. 전자 화폐, '블록체인' 기술을 이용한 전자 거래, 인공지능과 빅데이터에 의거한 예측 분석 등이 금융 서비스를 혁신할 것이다. 그러한 혁신 과정은 한편으로 시스템의 안정성, 핵심적인 금융 인프라의 안전성, 사이버 공격에 대한 취약성 등의 문제를 대두시킬 것이다.
- 새로운 정보통신기술은 **교통과 에너지 소비 방식**도 근본적으로 바꿔놓고 있다. 데이터 분석, 알고리즘, 실시간 지리 정보 등을 결합한 우버(Uber)나 웨이즈(Waze) 같은 앱은 교통 패턴을 최적화하고 에너지 사용을 효율화하며 도시 스모그를 줄일 수 있다. 이 앱들은 교통 정체와 사고 발생률을 줄이면서 비용도 절약시키는 반자동 자동차나 자율주행 자동차의 혜택을 극대화할 것이다.

잠재적 쟁점: 이러한 정보통신기술의 공통점은 데이터 의존성이 한

층 높다는 것이다. 따라서 데이터 소유권, 사생활 보호, 국가 간 데이터 이동, 보안 문제 등이 향후 국내외 정책 갈등의 쟁점이 될 것이며, 이에 관한 명확한 기준과 한계가 수립되어야 할 것이다. 일부 국가는 정보통신 기술의 빠른 확산을 저지하고 정보 이동을 통제하려 할 텐데, 이러한 정책은 노동시장의 혼란과 변동성을 최소화할 수는 있으나 사회·경제 전반의 이익을 제한할 것이다. 윤리의식이 약한 나라는 다른 나라들이 반대하는 기술을 채택할 수 있으며, 첨단기술회사를 끌어들이고 연구개발 능력을 확장할 목적으로 제반 규제를 완화할 수도 있다.

국가, 기업, 운동단체, 종교조직, 시민 모두 자신의 이익에 맞게 정보를 관리하려 한다. 그에 따라 메시지 전달을 위한 경쟁이 격화되고 진화하여 이제는 인간의 인지와 감정의 깊고 민감한 영역에까지 미치려 하고 있다. 초기 소셜 미디어는 자유롭고 활발한 정보통신을 통해 새로운 민주주의의 시대를 열 수 있으리라는 희망을 주었다. 그러나 권위주의 정부의 경우 정보 접근권을 통제함으로써 권력을 유지할 수 있었고, 개방적인 나라에서는 자유로운 정보의 흐름이 오히려 사회 분열과 정치적 양극화를 부채질하는 것으로 나타났다. 소셜 미디어는 또 유해한 허위정보를 빠르게 확산시킨다. 소셜 미디어를 믿는 사람들은 허위정보를 무비판적으로 받아들여 다른 순진한 사람들에게 전파할 가능성이 크다.

- 정보통신기술은 사실관계 확인, 허위정보 추적, 사생활 보호, 온라인 공격에 대한 법적 조치 등의 새로운 분야에서 직업을 창출할 것이다. 소셜 미디어에서 진실의 기준은 점점 더 애매하고 불확실해지고 있다. 극단적으로, 특별한 인식론적 지위가 없는 사람의 말이라면 그 어떤 사실이든 선동으로 간주된다.
- 이런저런 주장의 진실성을 판가름할 어느 정도 보편적인 기준을

사람들이 만들어내는 데에는 수십 년 또는 심지어 수백 년이 걸리는 것이 상례였다. 그러나 기술의 발전과 더불어 인간관계 사안을 다루는 틀이 속속 변모해왔는데, 정부 차원에서도 대외 정책이나 협상에서 '신뢰성'을 확보하고자 할 때 이러한 사정을 유념하지 않으면 안 될 것이다.

인공지능(또는 더욱 발전된 자동화 시스템)과 **로봇**은 기술 변화의 속도를 전례 없이 빠르게 만들 것인데, 몇몇 전문가들은 기술이 노동력을 대체하는 속도가 경제, 사회, 개인이 따라갈 수 있는 수준을 훨씬 앞지를 수 있다고 우려한다. 역사를 돌이켜보면 기술 변화는 고용 수준과 삶의 질을 일시적으로 저하시켰다가 이내 더 좋고 더 많은 일자리를 창출하는 새로운 산업을 일궈내곤 했다. 그렇기는 하나, 변화 속도가 점점 빨라지면서 그에 적응하려는 교육 시스템의 역량이 한계에 달함으로써 사회는 필요한 기술과 훈련을 갖춘 노동자를 확보하는 데 어려움이 있다.

- 무인 자동차로 트럭, 택시 등 대중교통수단의 운전자가 불필요해질 것이다. 이는 단기적으로 가장 급격한 기술 대체의 사례가 될 것이다.
- 새로운 기술이 창출하는 일자리들은 전문지식과 복잡한 관리 기술을 요구할 것인데, 대체 노동자의 대부분이 이를 갖추지 못할 가능성이 크다. 따라서 정보통신기술 발전은 수요가 많은 기술을 가진 자와 낡은 기술을 가진 자 간에 경제적 격차를 키울 것이다.
- 한편으로 새로운 기술은 기회와 부의 불평등이 확대되고 있는 현실에 대한 대중의 인식 수준을 높일 것이다. 그러한 사태의 부정적 파급효과를 완화하기 위해서 프로그래머들은 이른바 '공감 엔진'이라

불리는 상호감응형 가상현실을 개발하려고 한다. 그러나 사회비평가들은 정보통신기술 오용이 사람들에게 사회적 고립을 가져왔던 것처럼 가상현실·증강현실과 같은 새로운 기술도 그러한 결과를 불러올 수 있다고 우려한다.

바이오기술과 인류 건강의 증진. CRISPR에 의해 최근 가속도가 붙은 바이오기술은 정보통신기술보다 더 빠르게 발전하면서 전 세계 식량 공급과 보건 상태를 분명히 개선시킬 것으로 전망된다. 유전자조작 같은 바이오기술을 식량 생산에 적용하면 농업 생산성 제고, 경작지 확대, 기후와 식물병에 대한 저항성 강화 등의 결과를 가져올 수 있다. 또한 유전자조작기술의 발전은 예컨대 유전자 코드를 변경시켜 말라리아모기를 멸종시키거나 낭포성 섬유증과 같은 질병을 치유하는 등 보건 분야에서 큰 진보를 가져올 수 있다. 기후변화가 농업 생산 양식을 바꿔가는 상황에서 개발도상국 주민의 식량 확보가 안정화하고 공중보건이 개선되는 것은 큰 의미를 갖는다.

유전공학 같은 바이오기술은 질병 진단과 치료 절차를 개선하고 항생제 내성을 극복하는 데 도움이 될 것이다. 또한 유행 중이거나 새로 출현한 병원균의 조기 발견을 도와 질병이 확산되는 것을 막아줄 것이다. 유전자조작을 이용한 일부 유전성 질환 퇴치와 면역체계 강화도 인류의 건강 수준 및 삶의 질을 향상시키고 의료 비용을 감소시킬 것이다.

- 나노 소재는 의료기기의 코팅, 진단용 조영제, 나노 단위 검사기의 센서, 선진적 약제 공급 등의 분야에서 갈수록 많이 활용되고 있다. 한편 전자 진료와 같은 새로운 의료 방식은 세계 보건 향상에 기여할 것이다. 생명체의 구조와 기능을 파악하고 제어하고 조작하는

도구의 발달은 제조업을 포함한 다양한 기술 영역에 대해 바이오기술로 접근하는 것을 용이하게 할 것이다.

- 대용량 시퀀싱(high-throughput sequencing), 전산 능력, 배양 기술 등의 발달은 인체 내 미생물 유전체를 분석하고 조작하는 데 도움을 주어, 당뇨나 류마티스관절염, 근위축증, 다발성경화증, 일부 암 질환, 섬유근육통 같은 자가면역질환의 치료법을 발견할 수 있게 해줄 것이다. 또한 어떤 미생물은 우울증, 조울증 등 스트레스성 정신질환의 치료에 도움을 줄 수 있다.
- 뉴런을 광학적으로 관찰하고 그 활동을 광유전학적으로 조절하는 일은 치매, 파킨슨병, 정신분열증 등 정신질환을 예방하고 치유하려는 신경과학자들이 뇌를 관찰하는 데 분명 도움을 줄 것이다. 그러한 과정은 인공지능 분야에서 유사 뇌 시스템을 구축하는 것에 대해서도 일정한 통찰을 가져다줄 것이다.

잠재적 쟁점: 아직도 세계 여러 나라에서 유전자변형식품을 불안전하거나 제대로 검증되지 않은 것으로 여기고 그 개발과 도입을 반대하고 있는데, 이는 식량 공급을 확대하고 가격을 낮추며 영양 상태를 향상시키는 유전자변형식품의 가능성에 족쇄를 채운다. 한편 어떤 종 전체의 유전체를 바꿔놓을 수 있는 '유전자 드라이브' 같은 일부 기술은 도입 이후 통제가 힘들 수 있다. 예컨대 모기가 말라리아와 같은 악성 병원균을 옮기지 못하게 하는 것 같은 종 전체의 유전자를 조작하는 기술은 우리가 예상할 수 없는 결과를 초래할 수 있다. 그러한 기술은 그 잠재적 혜택에도 불구하고 틀림없이 국내외에서 정치적 반대를 야기할 것이다.

- 빠르면 2035년경 인간 수명의 '대분기점'이 찾아올 수 있다. 그

러나 수명 연장과 삶의 질 개선은 사회에 비용을 발생시킨다. 이는 인구 고령화로 정부 예산의 부담이 가중된 곳에서 특히 문제가 될 것이다. 그러나 유전병 치료의 개선과 유전체 치료기술의 발전은 의료비를 절감할 수 있다.

- 인간의 생사와 관련한 의료적 사안이나 그 밖의 기술적 사안에 대해 지적재산권을 주장하는 것이 도덕적이냐 또는 가치 있는 것이냐를 놓고 세계적으로 뜨거운 논쟁이 벌어질 가능성이 크다.
- 질병 치료를 크게 향상시키거나 예컨대 출산과 같이 인간의 능력을 강화시키는 기술의 발전은 초기에는 고소득자들만 그 혜택을 보게 될 것인 만큼, 그 접근권에 관한 정치적 다툼을 야기할 가능성이 크다. 인간의 정신적·신체적 능력을 끌어올리는 획기적인 기술의 등장은 인간 유전자 풀을 변경하는 것이 도대체 어떤 것이며 윤리적으로 옳은 것인가를 둘러싼 격렬한 논쟁을 국내외에서 불러일으킬 것이다.
- 예를 들어 합성생물학 분야에서 자동화, '프로그래밍 언어' 또는 표준화된 도구가 개발된다면, 이는 개인이 악성 미생물을 가공해 생물학 무기를 이용한 테러를 감행하는 등의 일이 일어날 수 있음을 뜻한다.

에너지: 에너지 기술의 발달과 기후변화에 대한 걱정은 에너지 사용 방식의 급격한 변화를 가져와 풍력, 태양열, 파도 에너지, 폐수 에너지, 핵융합 발전, 유동형 또는 고정형 에너지 저장기술 등이 널리 사용될 것이다. 화석연료에 대항하는 '친환경' 에너지 시스템은 이미 도입되었고, 앞으로는 탄소성 혹은 비탄소성 에너지에 기반을 둔 기술이 도입될 것이다. 또한 전력망에 연결될 필요 없이 여기저기 분산된 소규모 에너지 시

스템이 구축될 수 있는데, 후자는 재생 가능한 에너지원에 토대를 두고 가정용·교통수단용·농업장비용 전력을 통합할 것이다. 이는 정부 공급 에너지로부터 시민을 해방시켜 에너지 생산 및 분배 양식을 획기적으로 변환시킬 것이다. 네트워크화된 분산형 에너지 생산 및 저장 시스템이 구축된다면 자연재해 발생 시 전력·에너지 인프라의 회복 탄력성이 높아질 것인데, 이는 기후변화와 극단적 기상사태에 취약한 지역에서 특히 유용할 것이다.

잠재적 쟁점: 화석연료, 원자력, 재생 가능 에너지를 모두 합치면 앞으로 20년간 전 세계의 에너지 수요를 충족시킬 수 있다. 그러나 다른 한편으로 비화석연료 **에너지 기술**이 상업화하여 번창할 가능성이 있다. 그럴 경우에 유가가 하락할 것이고 기존 석유 공급 국가들은 재정 수요를 충당하기 어려워질 것이다. 게다가 그 시점에 가서 나라 경제의 틀을 바꾸는 것도 쉽지 않은 일이다. 세계 최대 규모의 기업인 석유회사, 가스회사가 받을 충격파도 상당할 것이다. 그러나 저비용 배터리 등 기타 획기적인 에너지 저장기술이 등장하지 않는 한 새로운 에너지원들도 상당한 수준의 기반시설을 필요로 하는데, 가난한 나라에서 이를 도입하기는 쉽지 않을 것이다.

기후에 대한 개입: 지구 기후에 대한 대규모 조작을 행하는 '지구공학(geoengineering)' 기술은 이제 막 발걸음을 뗀 수준으로, 컴퓨터 모형에서만 존재한다. 지구공학이 궤도에 들어서려면 먼저 여러 가지 기술이 갖춰져야 한다. 그중 하나인 태양 복사열 관리 시스템(solar radiation management)은 성층권에 연무제를 살포해 지구에 도달하는 태양 복사열의 양을 제한함으로써 지구 온도를 낮추는 것을 목표로 삼는다. 많은 비용이 들고 도입에 더 오랜 시간이 걸릴 기술로는 대기 직접 포획, 해수 철분 비옥화, 녹지화 등이 있다. 이들은 대기 속 이산화탄소 제거에 주안점을 둔다.

CCS(Carbon Capture and Sequestration)라 불리는 탄소 포획 및 격리 기술은 이산화탄소가 배출되는 순간 그것을 포획하여 지하에 저장하는 방법이다. 녹지화는 널리 알려져 있는 바이고, 과학자들은 해양 비옥화에 관한 실험에 나서고 있다.

잠재적 쟁점: 기후 혼란이 가속화되면서 지구공학적 개입에 대한 관심도 급증할 것이다. 그러나 과학계가 지구공학적 조처들의 영향과 의도치 않은 결과들을 파악하는 것은 그보다 한참 후의 일일는지 모른다. 연구가 지속된다면, 선진국들은 기후변화로 예상되는 피해보다 훨씬 적은 비용으로 태양 복사열 관리 시스템을 개발해낼 수도 있다. 그러나 단기간의 연구로는 지표면의 태양 복사열, 기온 패턴의 변동, 강우나 폭우의 변화 등에 관한 균형치를 도출해낼 수 없고 지구 기온의 국제적 기준치도 도출해낼 수 없을 것이다.

- 지구공학 전략의 중대한 결점은 대기 이산화탄소의 증가가 초래하는 모든 여파에 대응할 수 없다는 점이다. 예를 들어 해양의 산성화는 수그러들 기미를 보이지 않는다. 마찬가지로 탄소 포획 기술도 경제적·물리적 한계를 드러내고 있는데, 비용이 많이 들고 진행 속도가 느릴 뿐 아니라 탄소가 다시 대기로 빠져나가 버릴 가능성도 배제할 수 없기 때문이다.
- 대기 속 이산화탄소 제거 기술은 높은 수준의 연구와 비화석연료 에너지 기술의 획기적 발전을 전제로 한다.
- 지구공학 기술의 일방적인 채택은 심지어 소규모 실험에 불과하더라도 반드시 지정학적 긴장을 고조시킬 것이다. 사전에 계획되고 일방적으로 수행되는 생태계 조작은 인간과 인간의 관계 또는 인간과 자연의 관계에 대한 사람들의 관념을 크게 바꿔놓을 것이다.

소재 가공 기술과 제조 기술의 발전: 소재 가공 기술과 제조 기술은 대부분의 기술 발전에 직간접적으로 관련된 핵심 조력자라 할 수 있다. 등장한 지 아직 얼마 되지 않은 나노 소재와 메타 소재는 향후 사용이 크게 확대될 것이다. 이들은 전자제품, 의료제품, 에너지, 운송수단, 건설현장, 소비 상품 등에 이미 생각보다 더 많이 사용되고 있다. 나노 소재는 독특한 시각적 특성을 갖고 있을 뿐만 아니라 향상된 기계적·전기적 성능을 갖고 있어 앞으로 기존 소재들을 압도하면서 대부분의 산업 분야에서 혁신을 일으킬 것으로 보인다.

그 밖의 첨단 합성 소재도 만약 제조 공정상 유용하고 비용 절감 효과가 있는 것으로 드러난다면 시장에서 선호될 것이다. 고강도 합성물과 플라스틱은 기존 금속을 대체해 새로운 시장을 만들어낼 수 있다. 이러한 소재의 생산과 사용에서 선진국들이 유리한 위치를 선점하겠지만, 시간이 지나면 이러한 소재는 광범위하게 사용될 것이다. 적층가공, 즉 3D 프린팅은 이용이 점점 확대되고 있으며, 앞으로는 지금 우리가 상상할 수도 없는 것을 만들어낼 것이다. 시간이 흐르고 환경이 변함에 따라 형태나 기능이 달라지는 물건을 만들어내는 4D 프린팅 역시 상업적으로 실행 가능한 응용 분야의 개발자들에게 경제적 이익을 가져다줄 것이다.

잠재적 쟁점: 신소재는 원자재 수출에 의존하는 나라의 경제에 어려움을 초래하는 한편, 새로운 재료를 생산하고 활용할 역량을 갖춘 선진국과 개발도상국에는 경쟁력을 제공할 것이다. 그런데 나노 소재 같은 새로운 재료는 건강과 환경에 끼치는 영향이 충분히 조사되기 전에 발전하곤 한다. 알 수 없는 부작용에 관한 대중의 우려는 그것의 상업화에 제동을 걸 것이다. 그 결과로 만들어진 규제들은 특히 의료 및 생활용품 분야에서 그러한 소재가 사용되고 확산되는 것을 가로막을 수 있다.

제조업이 발전하면서, 특히 3D 프린팅이 단지 신기한 구경거리에 머물지 않고 정밀 공정의 한 부분으로 자리 잡으면서 여러 곳에 걸친 기존 공급망을 로컬 생산이 점차 대체할 것이고, 그것은 다시 전 세계 무역 관계를 변화시킬 것이다. 멀리 떨어진 곳에 공장을 세움으로써 절감되는 비용이 운송비가 낮은 곳에 공장을 세워 효율적으로 운영함으로써 절감되는 비용보다 점차 작아질 것이며, 그 결과 해외 노동력을 이용한 인건비 절감 효과는 반감될 것이다. 한편 제조 기술의 발달은 소규모 제조업자들에게 비용 압박을 가중시킬 것이다. 그리하여 세계적 차원에서 새로운 기술의 혜택과 자원을 가진 자와 못 가진 자 사이에 격차가 발생할 수 있다. 지금까지는 남부와 북부 간의 격차가 있었다면, 이제는 이 새로운 기술과 자원의 이용 가능성에 기한 격차가 만들어질 수 있다. 그렇지만 3D 제조업자들 역시 자기 생산품에 대한 지적재산권 확보뿐 아니라 원자재, 전기, 기반시설에 대한 접근권을 계속해서 확보해야 한다는 점에는 변함이 없을 것이다.

우주 기반 기술. 우주 및 우주가 제공할 수 있는 서비스들에 대한 상업적 관심이 커짐에 따라 우주 기반 기술의 효율성이 제고될 것이며, 민간 또는 군사용 우주 산업 응용 분야가 창출될 것이다. 중국은 '국제우주정거장'과 유사한 영구 유인 기지 건설 계획을 추진 중이며, 기업들은 유인 항공선을 화성에 보낼 계획을 짜고 있다. 더 작고 저렴하며 성능 좋은 인공위성 시스템은 원격 탐지, 통신, 환경 감시, 위치 확인 등의 분야에서 새로운 가능성을 열어줄 것이다. 저고도 위성은 현재 온라인 연결에서 배제된 인구의 3분의 2에게 인터넷을 제공할 수 있다. 또한 고대역 주파수를 활용할 수 있게 되면 클라우드 기반 서비스, 원격 의료, 온라인 교육 등의 이용 가능성이 확대될 것이다.

잠재적 쟁점: 원격 센서로부터 오는 데이터 또는 우주 기반 통신에 의한 데이터가 막대하게 늘어나면서 개인이 사생활을 보호받지 못하고

자신의 행위를 숨기기 어려워질 것이다. 일부 국가는 핵심 국익을 보호하고자 우주로부터의 데이터를 차단하거나 통제하려 할 것이다. 전에는 단지 몇 개 국가에 한정되었던 고감도 원격 센서가 널리 사용되고 각종 데이터가 공개적으로 전송되는 것이 현실화되면 큰 지정학적 긴장이 형성될 수 있다.

핵심 선택

새로운 기술이 생산성과 GDP에 끼칠 영향을 놓고 전문가들의 견해가 갈린다. 일부 전문가들은 기술에 기반을 둔 생산성 혁명이 코앞에 닥쳐 있다고 주장하는 한편, 다른 이들은 새로운 기술의 여파가 1870년대부터 20세기 초까지의 2차 산업혁명과 비교해 별반 크지 않을 것으로 예측한다. 이 회의론자들은 새로운 디지털 기술이 지금까지 에너지와 운송수단에 끼친 충격이 약소하며, 지난 수십 년 동안 경제적 산출과 관련하여 손에 잡힐 만한 뚜렷한 성과를 보여주지 못했다고 주장한다.

기술은 여러 가지 긍정적 효과와 부정적 효과를 불러일으킨다. 이와 관련해 한 전문가가 냉소적으로 말했다. "기술은 내가 미래를 낙관하는 가장 큰 이유다. …… 그리고 비관하는 가장 큰 이유기도 하다". 역사는 기술 사용의 결과가 사용자 자체와 그 사용 목적은 물론 지형, 경제, 기반시설, 문화, 안보, 정치와 같은 지역적 맥락에 따라 크게 달라진다는 것을 실증한다. 모든 기술 발전에는 비용이 드는데, 그 비용은 천연자원일 수도 있고 사회적 결속일 수도 있으며 또는 전혀 예측하지 못한 것일 수도 있다.

국제적 기준과 의정서를 마련하고 연구의 윤리적 기준을 확립하며 지적재산권 보호에 앞장서야 하는 것은 기술에 관한 리더십을 보유한 나라들일 것이다. 인간의 건강을 증진하고 생태계를 변화시키며 정보 소통과 자동화 시스템의 확장을 가져올 기술들이 잘 발전하기 위해서는 기술의 리더가 되는 나라들의 선도적 활동이 결정적으로 중요하다. 기술 발전의 초기 단계에서 다자간 협력이 잘 이뤄진다면 국제적 긴장이 감소될 것이다. 그러나 각국이 자국의 이익에 맞추어 기술을 추구하고 규제의 틀을 세우는 데 급급해한다면 충돌이 불가피해질 것이다.

번영

HOW PEOPLE PROSPER

압박받는 지구 경제

향후 수십 년 동안 우리 앞에 제기될 새롭고 예상치 못한 과제들로 인해 세계경제의 긴장, 불안전성, 불확실성이 커질 것이다. 앞으로 세계의 경제 성장은 거대 개발도상국, 특히 중국과 인도에 의해 더욱더 주도될 것인데, 이들의 성장 속도가 현재보다 느려진다 하더라도 여전히 선진국보다는 빠를 것이다. 그러나 지구화의 확대 여부는 불확실하며 지정학적 긴장이 이를 가로막을 위험이 크다. 지구 전체로 보아 강한 성장이 이루어진다 하더라도 만약 선진국이 '정상적' 성장을 좀처럼 회복하지 못하고 또 많은 나라에서 소득 불평등의 확대가 지속된다면 통합에 대한 회의론이 강화되고 보호무역에 대한 지지가 커질 것이다.

- **경제 성장 핵심 원천의 침체.** 세계에서 가장 큰 시장인 중국과 EU는 큰 전환의 와중에 있는데, 특히 중국이 변수다. 제2차 세계대전 이후 수요와 생산을 모두 부양시켰던 생산가능인구의 증가 추세는 세계 주요국에 이미 옛 이야기가 되었다. 개발도상국들은 장기적 성장에 필요한 어려운 경제구조 개혁을 추진하는 데 주저하고 있는

듯하다.

- **세계경제 통합을 둘러싼 불확실성.** 70년간 진행된 무역자유화의 흐름이 약해지고 있다. 자유무역을 반대하는 사회적 여론이 확대되면서 보호주의 정서가 팽배해지고 통합으로부터의 광범위한 후퇴가 현실화할 수 있다.
- **생산성 문제.** 지난 150년 동안 생산성의 향상은 기술 발전 덕분이었다. 경제에 새로운 기술을 도입할 때의 효과를 예측하기는 어렵다. 성장의 기관차 역할을 할 수도 있으나, 전기와 내연기관이 경제적 산출에 끼쳤던 막대한 영향력에는 미치지 못할 수 있다. 또한 새로운 기술을 사용하기 위해서는 지금까지와는 다른 경영과 교육훈련이 필요하기 때문에 사회적·정치적·경제적으로 큰 혼란을 야기할 수 있다.

핵심 트렌드

경제 성장 원천의 침체. 세계 3대 시장 중 두 축을 차지하는 중국과 EU가 큰 변화를 겪으면서 세계경제가 몇 가지 심각한 문제에 직면하고 있다. 특히 투자 중심 경제에서 소비자와 서비스 중심 경제로 전환 중인 중국의 미래가 가장 큰 변수로 떠오르고 있다. 금융위기가 끝난 지 8년이 되었음에도 아직 본궤도에 오르지 못한 중국의 이 역사적 전환은, 대규모의 인력이 농촌에서 도시로 이주하고 건설 붐이 일어나며 대중의 생활수준이 향상되고 커다란 자본 축적과 외자 도입이 일어나던 도시화 및 산업화의 시대가 끝났음을 가리킨다. 수십 년간 유지된 베이징 당국의 '한 자녀 정책' 때문에 고령화가 급속히 진행될 것이고 생산 과잉과 높은 부채,

취약한 은행 시스템은 성장을 가로막을 것이다. 이제 중국이 원자재 수입 규모를 지속적으로 키워가던 나라가 아니라 균형 잡힌 무역 상대국이라는 상황 변화에 세계, 특히 개발도상국들은 적응하지 않으면 안 된다. 중국의 이러한 전환이 초래하는 난관과 비용을 피하기 위한 베이징 당국의 노력(가령 2016년 초에 있었던 국영기업에 대한 정부 주도 은행 대출 같은 조치)은 전환기를 더욱 장기화하고 불균형을 확대하며 차입에 의존한 비생산적인 투자에 의한 손실을 키울 것이다.

과도기를 관리하고 혼란을 최소화하는 일이 관건일 것이다. 극심한 경기 침체는 일반 시민들 사이에 중국공산당에 대한 의구심을 배태시켜 사회적 불안정이 커지고 당의 장악력을 약화시킬 것이다. 그러므로 중앙 집중화가 더욱 강화되더라도 베이징 당국은 사회적 안정을 확보하는 데 단지 권위와 강압에만 의지할 수는 없을 것이다.

- **베이징 당국은 전환기**의 투자 감소 추세에 대응하여 정부 지출을 확대하고 또 투자 감소가 경제에 끼칠 충격을 최소화하기 위한 각종 프로젝트에 국유 은행들이 돈을 대도록 함으로써 전환기의 어려움을 **완충할 수 있다**(전자의 프로그램들에는 비효율적인 거대 국영기업들을 돕는 것들이 포함된다). 연금 및 의료 혜택 개선은 소비를 촉진하고 전환 과정의 속도를 높일 수 있다.
- 전환기 동안 중국은 예를 들어 무역 상대국이 금융위기에 빠지거나 대중의 신뢰를 잃을 정도로 국내 정책상 실수를 범하는 것 같은 대내외 요인에 의해 야기되는 **단기적인 경제적 충격**을 겪을 위험이 있다.

세계 2위의 경제 대국 중국에서 일어나는 혼란은 전 세계의 경제를 침체에 빠지게 하고 여러 무역 상대국의 성장 전망을 흐리게 할 수 있다.

- **중국의 도시화 및 산업화 붐의 종말**과 경제 성장의 둔화는 이미 전 세계 원자재 수요 전망을 약화시키고, 원자재 가격이 하락하는 요인이 되며, 석유와 광물 수출에 의존하는 국가들의 수익을 떨어뜨리고 있다. 수요가 더욱 침체된다면 러시아, 사우디아라비아, 이란 등 주요 수출국이 어려움에 빠질 것이다.
- **중국이 전환에 성공한다면 전 세계 경제에 큰 도움을 줄 것이다.** 중국의 넓은 소비시장은 여타 개발도상국의 저부가가치 상품에서부터 사치품과 휴대용 첨단 기기에 이르기까지 다양한 상품을 흡수할 수 있을 것이다.

아직 회원국 대부분이 2008년의 대침체 이후 긍정적인 모멘텀을 이끌어내지 못하고 있는 유럽의 경제 또한 전환기에 있다. 그들은 부채 때문에 인구 고령화와 중산층의 불만에 대응할 재정 부양책을 펼칠 여유가 없으며, 경제 정책에 대한 극심한 의견 분열로도 애를 먹고 있다. 그들의 변화가 성공할지 여부에 따라 경제 자유화의 향방과 서구 리더십에 대한 평가가 달라질 것이다.

- **유럽 경제의 미래는 정치적 긴장 상황과 직결된다.** 영국과 EU 간 정치적·금융적 관계가 불확실해지면서 중기 차원의 성장과 투자가 악영향을 받을 것으로 보인다. 나아가 EU는 경제 성장을 위하여 FTA를 이용하기도 어렵게 되었다. EU 집행위원회가 최근 EU와 캐나다 간에 체결된 포괄적 자유무역협정에 대해 각국 의회가 따로 승인해야 한다고 결정했는데 이것이 판례로 남을 것이기 때문이다. 이

러한 판결은 브렉시트 투표 과정에 EU가 지나치게 간섭했다는 인식, 그리고 독일의 영향력을 제한하고자 하는 의지 때문인 것으로 보인다. 끝으로, 난민의 대규모 유입을 막고자 각국이 국경 통제를 강화하면서, EU 26개국 간 국경을 철폐한 셍겐협정(Shengen Agreement)이 위협받고 있다.

- **EU 내 성장의 불균형** 및 그리스·스페인·이탈리아의 부채 문제가 EU를 분열시키고 있는데, 재정·통화 정책을 실행할 수 없는 EU의 한계가 그 결정적인 원인일 것이다. EU 회원국 사이에서 이민배척주의와 세계화 반대 여론이 부상하면서 자유무역과 경제적 자유주의에 대한 지지가 수그러들고 있다.

한편 세계는 미국의 성장이 정상 수준을 회복할지 여부를 유심히 지켜볼 것이며, 이에 따라 미국의 경제 정책을 승인할지 거부할지를 결정할 것이다. 10년 전에 비해 많은 나라가 복잡한 경제·안보 문제를 해결할 미국의 리더십을 갈망하고 있는 것으로 보인다. 그러나 미국이 대외 문제에 집중할 역량과 의지가 약하다고 판단된다면 대부분 발을 뺄 준비가 되어 있다.

- 이제 환태평양경제동반자협정(TPP)과 범대서양무역투자동반자협정(TTIP) 추진에 대한 미국 내 초당적 지지는 기대하기 어려워졌다.

개발도상국은 선진 주요국의 경제 침체에 따른 '공백을 메울' 역량이 없다. 그들 대부분은 세계경제에 편입하는 단계에 접어들었으나 경제적·정치적 불확실성이 커진 현 상황에서 성장에는 필요하나 난이도가 높은 조치들을 취하기를 꺼린다. 그러한 조치에는 국영기업의 역할 축소, 시장을 왜곡하는 소비자 보조금 축소, 해외 투자 촉진을 위한 법 제도와 거버넌스 개혁, 젠더 불평등 완화를 비롯한 노동시장 자유화 등이 포함된다.

- **인도**는 대국인 데다 기술 부문에서 성공한 덕분에 **세계경제 성장을 이끌 가장 큰 잠재력**을 보유하고 있다. 그러나 성장세를 유지하기 위해서는 에너지, 운송수단, 제조업 기반시설 개선이 시급하다. 기반시설은 몇몇 지역에서는 개선되었으나 대부분의 지역이 낙후되어 있다. 중국과 달리 인도는 향후 수십 년간 매년 1000만 명씩 쏟아지는 생산가능인구의 혜택을 볼 것이다. 그러나 그러한 대규모 인력풀의 증대를 생산성 향상 및 산출 확대와 연결시키는 것은 지금까지 쉽지 않았다. 세계적 성공을 거둔 기술 부문과 낙후된 제조업의 대비는 이 나라의 상대적으로 강력한 고등 교육과 허약한 기본 교육 사이의 불균형을 부각시키는데, 고용률을 높이기 위해서는 이것이 개선되어야 할 것이다.
- **아프리카의 성장 가능성에 대한 낙관론**은 최근 몇 년간 원자재 가격 변동에 따라 좌우되었는데, 여러 국가에서 정치적 세대교체 가능성이 약화되었고 도시가 대규모 인구 성장을 흡수할 만한 역량을 갖추고 있는지를 놓고 의구심이 커지면서 힘을 잃고 있다. 인구통계학자들의 예측에 따르면, 아프리카는 향후 20년간 전 세계 생산가능인구(15~64세) 증가분의 대부분을 차지할 것이다. 물론 이는 경제에 도움이 될 수 있으나, 정부가 도시의 그 잠재적 구직자들을 생산에 활용할 수 있는 여건을 조성하지 못한다면 극심한 불안이 초래될 것이다.

개발도상국 국민은 선진국 국민보다 더 성장 가능성을 믿고 있지만,

그들과 정치지도자들은 발전 모델의 신뢰성에 관해 걱정하는 듯 보인다. 경제 성장을 위한 최선의 길이 무엇인지는 분명치 않다. 지금 같은 상황에서 각국은 성장을 위해 세계경제에 반드시 참여해야 한다는 것을 잘 알고 있지만, 사회적 안정을 해치고 부의 축적을 저해할 외부의 혼란과 충격을 두려워하고 있다.

- 금융위기, 중산층 지위의 취약성, 불평등 확대, 정치적 양극화 등은 서구 모델에 대한 평판을 악화시키고 있다.
- 중국에서는 성장이 정체되고, 금융과 주택시장이 취약해지며, 비효율적인 국영기업이 빚더미에 눌려 신음하고, 공해가 심해지며, 당과 대중의 유대가 약화되면서 베이징 당국의 국가자본적 접근이 다시 시험대에 올라 있다.

위기에 처한 세계경제 통합. 자유무역과 노동시장 개방에 반대하는 정치지도자와 운동단체가 늘어나면서 지난 수십 년간 꾸준히 이루어져 온 경제 통합이 큰 저항에 부딪히고 있다. 70년간의 세계적·지역적 규모의 무역협정을 통해 비농업 제품 분야에서는 이미 대다수 국가가 장벽을 낮추었다. 따라서 무역자유화를 좁게 정의한다면 더 이상 확대될 여지가 별로 남아 있지 않다. 반면 농업과 서비스 부문은 WTO식 자유무역이 국내 정치적 저항에 매우 거세게 부딪히고 있어서 각국의 의욕이 크지 않다. 그에 따라 현재 무역협상은 투자제도와 같은 부수적 사안에 초점을 맞추고 있으며, 환태평양경제동반자협장(TPP)이나 범대서양무역투자동반자협정(TTIP) 등 이른바 '자발적인 국가연합(coalitions of the willing)'과 같은 새로운 개념의 협정이 주목을 끌고 있다.

금융시장 적응 문제

금융 부문은 적응력이 높아 시장의 진화에 맞춰 늘 새로운 메커니즘을 창조해왔으나, 이제는 뚜렷한 한계를 드러내고 있다. WTO는 정부가 무역 경쟁력에 영향을 미치는 시책을 금하고 있지만, 각국 정부는 일부 관행이나 시장 조성, 국제 통화 규제 같은 비공식적인 정책의 사용을 당연한 것으로 여기고 있다. 즉, 통화정책과 환율정책을 경제 전쟁의 도구로 활용하는 일이 늘어나고 있는 것이다. 현재로서는 G20의 틀이 긴장을 간신히 억누르고 있으나 언젠가 폭발하거나 국제 통화에 관한 새로운 거버넌스의 수립에 나서지 않을 수 없는 지경에 몰릴 수 있다.

이러한 종류의 경제협력이 성공한 예로 40년 전 20여 개국 중앙은행의 의사소통과 규범 수립을 도왔던 바젤은행감독위원회(Basel Committee on Banking Supervision)가 있다. 국제자금세탁방지기구(The Financial Action Task Force)는 자금 세탁 문제를 다루고 있으며, 세계조세정보교환포럼(The Global Forum on Transparency and Exchange of Information)은 세금 탈루에 대처하고 있다. 물론 이들 기구는 '무기 경쟁'을 벌이는 불법행위자들의 계속된 도전을 받고 있다.

그러나 주요 강대국 간 의견 차이와 이를 좁힐 수 있는 미국의 세력 약화는 새로운 금융 문제에 대처하고 합의를 이끌어낼 규제 기관의 기반을 약화시킬 수 있다. 그 결과 금융시장은 더욱 파편화될 것이다.

- 금융시장의 변동, 중산층의 몰락, 불평등에 대한 인식의 심화는 **무역자유화가 너무 지나쳤다는 관점을** 키우고 있다. 시장 개방의 선두주자였던 미국에서 가장 큰 비판 여론이 있는 만큼 다른 나라들은 미국이 자유무역을 축소하려는 신호를 보내지 않을지 유심히 지켜볼 것이다. 미국 내 무역 회의론은 농업 분야의 협정 가능성을 위협하며, 유럽과 미주 간 의견 차이는 서비스 부문의 규제 문제에 대한 합의를 이루기 어렵게 만들 것이다.

- WTO는 무역에 제한을 가하고 환태평양경제동반자협정 같은 새로운 자유무역협정에 반대하는 일부 국가들의 조치들에서 '**보호무역주의가 알게 모르게 확산되고 있음**'을 본다. 여러 나라가 규제를 강화하고 수출 경쟁력을 높이기 위해 노골적으로 환율정책을 사용한다면 위험한 경쟁 사이클을 만들어질 가능성이 있다. 어느 나라나 그러한 조치에 뒤처짐으로써 자국 경제를 위기로 몰아넣고 싶지는 않을 것이기 때문이다.

생산성 과제. 전 세계적으로 생산성과 생산가능인구의 증가 추세가 둔화되면서 앞으로 수십 년간 생산성을 높일 새로운 길을 찾아내는 일이 중요하고 어려운 과제가 되었다. 생산가능인구가 미국에서 정체되고 유럽, 일본, 러시아에서는 감소하면서 생산성 문제는 더욱 현저해질 것이며 심지어는 총생산이 줄어들 가능성도 있다. 아프리카와 남아시아의 개발도상국들에서는 생산가능인구가 증가하겠지만, 정치지도자들은 그에 발맞춰 경제를 빠르게 성장시켜야 하는 압박에 처할 것이다.

- **기술은 생산성 발전의 주요 동력**이면서, 그로 인해 대체될 위험에 처한 노동자들에게는 불안의 근원이다. 기술 발전은 노동인구가 그대로이거나 줄어드는 나라에서 성장 유지를 위한 필수 요소가 될 것이다. 그러나 선진국에서는 기술에 의한 생산성 증가가 그렇게 크지 않거나 실현되는 시간이 오래 걸릴 수 있다. 이들 국가에서는 새로운 정보기술이 대대적으로 도입되었는데도 지난 수십 년간 생산성이 정체하거나 하락했다. 이는 정보기술이 주로 소셜 미디어, 온라인 활동, 게임, 대인 커뮤니케이션 등 비용을 매기지 않거나 간접적으로만 매기는 활동들에 영향을 미치기 때문이다. 그러나 정보통신기술

기술이 일자리에 미치는 충격: 낙관적인 역사에도 불구하고 존재하는 두려움

최근 로봇 기술이 수많은 직업을 없앨 것이라는 불길한 예측들이 나오고 있고 이에 관한 경제학자들의 글도 많아졌다. 아울러 19세기의 산업화 이래 여러 번 그러했듯이 위험을 느끼는 노동자들의 불안도 커지고 있다. 한 연구 결과는 자동화와 인공지능이 재무관리사, 물리학자, 고위급 경영자를 포함한 전체 유급 노동자의 45%를 대체할 수 있다고 예측했다. 기술 발전은 일부 부문에서는 아마 단기적 혼란을 야기할 것이나, 광범위한 대체가 이루어질 것이라는 걱정에는 근거가 부족하다. 그럼에도 불구하고 이러한 두려움은 일부 정치지도자와 대중으로 하여금 일자리 보호를 위해 신기술 도입을 미루게 할 수 있는데, 이는 결국 당사자들의 손해로 귀결될 것이다.

이 널리 퍼지지 않은 가난한 국가들에서는 통신기술 보급이 생산성을 상당한 폭으로 개선시킬 것이다.

- **모든 나라에서 생산성은** 교육훈련, 인프라, 연구개발, 규제, 경영 등의 개선과 같은 기본적인 것을 통해 **증진될 수 있다.** 그러나 그러한 개선에는 자금과 전문지식, 시간이 요구되는데, 이를 마련하는 것은 개발도상국은 물론 선진국에도 쉽지 않은 일이다.

핵심 선택

경제 통합. 현존하는, 또는 느껴지거나 예상되는 경제적 도전 과제들은 대중의 공포와 불안을 자극할 것이다. 그럴 경우에 정부는 예전처럼 보호무역주의적 조치에 의존하고 싶은 유혹에 빠질 수 있다. 경제 통합의

적절한 선을 유지하는 것은 정치적으로 고난도 과제가 될 것이며, 시장을 개방하고 혁신하기 위해 새로운 조치를 취하는 것은 더 큰 용기를 필요로 할 것이다. 예산 축소와 부채 증가로 재정정책상의 옵션이 줄어들 것이기 때문에 각국 정부는 시장의 혼란에 의해 일자리를 잃은 이들을 재교육하고 부조하기 위해 어떤 정책을 실행할 것인지를 놓고 어려운 선택을 해야 할 것이다.

기술. 새로운 기술의 상업화를 어떻게 관리할 것인지는 그 나라의 경제적 성공과 사회 안정에 직결될 것이다. 주요 기술적 난관을 돌파한 기업들은 우호적인 경영 여건을 갖춘 나라를 찾아 나설 수 있는 영향력을 얻게 될 것이다. 정부(그리고 소비자)는 새로운 기술을 얼마나 빨리 채택할 것인지, 그리고 그에 따르는 부작용에 대해서는 어떻게 대처할 것인지를 결정해야 한다.

노동 참여율. 대부분의 나라에서 경제 총생산을 증대하는 최선의 방책은 노동 참여 인구의 비율을 높이는 것이다. 특히 여성의 취업률이 낮고 농촌 인구의 공식 경제 참여율이 낮은 나라일수록 그러한 방책의 효과가 두드러질 것이다. 이때 낡은 문화적 관습은 사회적 긴장을 일으켜 새로운 인재 풀의 활용을 방해할 것이다. 그러나 전 세계적 경제 경쟁이 심화되면서 아무 정책도 취하지 않을 때에 치러야 할 비용이 점점 상승할 것이다. 수명은 연장되는데 정년은 고정되어 있어 일반적인 노동자가 일을 하지 않고 살아가는 기간이 길어지고 있는데, 인구 고령화가 찾아온 선진국에서는 아직 신체 건강한 노령 인구의 노동 참여율을 높임으로써 경제에 이득을 볼 수 있다. 그러나 연금의 축소는 재정 압박을 더는 데는 도움이 되겠지만 정치적 반대에 부딪힐 것이다.

사고방식

HOW PEOPLE THINK

관념과 정체성은 우리가 누구인지를 정의하며, 사회에서의 역할과 자아에 관해 개인적 신념을 반영한다. 신념은 도덕적 지침을 제공하는 한편 미래를 이해하고 헤쳐나갈 사고의 틀을 마련해준다. 관념·정체성·신념은 누가 어떤 공동체·집단·사회·국가·문화·문명에 속하는지, 그리고 더 중요하게는 누가 속하지 않는지를 규정한다. 관념과 정체성은 쉽게 변하지 않지만 고정된 것도 아니다. 그들은 서로 상호작용하면서, 무엇이 가장 중요한 가치이며 사람들이 어떻게 대우받아야 하는지에 관한 신념들을 바꾸거나 강화한다. 또한 관념과 정체성은 경제적·정치적·사회적·기술적 발전에 따라 달라지기도 한다. 인터넷 이용의 확대는 전 세계에 초국가적 정체성 및 이념의 확장을 불러올 것이다. 이는 종교적·민족적 정체성의 강화일 수도, 세속주의와 자유주의의 확대일 수도 있다.

사람들은 긍정적 관념보다 부정적 관념에 더욱 강하게 반응한다. 지난 수십 년간 대다수 사람들의 수명, 삶의 질, 안보, 건강, 행복은 개선되었지만, 많은 이들이 여전히 미래에 대해 부정적이다. 실재하는 또는 그렇게 감지되는 불평등, 기회의 부족, 차별은 전 세계적으로 소외와 부당함이라는 정서를 확산하고 있다. 수 세대에 걸쳐 경제학자들은 사람들이 일하는 방식을 바꿔놓은 기술 발전과 경제 발전의 장점과 단점이 무엇인가에 주목하지 않았다. 그러나 사회이론가들은 대부분의 사람들이 노동을 통해 얻는 자존감과 정체성에, 그리고 자기가 하는 일과 맺는 관계가 불충분하다고 느낄 때 오는 만족감의 결여(이것을 카를 마르크스는 '소외'라 불렀다)에 주목했다.

- 대부분의 사람들이 왜 '글로벌화'한 경제에 대해 거부감을 키우는가를 알기 위해서는 인간은 자신의 생산 활동에 대해 긍정적으로 느끼지 않으면 안 된다는 것을 인정해야 한다. 그러한 거부감의 형성은 온라인 공동체들을 확장시키는 인터넷 연결성의 확대에 의해 더 촉진되고 있다.
- 물질적 혜택과 기술적 즐길 거리는 늘어나겠지만, 사람들은 의미의 상실을 겪으며 자신에게 가치를 제공해줄 아이디어들을 갈망할 것이다. 자동화가 진행됨에 따라 일부 선진국에서는 이 문제가 전면에 부상할 수 있다.
- 정보통신기술은 불안과 불만을 공유할 수 있는 공동체를 만들 수 있도록 사람들에게 연결망을 제공할 것이다. 한편 이 기술들이 의견 대립을 키우고 (위험 집단의) 신병 모집과 집단행동에 드는 조직 비용을 낮출 수도 있다.

공산권 붕괴와 2008년의 금융위기 전까지 20세기를 지배한 사회주의와 신자유주의 같은 경제 이념이 저성장과 극심한 불평등 같은 정치적 쟁점으로 도배될 새로운 시대에도 유효할지는 불확실하다. 민족주의, 정치적 자유주의, 종교에 기반을 둔 정치 이념 같은 또 다른 형태의 정치 사상들이 대안으로 존재한다.

미래에는 인터넷 연결이 확대되고 통신 속도가 증가하면서 관념과 정체성이 더욱 빠르게 변화할 것이다. 디아스포라가 관념 형성에 더욱 큰 역할을 차지하게 될 것이다. 극단적인 관점이 추종자들을 더 쉽게 불러 모을 것이다. 특히 개발도상국들 사이에 인터넷 이용이 확대된 결과로 얻어진 공통의 경험과 정체성이 국경을 뛰어넘는 연대를 형성할 수 있다. 그 결과는 지역에 따라 다른데, 종교적·민족적 정체성의 강화일 수도 있고 세속주의와 자유주의의 확대일 수도 있다.

낡은 생각과 정체성이 쉽게 바뀌지는 않을 것이다. 국가 또는 민족 공동체가 특정 지역에서 자신의 권력 기반을 강화하고자 할 때 쉽게 내세울 수 있는 것이 민족주의다. 인터넷을 통해 대안적 사상과 정체성에 접근할 수 있어 국가적 이익이 위협당할 수 있게 된 오늘날에는 특히 더 그러하다.

이러한 역학 관계는 서구 자유주의와 중국·러시아를 위시한 권위주의적 민족주의 사이의 경쟁 구도에 그대로 반영될 것이다. 반대로, 대규모 이주, 중산층 삶의 질 악화, 경제적 불평등 확대를 겪고 있는 서구 나라들에서는 이민배척주의와 민중영합주의가 부상할 수 있다.

- 기술 발전, 여성의 정치적·경제적 참여 증가, 환경 변화, 도시화, 이주, 종교와 기타 문화 규범들에 대한 이해의 불일치 등은 향후 20년의 추세를 형성할 요인들이다. 이 요인들이 배타적 태도를 배양할지, 포용적 자세를 촉진시킬지가 중요한 변수다.

핵심 트렌드

초국가적 정체성이 더욱 강화될 것이다. 향후 20년간 정보와 아이디어들이 국경을 더욱 쉽게 넘나들 것이다. 15세기의 구텐베르크 인쇄술이나 1989년의 월드와이드웹 같은 정보기술의 발전은 종교의 전파를 촉진했는데, 그것은 부분적으로 종교가 국경과 국권을 초월하기 때문이기도 하다. 마찬가지로 이주와 피난도 대체도 종교를 전파시켰다. 종교는 사회적 긴장의 핵심 원천으로 작용해왔는데, 앞으로 세계 전역에서 종교집단 내 갈등, 종교집단 간 마찰, 종교적 공동체와 세속적 공동체 간 마찰이 모두 증가할 것으로 예측된다. 정보의 전파, 사상의 선전, 신앙의 충돌과 해석의 차이는 16~17세기의 종교전쟁부터 오늘날의 테러에 이르기까지 종교적 분쟁의 중요한 원인이었다. 정보기술의 이용 확대는 극단적 의견이 사이버 공간에서 추종자, 지지자, 동조자를 불러 모을 수 있는 플랫폼을 제공해줄 것이다. 개발도상국에서 인터넷 이용이 확대되고 가상현실과 같은 새로운 정보기술이 시공간을 가로지르는 강렬한 개인적 경험의 문을 열어주면서 이러한 현상은 더욱 심화될 듯하다.

종교의 역할. 퓨리서치센터에 의하면, 세계 인구의 80% 이상이 종교를 믿고 있는데 개발도상국의 높은 출산율로 인해 그 비율은 더욱 높아질 것으로 보인다. 다수자 또는 공격적인 소수자 종교집단들이 종교적 가치들을 법적 규범화하기 위해 더욱 적극적으로 정부를 압박함에 따라 사회적·정치적 갈등이 격화될 것으로 보인다. 이는 같은 국가 안에 존재하는 세속적 소수자 또는 종교적 소수자의 두려움을 야기할 것이어서 이주 및 반란의 원인이 될 수 있다. 중동과 아프리카 등 종교인 비율이 증가하고 있는 지역의 공동체들은 정부가 법을 만들고 정책을 펴는 데 종교적 원리를 반영하기를 기대할 것이다. 그들은 세속주의와 탈종교를 신과 신앙의 가치를 거부하고 사회적 통합을 해치는 서구적 가치로 간주하곤 한다.

- 노동조합과 같은 세속적인 중간조직이 약화되고 자유주의와 같

은 다른 이념적 선택지가 대안으로 인정받지 못하는 곳에서는 지역에 따라 종교적 활동이 역할을 확대할 것이다. 가톨릭구호회(Catholic Relief Services), 국제컴패션(Compassion International), 월드비전(World Vision) 같은 종교단체들은 이미 기초 공공 서비스 제공, 인도주의적 지원, 경제 개발 등에서 핵심적인 기여를 하고 있다.

- 1억 2500만 명의 신자를 보유한 가톨릭은 평화, 분쟁, 환경 등 여러 분야에서 세계적 리더십을 발휘하고 있다. 최근 가톨릭은 식량 공급, 영양 문제, 비줄기세포 연구와 같은 세세한 쟁점까지 다루고 있다. 그러나 오늘날의 발달된 통신 환경에서 종교조직은 (공적 기관과 마찬가지로) 전보다 더 면밀한 감시를 받을 것이다.
- 믿음을 정의하고 통제하는 방식을 놓고 종교집단 내 경쟁과 종교집단 간 분쟁이 심화될 것이다. 이는 정당의 권력 투쟁이 더욱 개인적이고 분열적으로 바뀐 것과 비슷하다. 이러한 분쟁에서는 타협보다 극단적인 행동과 분노가 더 큰 관심을 일으키고 불만을 행동으로 이끌어내기 쉽기 때문에 급진적인 소수파 활동가들은 온건한 목소리를 배척하기 쉽다. 카리스마 있는 극단적 지도자가 파괴적인 권력을 잡을 수 있으나, 기술관료적(technocratic) 수완을 결여한 폭력적인 극단주의자들은 제대로 된 통치를 시행하지 못할 것이다. 대다수 종교인은 극단주의를 적극적으로 지지하지는 않을 것이다. 그러나 극단주의자에 대한 수동적 지지 또는 암묵적 수용이 집단 간 긴장을 악화시킬 것이고 폭력적 지도자가 국제무대에서 활약하는 것을 도울 것이다. 지역 내 경쟁국이나 외부 후원국이 경쟁 종교집단을 지원할 경우 갈등은 증폭될 것이다. 이란이 시리아의 알라위파를 지원하는 것이나 카타르·사우디아라비아·터키의 수니파 정권이 내부 핵심 종교집단을 지원하는 것이 이를 뒷받침하는 사례다.

세속주의의 역할. 종교적 폭력의 심화에 대응하는 한 가지 방법은 세속주의 또는 탈종교로의 전환이다. 세계적으로 보면 스스로를 '무교자'로 여기는 인구가 기독교인, 이슬람교인에 이어 세 번째로 많다. 여론조사를 살펴보면 비종교인은 비율에서는 아니라도 절대 수치에서 분명 늘어나고 있는데, 특히 아시아 태평양, 유럽, 북미에서 증가 폭이 두드러질 것이다.

- 정치와 종교가 높은 수준으로 통합된 나라들에서조차 세속주의와 무교가 어느 정도 성장할 수 있다. 조사에 따르면 사우디아라비아에서 무신론자의 비율이 증가했다. 튀니지의 집권당인 나흐다는 최근 이슬람이 아닌 '이슬람 민주주의' 정당을 표방했는데, 이는 두 번째 단어에 방점을 찍은 선택이라 할 수 있다.

지정학적 경쟁은 이념 성향을 강화할 것이다. 자유주의가 향후 수십 년간 계속해서 경제와 정치의 벤치마크 모델이 될 것이지만, 그 단점을 시정하라는 대중의 요구에 직면할 것이다. 개인의 자유와 민주적 행동이라는 서구의 이상은 전 세계에 막대한 영향을 끼칠 것인데, 세계 전역의 이주민 및 반체제 인사들이 그 이상을 뜨겁게 지지하고 있는 것이 이를 뒷받침한다. 많은 개발도상국이 계속해서 서구 방식에 따라 근대화를 시도할 것이나, 최근 서구 국가에서 정치적 양극화, 금융의 변동성, 경제적 불평등으로 민중영합주의가 일어나고 정치적·경제적 개방의 대가에 대한 의구심이 생겨난 까닭에 자유주의의 매력이 큰 타격을 입고 있다. 시민의 요구를 충족시키지 못하는 정부일수록 내부 문제에 대한 관심을 분산시키고 책임을 외부의 적에게 돌리고자 이민배척주의와 민족주의에 기대는 것을 고려할 것이다. 한편 경제위기나 이민자 유입에 따른 실업을 두려워하는 대중은 점점 배타적인 이념과 정체성을 수용할 가능성이 크다.

- 아랍의 봄이 실패한 데 따른 장기적 후과로는 민주주의 제도와 규범의 붕괴, 그리고 정치적 반대파의 의견이 반영되는 제도화된 통로의 현저한 약화를 들 수 있다. 아랍의 봄에 참여했던 시위자들은 환멸과 트라우마를 겪고 있는데, 이들 중 다수는 서구가 세계적 사건을 통제하며 그들이 겪는 곤경에 책임이 있다고 믿는다. 이들은 한때 신봉했던 자유주의적 이상을 버리고 대안을 찾을 것이다.
- 한편 널리 알려진 가혹한 압제, 심각한 환경오염, 대중의 분노에도 불구하고 중국이 경제적으로 성공을 거둔 것이나 비서구권에서 강국이 부상한 것은 일부 나라가 강력하고 안정적인 현대사회라는 목표를 이루기 위해 서구 자유주의 모델이 아닌 다른 대안을 고려하게끔 부추길 것이다. 중국 정부가 국가 경제에 대한 통제권을 잃지 않으면서 성장을 유지한다면 – 특히 베이징 당국은 경제구조 개혁이라는 어려운 과제에 도전하고 있다 – 그 매력은 배가될 것이다.
- 최근 부상 중인 러시아의 민족주의는 시민권을 약화시키고 민족적·종교적·언어적 유대를 강조한다. 이는 우크라이나를 침공하고, 정치적 반대파를 '외국의 대리자'로 규정해 공격하며, '동성애 선언'을 금지하는 법을 통과시키는 것 등에서 잘 나타난다. 일부 이 지역 전문가들은 푸틴의 이러한 정책을 국제무대에서의 영향력 상실과 국내 위기에 대처하기 위해 국민 사이에서 공통된 목적의식을 형성하려는 시도라고 판단한다. 푸틴은 러시아 문화가 유럽의 퇴폐에 맞선 보수적 기독교 문화의 최후 보루라고 칭송하며, 위대한 역사와 문화, 문학을 보유한 러시아가 다문화주의의 흐름을 이겨낼 것이라고 말한다. 러시아 민족주의의 공격성은 푸틴 체제에서 날이 갈수록 커질 것으로 보이는데, 이는 우크라이나나 조지아와 같은 주변 국가들로부터의 격렬한 민족주의적 대응을 야기할 수 있고 소수민족들 사이에

권리를 박탈당했다는 정서를 부추길 수도 있다.

민주주의 사회 내 배타적 관념과 자기 정체성이 자유주의를 위협한다. 서구 국가에서는 생활수준이 예전과 같이 고른 상태로 돌아가지 않는다면 경제적·사회적 압력이 이민배척주의와 민중영합주의를 부추길 것인데, 이는 정치적 공동체의 스펙트럼을 협애화하고 배타적 정책을 확대할 위험을 무릅쓰는 일이다. 민주주의의 요새인 미국과 서유럽에서 법의 지배, 정치적 관용, 정치적 자유가 쇠퇴한다면 민주주의 사상의 정당성이 세계적으로 손상될 것이다. 세계는 미국과 유럽이 정치적 분열에 어떻게 대처하는지, 그리고 이주자, 인종 차별, 난민 문제, 세계화 등에 대한 토론에서 등장하는 거친 언사에 어떻게 대처하는지를 주시할 것이며, 마찬가지로 인도가 힌두교의 민족주의적 충동을 어떻게 관리하는지, 이스라엘이 극단적 근본주의에 맞서 어떻게 균형을 유지하는지 지켜볼 것이다. 결과가 어떻게 나타나는지에 따라 헝가리와 폴란드처럼 민주주의가 후퇴하거나 터키처럼 권위주의 정권이 집권할 수 있다. 민주주의가 안정된 나라들이 강력히 대응하지 않는 한, 이러한 추세는 가속화될 것이다.

- 서구 민주주의 국가들의 기성 정당들은 이민배척주의와 외국인 혐오가 부상함에 따라 어떻게 하면 기존의 대중적 인기를 유지하면서 점차 다양해지는 주민의 욕구를 충족시킬 것인가라는 과제를 떠안을 것이다. 분열적 민중영합주의 정당과 사회운동단체들이 국내적 또는 국제적으로 부상하는 것은 – 집권 정부는 그에 배타적인 정책을 선제적으로 시행함으로써 대응하고 있다 – 서구 민주주의의 국제적 위신과 그들이 자유주의적 가치를 옹호한다는 신뢰를 점차 무너뜨릴 수 있다.
- 개발도상국과 선진국 모두에서 인종 갈등이 주요 정치 문제로

떠오를 수 있다. 정보통신기술 발달로 집단마다 그 보호 기제가 다르다는 점이 명백히 드러나고 있다. 특히 인종적 소수자 집단에 대한 폭력을 국가와 법 집행이 영속화하고 있다는 인식은 사회적 긴장과 항의에 불을 댕길 것이다.

핵심 선택

근대의 특징이라 할 수 있는 기술 발전과 양성평등의 진전, 도시화는 가족, 종교, 세속주의, 민족주의, 특히 자유주의의 미래를 결정할 것이다. 이들 각각은 도덕적·법적·사회적·정치적 도전 과제를 제기하는데, 그것을 어떻게 처리할 것인지는 나라마다 다른 기존의 문화 규범에 의존할 것이다. 그중 가장 중요한 선택의 하나가 인체와 환경을 조작할 수 있는 기술을 다종다양한 신앙 공동체와 사회, 국가가 어떻게 다룰 것인지다. 이는 무엇이 도덕적으로 용납 가능한지에 관해 격렬한 의견 충돌을 불러일으킬 것이며, 인간 존재와 인간 집단, '자아'와 '타자' 등에 대한 정의를 근본적으로 흔들어놓을 것이다. 아울러 더 많은 사람이 자기 의견을 표출할 수 있게 해주는 기술의 발전도 양성평등, 도시화, 정치 참여 등에 대한 사회 관념의 차이를 더욱 뚜렷이 드러내는 데 도움을 줄 것이다.

기술과 인간의 삶. 인체 시스템을 이해하고 조작하는 기술의 발전은 삶의 본질에 대한 사람들의 생각과, 사람들이 사랑하고 증오하는 방식까지 흔들어놓을 것인데, 이는 사람들 사이에, 그리고 국가 간 또는 지역 간에 뚜렷한 분열을 야기할 것이다. 이러한 기술의 발전은 신앙 공동체 내부에서 또 신앙 공동체들 사이에서의 논쟁을 유발할 것인데, 이 대립은 심지어 종교적 공동체와 세속적 공동체 간의 대립보다 더 날카로워질 수 있다. 한편 사생활 보호와 안보 이익이라는 상충하는 문제에서 어떻게 균형을 이룰 것인지는 거버넌스, 경제의 경쟁력, 사회적 통합에 장기적으로 지속적인 영향을 미칠 것이다. 앞으로 기술 분야에서의 핵심 선택들은 점점 더 정치적인 문제, 이데올로기적인 문제가 될 것이다.

- **인간 역량 증강.** 통신기술, 생물학, 인지과학, 약학의 발전으로 기억, 시력, 청력, 주의력, 근력 등 기본적 인간 기능에서 자연적 능력과 인위적으로 강화된 능력 사이의 경계가 흐려질 것이다. 경쟁이 점점 치열해지는 시대를 사는 사람들은 남보다 앞서기 위해 기술적 강화를 기꺼이 수용할 것이다. 그러나 일부는 그것이 '부자연스럽고' 가난한 자들에게는 제공되지 않는다는 점을 도덕적 근거로 삼아 거부할 것이다. 이들 기술에 대한 접근권이 있는 가진 자와 없는 못 가진 자 사이의 구별선은 더 굵어질 것이다.
- **유전공학.** 의료 전문가들은 바이오기술 연구가 암을 비롯한 질병 치료에 돌파구를 마련해줄 것으로 예측한다. 그러나 새로운 기술은 도입 초기에 일부에게만 비싼 가격으로 제공될 것이다. 그래서 새로운 기술의 적용 여부에 따라 생사가 갈리는 경우 의료 서비스에 대한 접근권을 놓고 뜨거운 논쟁이 벌어질 것이다. 바이오기술은 또 개개인의 생물학적·유전적 체질에 따른 맞춤형 의료를 강화함으로써 진단, 개입, 예방을 혁신할 것임이 분명하다. 여기서도 마찬가지로 선택적 맞춤 진료를 이용할 수 있는 부유층과 치료법이 이미 알려진 질병조차 관리하지 못하는 개발도상국이 극명한 대조를 이룰 것이다. 마지막으로 유전자조작은 사전에 원하는 대로 선택한 특성들을 반영한 배아, 즉 '맞춤 아기(designer baby)'의 가능성을 열어줄 것이다. 이것은 인종에 관한 생각에 대해 주의를 환기할 것이며, '이상적'

인 인간이란 무엇인가에 대한 논란을 촉발할 것이다.

- **죽음에 대한 결정.** 수명 연장으로 전 세계 수많은 사람이 80세, 90세, 심지어는 100세 넘어 생존할 것이다. 미국에서는 죽기 전 마지막 6개월 동안 쓰이는 의료비가 전체의 상당한 몫을 차지한다. 개발도상국과 신흥개발국에서도 지금의 정년·연금 체계하에서는 노년층 부양 부담이 개인의 지갑 및 공공 예산을 압도하게 될 것이다.

그러나 수명을 연장시키는 바이오기술은 생활의 편리성을 높여주고 고통을 줄여주며 인간의 기본 능력을 확장시켜 개개인의 자립성을 증진시키고 간병 비용을 경감시킬 수도 있다. 주택과 공공시설에 노인의 낙상 위험을 감소시키고 일상 수행을 돕는 기술들이 접목될 것이다. 또한 노년층이 재가보호를 선호하는 추세가 형성되면서 병원이 아닌 집에서 죽고자 하는 사람이 많아질 것이다.

죽음에 대한 인간의 선택지를 넓히자는 주장이 전 세계적으로 힘을 얻을 것이다. 여기에는 위독한 환자의 고통을 덜어주고 두려움을 덜 느끼고 존엄하게 죽을 수 있도록 심리적으로 도와주는 호스피스의 제공도 포함된다.

- **사생활과 안보.** 감시용 장치와 센서가 더 싼 값에 광범위하게 이용되면서 기술적으로 가능한 것과 법적·사회적으로 용인될 수 있는 것 사이의 경계가 시험대에 오를 것이다. 신원과 위치를 확인하는 장비는 업무와 범죄를 추적하는 방식을 근본적으로 변화시킬 것이고, 어떤 사람의 행동 패턴을 선명하게 보여줄 수 있는 알고리즘은 개개인의 건강, 범죄, 교육적 잠재력, 직업 선호 등을 '예측'하는 데 쓰일 수 있다.

일반 시민들의 생활에 드론이 광범위하게 이용되면 사람들의 사생활의 양상이 바뀔 것이다. 한편 이 기술이 범죄 집단에 의해 이용될 수 있어 사람들의 불안감이 커질 수 있다. 권위주의 정부가 자유를 억압하기 위해 그러한 기술을 활용할 수도 있다.

공중보건, 물, 식품, 기타 핵심 자원의 풀을 세계적 차원에서 관리하려 한다면 사생활, 통제, 권력 등에 관한 현재의 관념과 충돌하지 않을 수 없을 것이다.

- **정치 참여.** 소셜 미디어는 사람들을 동원하는 데 드는 비용을 크게 줄여주었지만, 일부 과학자들은 가상공간에서의 정치적 행동주의가 투표와 같은 실체적 참여를 대체하면서 정치 참여의 질을 낮출 수 있다는 것을 경계한다. 더욱 부정적인 이들은 신기술이 분열과 양극화를 초래할 것이라고 우려한다. 더욱 광범위한 시청자에게 생각을 전파하는 전통적 미디어와 달리, 소셜 미디어는 한정된 네트워크를 통해 그것도 스스로 선택한 사람에게만 정보와 생각을 전파할 수 있다. 이처럼 편파적인 정보의 수용과 전파는 편견, 분리, 양극화를 강화시킬 것이다.

교육. 교육은 직업, 임금, 혁신, 발전의 선택지를 결정하므로 모든 국가 또는 개인의 성공에서 핵심 요인이 될 것이다. 미래 직업의 대부분과 관련된 분야인 과학·공학·기술·수학의 급속한 발전은 종사자들에게 기술의 지속적인 업데이트를 요구한다. 수백만 젊은이는 취업 기회를 잡기 위해 교육을 받으러 다닐 것이고, 수백만 성인은 각 분야의 빠른 변화를 따라잡기 위해 끊임없이 교육훈련을 받아야 할 것이다. 그에 따라 다양한 곳에서 여러 가지 대안적 교육 모델이 등장할 가능성이 크다. 성인 여성과 여아에 대한 교육 기회의 대대적 확충은 여성의 삶의 질을 향상시키고 성 역할에 대한 기대를 바꾸는 데 결정적인 요인으로 작용할 것이다.

- 많은 나라가 시민에게 기초 교육을 제공하는데, 그 교육 내용은 정치적으로 결정되어 있거나 검열받고 있다. 일부 정권은 친정부적 선전을 퍼뜨리고 애국심을 주입하기 위한 방편으로 공립학교를 이용하고 있다. 최근 러시아는 영국의 유명 사립대학 캠퍼스들에 러시아 언어 및 문화 센터를 세워줌으로써 친정부 정서를 강화하려고 했다.
- 기업은 고숙련 노동력의 규모를 기술 변화의 속도에 맞춰 유지하고 싶어 한다. 경쟁력을 갖추고자 하는 기업주들은 교육을 복리후생 제도에 포함시키거나 고용 조건으로 지속적인 교육 이수를 요구할 것이다. 기술이 교육과정상 차지하는 몫도 점점 커질 것이다. 유명 사립대학과 기업은 학생 및 직원 교육을 위한 온라인 공개수업(MOOC)의 활용을 점차 확대하고 있는데, 아마도 인공지능 기술은 맞춤형 교육 커리큘럼을 개발해줄 것이다.

젠더. 인구통계학적 요인과 경제적 요인으로 인해 여성의 역할과 기회는 대부분 나라에서 중요한 쟁점으로 떠오를 것이다. 여성은 공식적인 노동 부문, 공공 부문, 또는 민간 영역의 지도부, 안보 기획 등에 더 많이 참여하게 될 것이다. 젠더 역할과 기대가 경제와 안보 기획에서 핵심이 될 수 있다는 것을 점점 더 많은 사람이 인정하게 될 것이다. 추세는 점점 평등 쪽으로 기울 것인데, 적어도 경제적 생산성 측면에서는 평등이 이루어질 것이다. 그러나 변화는 느리게 찾아올 것이며, 여성의 권익 향상이 실현되지 않은 지역에서는 가정 폭력과 여성 인권 후퇴가 잇따를 수 있다. 일부 공동체에서는 안전이 흔들릴 경우에 가부장제로 회귀할 가능성이 높다.

- 서구에서는 낮아지는 생산성을 노동 참여 확대로 극복하기 위해

기업들이 양성 간 임금 및 기회의 격차를 일부 완화할 수 있다. 이미 세계 어디서나 사회단체, 정부조직, 경제기구에 여성이 많이 보이는 것은 여성이 전통적인 성 역할에 국한되어 살아가는 공동체에 역할 모델이 될 것이다.

- 생산 노동과 재생산 노동의 조화에 대한 지지 증가는 여성에게 새로운 기회를 열어줄 것이다. 무급 가사노동을 커다란 사회 기여로 인정받고자 하는 운동 역시 비슷한 효과를 불러일으킬 것이다. 이러한 발전은 공공 정책 및 제도에 의해 촉진되는 동시에 거꾸로 그것들을 개선시킬 것이다.
- 기반시설과 기술의 발전은 전통적 성 역할에 뒤따르는 일상적인 노동을 경감시킬 것이며, 이는 여성의 공식 경제 참여와 교육 확대로 이어질 것이다. 그러나 기후변화와 그에 수반된 전염병 같은 문제들은 가족을 돌볼 책임에 매여 있는 여성들에게 더욱 나쁜 결과를 가져다줄 것이다. 정부가 재정 압박 때문에 사회안전망을 축소하는 경우도 노인이나 취약 그룹이 가족에 의존할 수밖에 없는 만큼 여성의 부담을 키울 것이다. 국가의 복지 정책과 건강보험 정책은 여성의 노동 참여를 크게 좌지우지할 것이다.
- 사회적 지위 상승을 노리는 여성이 증가하고 또 국가는 생산성 향상을 위해 노동 인구를 늘려야 하기 때문에, 여성의 경제적 역할을 제한하는 종교적·문화적 규범은 궁지에 몰릴 것이다. 아울러 양성 간 관계에 직접적으로 영향을 미치는 가족관계법의 문제가 사회의 중요 쟁점이 될 가능성이 높다.

도시화. 도시의 제1세대 거주자들은 곁에 없는 친족 대신에 신앙 공동체에서 사회적 지지를 얻으려 하기 때문에 전체 인구보다 종교를 믿을 확률이 높다. 이러한 현상은 세계에서 가장 빠르게 도시화가 진행되고 있는 아프리카와 아시아에서 종교단체들에 기회인 동시에 사회적 긴장의 근원이 될 수 있다. 또한 문화적 배경이 다른 이들을 서로 연결시켜주는 도시는 다양성을 키워가기 마련인데, 이것 역시 갈등의 원인이 될 수 있다. 도시의 급성장은 더 많은 사람을 지원해야 하는 기반시설에 무리를 줄 것이다. 또한 도시 내 불평등 격화 및 그에 대한 인식의 심화는 사회적 마찰을 고조시킬 것이다.

- 경제적 변동성이 크고 거버넌스가 약한 시기에 성장해가는 도시 지역에서 종교단체는 '스스로 돕는' 방식으로 사람들을 부조할 수 있다. 이는 공공 부문의 수요를 일부 경감할 수 있지만, 그 권한과 규범을 둘러싸고 정부 또는 여타 시민들과 긴장을 일으킬 수 있다. 만일 종교단체들이 기본적 요구를 충족시키고 일체감을 제공하며 도덕적 지침과 정의를 제시하는 데 정부보다 더 유능하다고 판단된다면 그들의 영향력은 배가될 것인데, 이는 단체에 속하지 못한 이들의 불안과 저항의 씨앗이 될 것이다. 레바논과 같이 종교적으로 다원화된 사회는 갈등이 발생할 소지가 더욱 크다.
- 여러 부류의 사람을 한데 뒤섞는 도시화는 일자리와 자원을 둘러싼 경쟁을 심화시키는데, 이는 단기적으로 외국인 혐오를 키울 수 있다(물론 장기적으로는 수용과 통합으로 귀결된다). 도시는 다양성에 대한 관용과 불관용의 결합을 만들어낼 수 있다.
- 한 집단에 모여들어 섞이는 사람들 간에 상호 친숙성과 관용이 커질 수 있는 한편, 서로 다른 문화가 상호작용하면서 예를 들어 인권 규범과 같은 것들을 비롯해 자유주의에 대한 관념이 바뀔 가능성이 커진다. 연구에 따르면, 이주는 인권 규범을 전파하는 경향이 있

는데, 인권에 대한 관심이 더욱 높은 사회로 이주할 경우 그 이주민이 고국의 기준을 더 이상 수용하지 않게 되기 때문이다. 설사 이주민이 고국으로 돌아가지 않더라도 행동의 용인 기준에 대한 변화된 관점을 고국으로 퍼뜨리곤 한다.

- 지금까지 그래왔듯이 급격한 도시화는 도시의 현 상태에 대한 불만을 키우고 새로운 사회적·정치적 운동을 배태하여 정치적 동원을 촉진할 것이다.
- 한편 소수민족을 배제하는 데 드는 정치적 비용이 커지거나 정당들이 범문화적 지지를 필요로 할 경우, 정부는 소수민족의 권리 요구에 어떤 입장을 취할지를 재검토하게 될 것이다. 소수민족이 작은 나라의 정부는 핵심 유권자층을 제외한 다른 집단의 요구를 들어주는 데 흥미를 느끼지 못한다. 그뿐 아니라 정부가 소수민족의 기반을 흔들기 위해 분노를 그들에게 집중시키는 방법을 고려할 수도 있다. 그러나 소수민족이 규모를 키우고 정치적·사회적·경제적 수단이나 폭력을 통해 영향력을 행사하는 데 능숙해지기에 이르면 정부 지도자들은 그들의 요구를 수용할지 거부할지를 결정하는 데 더 어려움을 느끼게 될 것이다.

지도자와 미디어가 문화적 다양성과 관련해 어떤 표현을 쓰는지와 다변화하는 인구를 통합하기 위해 어떤 정책을 쓰는지는 향후 20년간 배타적 정체성이 형성될지 포용적 정체성이 형성될지를 판가름할 것이다. 젊은 층 단체나 종교단체를 비롯해 영향력이 큰 집단들은 더 광범위한 사회 구성원에게 영향력을 행사할 잠재력을 갖고 있다. 연구 조사에 따르면, 젊은 층은 문화적으로 다양한 집단에 더욱 많이 노출되면서 다양성을 당연한 가치로 여기는 경향이 있다. 또한 이들은 지리적으로 가깝지 않은 이들에게도 연결성과 유대를 느끼는 것으로 나타난다. 앞으로 20년 동안 더 성장하여 정치에 참여할 세대는 공동체의 정의를 다시 규정할 것으로 보인다.

- 연구 결과에 따르면, 실제적인 위험이나 위협보다 폭력에 대한 대중의 인식과 미디어의 묘사가 두려움에 더 큰 영향을 미친다. 잘 알려진 일부 지역의 테러 공격들 때문에, 최근에는 이 지역들에서 폭력 사태가 일어나지 않고 있는데도, 대부분의 비이슬람 주요국에서 이슬람교도 및 중동 또는 북아프리카 출신자(이들은 사실 여부를 불문하고 대부분 이슬람교도로 인식된다)에 대한 차별은 계속될 것이다.
- 한 문화를 결정짓는 근본적인 요소 중 하나는 남성과 여성이 맺어야 할 바람직한 관계에 관한 관념이다. 여기에 여성의 지위에 대한 견해차가 더해진다면 이 문제로 말미암은 사회적 갈등이 현실화할 수 있다.

서로 다른 정보가 홍수처럼 쏟아지고, 또 그 수가 늘고 있는 영향력 있는 사람들 간에 진실과 사실관계에 대한 견해차가 벌어지면서, 정부는 절충점을 찾기 힘든 처지에 빠지고 있다. 공식 기관에 대한 불신이 커지고 언론 매체의 급증 및 양극화가 진행됨에 따라 일부 학자와 정치평론가는 현시대를 '탈진실' 또는 '탈사실'의 시대로 규정한다. 이러한 변화는 부분적으로 보통 사람들에게 뉴스를 제공하는 개인과 기관이 늘어났기 때문이기도 하다. 이러한 분위기가 지속될지, 아니면 대중과 정치집단이 정보량 증가에 적응해 균형 잡힌 관점을 취하게 될지가 앞으로 관건이 될 것이다.

- 이러한 '탈사실'적 추세에 따라 개인이 정치적 견해를 결정할 때 사실에 기초하여 근거를 찾기보다 감정에 의존하는 경향이 커지고 있다. 실제로 정보가 상충할 경우 사람들은 새로운 정보가 편파적인 출처 혹은 상대편으로부터 나왔다고 여기고, 이는 다시 집단 간 대립을 심화시키는 것이 보통이다.
- 쇄도해 들어오는 세세한 정보들에 대해 사람들은 자기처럼 생각하는 지도자가 '해석'해주는 것에 의지한다. 가장 최근의 에델만 신뢰도 지표 조사를 보면, 대학교육을 받은 뉴스 소비자와 대중 사이에 누구(무엇)를 신뢰하는지에 대한 견해차가 커지고 있다. 조사 결과, '자신과 비슷한 이'를 믿는다는 응답자의 비율이 커지고 있는데, 이는 CEO나 정부관리들보다 높은 수치다.
- 2014년 퓨리서치센터의 조사에 따르면, 미국인이 가장 신뢰하는 언론사의 신뢰도가 54%에 불과했다. 이제 사람들은 소셜 미디어에 모여 소식을 얻고 사건에 반응한다.

통치

HOW PEOPLE GOVERN

정부는 국민에게 안전과 번영을 제공하는 데 점점 더 많은 난관에 부딪히게 될 것이며, 그로 인해, 사회와 정부 간 타협이 이루어진 역사적인 흥정이 지속될 것인지에 대한 의문이 제기된다. 이러한 불확실성과 정부에 대한 신뢰의 광범위한 하락으로 인해 기존 시스템으로는 대중의 기대에 부응하고 국경을 초월하는 문제에 대처하기가 어렵게 되었다.

- 나라마다 다르지만 지난 10년 동안 정부에 대한 신뢰는 전반적으로 쇠퇴했다. 2015년 OECD가 갤럽 여론조사를 이용한 조사 보고에 의하면, OECD 전 회원국의 중앙정부에 대한 신뢰는 2007~2014년에 45.2%에서 41.8%로 3.3%p 떨어졌다. 슬로베니아, 핀란드, 스페인은 25%p 이상 하락한 반면 독일, 이스라엘, 아이슬란드는 20%p 이상 상승했다. 2016년 9월에 발표된 갤럽 여론조사 보고에 의하면, 미국인의 42%만이 자기 나라의 정치지도자들을 '대단히' 또는 '상당히' 신뢰한다고 했다(이는 2004년 이후 20%p 떨어진 수치로서 갤럽 추세의 최저치를 새로 갱신한 것이다).
- 이러한 역학 관계는 제2차 세계대전 이후 지속된 정부 구조를

형성하고 있다. 세계의 여러 지역에서 민주주의는 스트레스를 받고 있는데, 일부 학계에서는 지원이 감소할 가능성을 지적하고 있다. 지난 10년 동안 민주주의 국가 수는 안정 상태를 유지하고 있지만 개인뿐 아니라 극단주의 집단에게도 힘을 실어준 기술과 더불어 전 세계적인 이민과 경기 침체로 과거 안정되었던 헝가리와 폴란드 등 민주국가들이 약화되었다. 많은 국가는 통제를 지속하려는 욕망 때문에 자유주의적이고 민주적인 기관과 불화를 빚고 있는데, 학계에서는 자유를 제한하는 몇몇 큰 나라가 불안정해지고 심각한 내부 도전에 직면하게 될 것이라고 주장한다. 영국과 미국처럼 오랜 역사를 지닌 자유민주주의 국가에서조차 양극화와 쇠퇴의 징후가 나타나고 있다.

• 중국과 러시아는 신기술을 활용해 반정부 표현 통제를 강화하고, 더욱 정교한 형태의 억압도 실행할 수 있다는 것을 보여주었다. 러시아는 민주주의와 자유주의, 인권을 점점 더 훼손하려고 해왔다. 그 방법은 선전 활동을 강력하게 전개하고 여타 권위주의 정권과 공동의 명분을 만드는 것이다. 2015년에 크렘린은 '바람직하지 않은' 외국 기관의 활동을 금지하는 법안을 통과시켰다. 많은 사람은 이 법을 반대자를 단속하기 위한 수단으로 보고 있다.

핵심 트렌드

경제적 변화와 불공평에 대한 인식은 (정부의) 능력에 의문을 제기한다. 대중의 눈으로 볼 때, 경제 성장의 증가율이 하락하고, 그 원천이 바뀌며, 소득 불평등이 심화하고, 글로벌 경쟁에서 '뒤처지고 있다'고 인식되기 때문에, 정부에 대해 생활수준을 향상시키고 보호해달라는 요구가 촉발될 것이다. '세계화'에 대한 이러한 좌절은 커질 가능성이 있다. 왜냐하면 임금 상승을 늦출 여러 가지 요인도 정부의 광범위한 번영 제공을 곤란하게 하기 때문이다. 그러한 요인에는 저부가가치 제품의 저임금 생산자들 사이에서 경쟁이 격화되고, 각국 경제에서 매우 중요한 산업을 교란시키고 탈바꿈시키는 기술이 출현하며, 글로벌 금융 및 원자재 시장이 요동치는 것 등이 포함된다.

- 다른 정책적 선택지가 없는 탓에, 이러한 변동성은 많은 부문에서 '승자 독식' 역학의 요인이 됨으로써 노동자 개인이나 국가 모두에게 승자와 패자 간 불평등을 더 확대할 것이며, 생활수준을 보장하고 번영을 촉진하는 정부의 역할을 놓고 벌어지는 충돌을 더욱 격렬하게 만들 것이다. 성장을 촉진하기 위해 인적 자본과 기반시설에 투자하는 일부 정부는 추진 정책이 결실을 거둘 때까지 부채 누적 때문에 긴축 정책을 취하지 않을 수 없다는 것을 알게 될 것이다.
- 정부는 경제적 불안정 때문에 국민에게 약속한 사회복지를 이행할 수 없을 것이다. 국민이 노령화되고 기대수명이 늘어날 것으로 예상되는 선진국에서는 의료 서비스 비용이 상승하는 반면에 기업의 이익과 세수는 줄고 정부 부채가 여전히 높은 수준에 머물 것이다. 주민의 이익을 제대로 지키지 못하는 정부의 무능력에 대한 대중의 분노는 격화될 것이다. 부와 기술, 소셜 네트워크로 인해 교육과 의료 등 여러 가지 공공재를 기피함으로써 공유 재산 의식이 약화될 것이기 때문이다.
- 완만한 경제 성장률과 원자재 가격 하락은 아시아와 중남미에서 최근에야 가난에서 벗어난 중산층에게 타격을 주고 있다. 이들이 과거 수십 년간 번영을 누릴 수 있게 한 전 지구적 힘은 이제 최근에 얻

은 이익을 토해내라고 위협함으로써 불안감에 기름을 붓고 있다. 이런 상황은 기업이 값싼 노동력과 자동화 확대를 계속 추구함으로써 관련 시장에서 산업과 노동시장을 교란하기 때문에 발생한 것이다. 그 결과, 대중은 정부가 자기들의 필요에 부응하지 않는다고 생각하게 되었다. 이에 따라 브라질 및 터키와 같이 새로 중산층이 확대된 나라에서 최근에 대규모 시위가 일어났다.

이와 유사하게, 잘못 운영되고 경직된 관료체제 때문에 발생한 부정의에 대한 인식은 현상에 대한 대안을 촉구할 것이다. 전 세계적으로 부패와 처벌 면제가 여전히 만연한 문제다. 국제투명성기구에 의하면, 일부 G20를 포함한 전 세계 국가의 68%가 심각한 부패 문제를 겪고 있다. 부패는 최대의 고용 문제에 당면한 인구통계학적으로 젊은 일부 국가에서 특히 심각하다. 국제투명성기구의 중동 및 북아프리카 지역 부패 조사에 의하면, 이 지역에 사는 5000만 명의 인구는 기초 서비스를 받기 위해 뇌물을 주어야 했다. 이 조사에서 공무원과 정치인은 종교인보다 훨씬 더 부패한 것으로 인식되는 것으로 나타났는데, 이는 경쟁적인 서비스와 지원을 제공하는 정부와 종교단체 간 긴장을 조성하는 잠재적 요인이 될 수 있다.

- 기존 정치 행위자들이 정치적·사회적 걱정거리를 해결하기 위한 조정에 실패했다는 견해는 기존 형태의 거버넌스가 부적합하다는 인식을 심화시킨다. 학계 조사에 의하면, 이러한 조정 실패는 기존의 거버넌스 난제를 악화시킬 수 있다. 아프가니스탄 현지 기관을 조사한 결과에서는 위계질서가 분명하지 않은 여러 기관들 때문에 엘리트 간 경쟁이 격화되고 거버넌스의 품질이 저하된 것으로 나타난다.

정부가 기초적인 거버넌스 기능조차 수행하지 못할 정도로 능력이 저하되고 사회와 상호 건설적인 관계를 발전시키지 못하는 국가는 취약국가 반열에 이름을 올릴 우려가 있다. 2013년도 OECD 보고서는 세계화의 결과로 법률 사업이 촉진되었을 뿐 아니라 초국가적 범죄 및 조직범죄 등 불법 활동이 증가했다는 점을 강조했다. 이러한 상황은 그러한 난제를 처리할 능력이 떨어지는 국가들을 더욱 취약하게 할 위험이 있다. 2015년에 OECD는 세계 인구의 5분의 1에 해당하는 50개국과 영토가 취약국가 또는 분쟁 상태라고 확인했다. OECD는 취약성이 국내적으로뿐 아니라 국제적으로도 '대안 통치 공간'이 발생하고 늘어날 가능성을 증가시키며, 다수의 취약국가에서 중앙의 권위를 재구축하는 데 심각한 도전을 야기한다고 강조했다.

불만족과 기대 차이. 보안·교육·고용 분야에서 정부가 거둔 불만족스러운 성과는 대중의 불만을 키우고 정치적 불안정성의 토대를 만들 것으로 보인다. 때에 따라 대중의 불만은 세계화의 영향으로 타격을 받아 생활양식과 생활수준이 악화된 데서 – 또는 생활수준이 다른 나라보다 뒤떨어진다는 의식에서 – 비롯된다. 다른 한편으로, 이미 돈이 많고 교육을 잘 받았으며 정보를 잘 파악하고 있는 대중은 상황이 더 좋아지고 있는데도 정부에 더 많은 것을 기대한다. 사실 정부가 시정해야 할 문제는 기후변화, 테러리즘, 이민 증가 등 복잡하기 이를 데 없고 비용이 더욱 많이 드는 실정이다. 기술·정치·사회 변화를 통한 권력의 분산으로 말미암아 각종 사안에 대한 잠재적 반대자가 더 늘어남으로써, 정부가 정책을 효과적으로 추진하기가 더욱 어려워지고 기대의 격차가 심화되었다. 정치적·사회적 변화로 정당과 같은, 한때 이익을 통합하고 국가를 상대로 이를 대변했던 전통적인 중개 기관은 약화되고, 대중의 직접 참여 요구가 현대 국가의 다층적 특성과 충돌하고 있다.

- 정부는 점증하는 행위자들 – NGO와 기업, 그 밖의 실체들 – 을 상대해야 할 것이다. 이들은 특히 온라인에서 시민에게 직접 호소하고 그들 자체의 연합을 구축할 수 있다. 광범위하게 약화되는 정당, 그리고 돈과 미디어를 사용해 대중과 직접 소통하고 지원을 동원할 수 있는 개인과 단체의 능력은 – 반드시 지속 가능하지 않다고 할지라도 – 정치를 개인화하고 선거 결과와 정책 결정 과정을 예측할 수 없게 만들 것이다.
- 또한 정부는 기술 변화, 그리고 금융시장 내 개별 참가자의 점차 커지는 영향력을 다뤄야 한다. 이러한 것은 대공황 당시에 그랬던 것처럼 국경을 초월한 대규모 혼란을 급속하게 초래할 수 있다. 금융전문가들은 이러한 취약점이 더 커질 것을 경고한다. 왜냐하면 인공지능을 이용한 빅데이터 분석과 자동거래 시스템을 구동해 단기 이익을 제공하고 규제의 차이점을 이용하거나 새로운 능력을 개발하는 신규 도구를 모색할 것이기 때문이다. 한편 리더십과 대중의 신뢰 및 기반시설을 갖춘 국가 또는 국가 하위 기관들은 기술을 이용해 효율성과 투명성이 높은 서비스를 제공함으로써 부패를 척결하고 활동을 규제할 능력을 제고할 것이다.
- 범죄와 부패를 더 이상 견딜 수 없게 된 대중은 개혁하지 않으면 권력을 잃게 될 것이라고 정부를 향해 더욱 강하게 압력을 가할 것이다. 이러한 압력에 대해 다양한 대응이 나올 것인데, 일부는 투명성과 대응력을 높이는 방향으로 움직이는 반면, 다른 일부는 권위주의와 적은 책무성 쪽으로 후퇴할 것이다. 정부 활동에 대한 상세한 정보를 입수할 수 있는 새로운 통로가 생기고 전복되는 다른 정부들에 관한 뉴스를 접할 수 있는 대중은 정부의 활동에 대한 기대가 커질 것이다.

정치적 야심가들은 새로운 형태의 정치 참여를 형성하기 위해 이러한 대중의 축적된 실망감을 이용할 수 있다. 반부패 언어로 표출된 민중영합주의 정서는 남아시아 정치의 주된 요소가 되었다. 인도와 파키스탄의 정당들은 기존 정치 엘리트와 주류 정당에 신물이 난 사람들이 대중운동으로서 '개혁' 정치로 몰려드는 것을 지켜보았다.

- 조사에 의하면, 유라시아 인구의 압도적 다수는 정부기관의 정통성을 인정하지 않고 의회, 대통령, 경찰, 판사, 기타 엘리트를 별로 신뢰하지 않는다. 이와 유사하게, 퓨리서치센터에 따르면, 중국 시민들이 가장 염려하는 사항은 부패와 불평등이다.

비국가행위자들의 등장. 정부가 정부의 기능을 맡을 준비를 갖춘 기업 및 여타 비국가행위자와 점점 더 경쟁하게 되면서, 서비스 제공자 간 분업이 진전되고 있다. 그러한 단체 다수는 새로 생겨난 것이 아니지만, 행정부에 대한 신뢰가 떨어지고 있기 때문에 기회가 더 커질 것이다.

- **기업.** 세계화로 다국적기업의 활동 영역이 확대됨으로써 일부 기업은 서비스를 제공하기 위해 공공·민간 파트너십에 참여할 기회를 잡았다. 기업은 독자적으로 또는 정부와 함께 해묵은 사회 및 환경 문제를 해결하고 공공의 필요성에 부응함으로써 자신의 지위와 재정 성과를 개선하는 선택을 해왔다. 코카콜라와 미국국제개발처(USAID)는 탄자니아와 여타 국가에서 물 처리를 지원하기 위해 제휴했다.
- **종교 기반 기관.** 신앙을 기반으로 한 기관들은 역사적으로 개발과 식량 원조를 제공했다. 일부 NGO에 의하면, 정부가 불안정할 때

기부자들은 더 많이 기부하려고 한다.

- **도시와 시장.** 도시화가 진행되고 거대도시가 발전하면서 도시와 도시 지도자의 영향력이 확대될 것이다. 과거 수년 동안 세계 대도시의 지도자들은 C40(기후변화에 대처하기 위한 협업 네트워크로, 2014년에 남아프리카에서 널리 알려진 기후 회의를 개최했다)를 발전시켰다. 2016년 12월 멕시코시티에서 열리는 회의에는 전 세계로부터 C40 시장들과 수백 명의 도시 지속성 지도자들이 모여 기후변화에 대한 도시 해결책을 진전시킬 계획이다.
- **범죄·테러리스트 조직.** 디지털 보안 허점을 먹이로 하고 국가 법률상의 차이를 이용해 돈을 챙기는 범죄자와 가상 범죄 네트워크의 확산은 강대국에도 큰 문제일 것이다. 이러한 상황은 범죄단체가 페이스북을 이용해 난민과 접촉하고 유럽으로 가는 이민 경로를 통제하는 데서 볼 수 있다. 또한 테러리스트 조직 – 가장 유명한 것은 ISIL – 은 명분을 강화하고 지지자를 끌어들이기 위해 거버넌스를 제공하는 것을 모색했다.

거버넌스의 다양화 증가. 향후 20년 동안 국가 간 또는 국내의 거버넌스가 더욱 다양해질 것이다. 그것은 도시화, 경제 성장, 성 평등성과 같은 기초적인 사회규범, 그리고 이민의 정도에 따른 대응에 의해 달라질 것이다. 국가·지역·지방 정부 간 권한의 분리는 일부 도시와 지역이 기존의 행정구역보다 영향력이 더 커지면서 변화할 가능성이 있다.

- 민주적이고 독재적인 요소를 혼합한 국가의 수는 증가하고 있으며, 안정된 민주주의를 위한 경향은 뚜렷하지 않다. 한 연구에 의하면, 그러한 혼합형 국가들은 불안정해지기 쉽다. 많은 사회는 만성적

으로 취약하고 불안정한 정치제도로 말미암아 타격을 받을 것이다. 기존의 제도화와 대중의 정치 신뢰에 관한 국가 등급의 범위는 정치적 또는 환경적 충격을 흡수할 수 있는 국가 능력에 큰 차이가 있음을 의미할 것이다.

- 심지어 같은 지역 내에서도 거버넌스 품질의 차이는 증가할 것이다. 유럽에서 북유럽의 대체로 높은 정치 신뢰 수준은 정부가 정보기술을 사용해 서비스를 개선할 수 있게 해주는 반면, 이탈리아와 같이 대중의 신뢰가 미흡한 정부는 그러한 행동을 취하는 데 방해를 받을 것이다. 취약한 중앙아메리카 국가들은 침몰하고 있는 데 반해, 칠레나 우루과이 등의 성숙한 기관은 경제적 어려움의 영향을 효과적으로 완화할 수 있다. 아프리카에서도 다수의 실패한 국가와 상대적으로 개혁 가능성이 큰 가나 또는 케냐 같은 국가 사이에 차이가 커지는 것을 볼 수 있을 것이다.
- 성공한 국가와 준국가단체는 공공·민간 파트너십을 이용해 민주주의와 책무성을 높여준다고 보장하지는 못하더라도 변화는 할 수 있을 것이다. 개발도상국은 새로운 기반시설의 건설을 활성화하고 국가 서비스가 전달되기 어려운 농촌 지역에 정보를 전파하기 위한 파트너십에 더욱 개방적이 되고 있다. 2008년 사태 이후, 경제 성장을 민간과 규제가 완화된 시장에 맡기는 것이 최선이라는 생각에 대한 회의가 커지는 가운데, 싱가포르에서와 같이 준정부기관에 의존하는 방식이 본받을 모델로서 새로이 주목받을 것이다.
- 특히 개발도상국에서는 정부의 무게중심이 중앙에서 도시 및 도시가 자리 잡은 지역으로 이동할 가능성이 있다. 최근 브루킹스연구소의 연구 결과에 따르면, 지방자치단체들이 재정 자원을 통제하고 유능한 관료와의 합의에 의해 의사결정을 하려고 하며, 종종 민간의

전문성을 이용하기도 하기 때문이다. 도시는 기후변화를 완화하기 위한 정책 개발의 핵심 행위자로 부상하고 있으며, 그렇게 하기 위해 국경을 초월한 네트워크를 형성하고 있다.

핵심 선택

개발도상국이 경제적으로 발전하고 안정된 정치제도를 수립할 수 있을지는 정부와 여타 기관이 인적 자본과 개선된 공공 서비스 제공에 얼마나 투자하느냐에 달려 있다. 인적 자본, 훈련 및 조직 설계에 대한 투자는 얼마나 빨리 역량을 구축할 수 있는지 여부를 결정할 것이다.

- 선진국과 개발도상국의 분권화가 라고스 시처럼 혁신과 공공·민간 파트너십의 선두주자인 도시로 권력을 이동시킬 것인지, 그리고 기업이 정부가 수행하던 기능을 수행하도록 개입할 것인지는 불투명하다. 최근의 일부 평가에서는, 의료 서비스와 재생자원 등 전통적으로 국가 책임으로 여겨지던 분야에 투자하고 투자자에게 더 많은 수익을 제공하는 기업이 제시된다. 이는 기업의 역할이 그러한 분야뿐 아니라 더 넓은 영역으로 확대될 수 있음을 시사한다.
- 국가들이 비서구적 개발 모델에 기대를 거는 정도는 여전히 불투명하다. 궁극적으로 정부의 성과, 특히 경제적 성과는 시민들이 성공을 어떻게 평가하느냐에 달려 있을 것이다. 만약 시민들이 자기들의 복지가 개선되지 않았다고 본다면 지배 엘리트에 대한 신뢰를 상실할 것이며, 시민들은 이를 표출하기 위한 현대적 의사소통과 공동체 형성 역량을 갖출 것이다. 만약 베이징이 중국의 경제적 난제를

극복하고, 중진국의 함정을 피하며, 기술을 이용해 여론을 뒤흔들거나 또는 진정시킨다면, 다른 나라들은 아마 그 길을 따르려고 할 것이다.

선진 산업 민주국가와 신흥 강국은 또한 불평등, 부채 증가 부담, 비효율성적인 거버넌스에 대한 인식에 어떻게 대응할 것인지를 놓고 중요한 선택을 해야 할 것이다. 지도자들은 이러한 압박을 관리할 능력이 있는지 엄격하게 검증받을 것이다. 왜냐하면 어려운 선택이 승자와 패자의 혼합을 변경시킬 가능성이 있을 때 정부가 대중의 신뢰성을 재구축하고 엘리트의 지원을 유지하기가 어렵기 때문이다. 대중은 거리로 뛰쳐나오려는 의지가 많은 것으로 보이는데, 정치지도자는 어려운 정책을 시행할 여지가 별로 없고 결과를 보여줄 시간도 거의 없을 것이다. 이런 환경에서 리더십이 지속되기는 산업 민주국가든 또는 러시아나 중국 같은 선진 독재국가든지 간에 어려울 것이다. 단 한 명의 지도자가 권력을 쥔 독재국가는 권력의 갑작스러운 교체가 일어났을 때 불안정에 빠질 가능성이 크다.

- 정부와 지도자는 저성장과 경제 불평등의 도전을 시정하기 위해 다양한 전략을 채택할 것이다. 난세에 변혁적인 지도자가 나올 수 있으며, 그러한 지도자는 정부와 대중 간 관계를 재형성하는 새로운 연합을 구축할 것이다. 하지만 성장을 완만하게 하고 불평등을 만들어내는 끈질긴 기술적 요소에 대처할 선택지는 별로 없다.
- 또한 정부들은 노령화 및 젠더 불평등에 관한 어려운 선택과 마주하게 될 것이다. 지도자들은 복지제도를 조정할 – 오랫동안 정치적으로 금기시된 – 필요성, 그리고 여성 및 여타 집단에게 더 많은 기회와 보호를 보장하기 위한 인적 자본이나 기타 계획에 투자할 것을 요구

하는 목소리 사이에서 균형을 잡아야 할 것이다. 그러한 결정은 식량 안전, 건강, 아동 복지, 환경 안전에 장기적으로 영향을 미칠 것이다.

국제기구: 핵심 트렌드

기존의 국제기구 – 특히 UN 기구들 – 는 영역이 확장되는 행위자와 복잡다단한 새로운 쟁점에 적응하고자 진력할 것이다. 그러한 새로운 쟁점은 국가 주권을 건드릴 정도로 깊고 엘리트 간 협상을 통해 국제협정이 맺어지던 얼마 전까지와 달리 국내 생활에 막대한 영향을 미칠 것이다. UN과 같은 전통적인 기구는 진화하고자 노력하지만, 평화 유지나 인도주의적 원조, 기후변화 대응을 위한 포럼, 그 밖의 공동 관심사에 관한 수요는 증대할 것이다. 전통적인 접근법으로는 제대로 대응할 수 없는 초국가적 문제를 다루기 위해, 비국가행위자와 지역기구, 비공식 자문을 아우르는 포럼의 혼합체가 등장할 것이다. 세계은행이 지원하지 않는 프로그램을 다루기 위한 아시아인프라투자은행(AIIB) 설립은 그러한 지역 접근법의 한 예다.

비토권 증가. 강대국 간 공유된 비전이 부족하고, 패권 야욕을 가진 국가들이 경쟁하는 상황은 국제체제의 주요한 개혁을 방해할 것이다. UN 안전보장이사회를 개혁해야 한다는 데는 모두가 동의하지만, 어떤 형태로 개혁해야 할지에 대해 국가 간 합의가 이루어질 가능성은 적다. 이는 국가들이 개혁의 필요성을 인식하고 있으며 개혁이 성공할 가능성도 있지만, 개혁이 향후 20년 안에 이루어진다 해도 아주 느리게 이루어질 것임을 시사한다.

국가들이 환경 및 경제 변화 또는 내부 갈등을 관리하는 데 스트레스

를 겪고 통치상의 어려움을 경험하기 시작하면서, 국제체제의 일부 측면은 더욱 유의미해질 것이다.

다자간 지원 요구 증가. 환경 및 인구통계적 요인들 – 세계적 온난화, 에너지 부족, 불법 이민, 자원 부족, 유행병, 해양 산성화, 팽창하는 젊은이와 노령 인구 – 은 국가의 거버넌스 노력에 대해 긴장을 높일 것이다. 특히 정부의 역량이 취약한 경우에 그렇다. 국가들이 국내에서 정당성에 대해 도전을 받을 때 정부의 역량 부족을 메꾸기 위한 다자간 자원의 필요성은 증가할 것이다. 취약한 중앙정부는 IMF의 긴급구제금융, UN 평화유지군, 선거지원, 국제 법률 조사, 기술 지원 및 정책 자문, 인도적 지원, 질병 억제 및 퇴치를 위한 지도 등 다자간 지원을 광범위하게 필요로 할 것이다.

원조를 위한 개발 수단의 광범위한 혼합. 원조를 위한 다자간 접근 방식의 필요성이 취약국가나 도움이 필요한 국가들 사이에서 커지는 동시에, 광범위하게 혼합된 수단이 사용될 수 있을 것이다. 여기에는 여러 가지 인도주의적 문제에 따른 타격을 감당하고 있는 중진국을 위한 대출과 융자가 포함된다. 이제 진정한 다양성은 개발 공동체 – 원조기관 책임자들과 일하는 벤처 자본가들, 대외 정책 고문들과 회의하는 기업 임원들, NGO 지도자들을 자문하는 기술자들 – 에 뿌리를 두고 있다. 이러한 다양성과 경험의 혼합은 미래의 필요에 맞추려는 노력을 통해 그 성공 여부를 떠나 여러 가지 실험을 이끌어낼 것이다. 그러나 가장 큰 원조국인 중국과 미국은 그들의 원조 대부분을 양자 채널을 통해 지원할 것이다.

떠오르는 다자주의에 대안은 없다

비록 UN과 같은 다수의 공식적 정부 간 기관이 점차 새로운 형태의 파트너십에 관여한다고 할지라도, 그러한 변화가 향후 20년 동안 1국 1투표 모델의 다자주의에 도전할 것 같지는 않다. 주권국가는 국제적인 의사결정의 초석으로서 그 자체가 강한 탄력성이 있다는 것을 보여주었다. 과거 500년 동안의 변화에도 불구하고 국가는 대부분 정치질서의 핵심 요소로서 머물러왔으며 계속 지배적일 가능성이 있다.

- 세계는 – 기술적이거나 사회적인 – 광범위한 쟁점과 무대에서 국제적 위기에 직면하겠지만, 그것이 향후 20년 동안 국제적 거버넌스에 급격하게 다른 접근법의 결과를 초래할 변곡점을 가져올 것 같지는 않다. 또한 어느 국가도 특별히 다른 대안을 옹호하지 못할 것이다. ISIL 또는 바하이교 등 비국가 실체는 – ISIL은 폭력 수단을 통해 세계를 칼리프가 다스리는 지역으로 만들려고 하고, 바하이교는 평등성과 민주적으로 선출된 세계정부를 진흥하고자 비폭력 행동주의를 사용한다 – 그렇게 하려고 노력 중이다. 비록 이러한 대안 모델이 세계의 일부분에서 지원받고 있다고 할지라도 개별 국가 이익의 광범위한 다양성은 대안적인 체제가 전 세계에 뿌리를 내리는 것을 계속 방지할 것이다. 현재 UN 안전보장이사회의 확장을 저지하고 있는 것과 거의 같은 것이다.
- 분명한 것은 우리가 '세계정부'라는 단어가 크게 언급되는 것을 듣기 어려울 것이라고 예상한다는 점이다. 하지만 그런 거버넌스의 네 개 '부서'라고 생각되는 것 중 두 개는 최근 수년 동안 강화 – 국제사법재판소와 세계무역기구와 같은 기구들의 강화되는 관료제도 – 되었다. 이 두 기구는 민간 개인보다 국가 그리고 어느 정도는 기업과 NGO에 대해 막대한 법적 지위를 지닌다. 하지만 행정 및 입법을 담당할 다른 두 부문이 있어야 한다고 힘을 모으는 주요한 또는 실질적인 움직임은 없다. 부분적으로 이 두 기구는 세계시민 입장에서 상설 선거가 필요하기 때문이다. 적어도 현재로써 이런 일은 '너무나 먼 개념'인 것으로 보이며, 국가들은 그런 식으로 현상 유지를 하는 것에 만족한다.

- 평화 및 안보 기관으로서 2035년의 UN은 그 수단과 의제는 진화할 것이나 아마도 2016년의 모습과 매우 흡사할 것이다. 헌장 수정을 위한 법률적 장벽이 높은 데다, UN 안전보장이사회의 설계에 따른 실질적 불평등에 관한 불만에도 불구하고 소국과 신흥 강국은 안전보장이사회의 현 체제를 보존하고 안전보장이사회에 얽힌 주요 군사력을 유지하는 것과 관련해 큰 이해관계를 가지고 있다.
- 대다수 국가들은 글로벌 국가 주도 의제에 합법성을 부여하는 능력 때문에 UN과 여타 다자간 기구를 계속 높이 평가할 것이다. 또한 소국들은 다자간 기구들이 자국의 이익을 보호하는 역할을 한다는 것을 인식하고 있다. 규범이 없다면 강대국과 역내 강대국의 압력이 더 거셀 것이기 때문이다.
- 국제기구의 역할은 또한 지역·준국가 단체, 국제 NGO, 인도주의적 자본가, 다국적기업이 국제기구를 상호 포용함으로써 강화될 것이며, 어떤 지속적인 중심성을 보장할 것이다. IMF의 투표 관행이 개혁된 것처럼 정당성이 있을 때 정책 개혁과 조정은 일어날 것이며, 영향력이 증대된 국가들은 그들의 역할을 놓고 재협상할 것이다.
- 중대한 조치를 위해 다자간 기구는 기업이나 시민, 사회단체, 지방정부, 그 밖의 당국자들과의 관계를 더욱더 깊게 할 것이다.

앞에 놓인 난제

앞을 내다볼 때 UN과 그 산하 기구들의 시스템은 새로 부각되는 쟁점에 대응하기 위한 새로운 표준을 개발하는 데 별 도움이 되지 않을 것이다. 예를 들면, 인공지능이나 유전체 편집, 인간 역량 증강 같은 것이다. 국가, 민간 행위자, 과학 및 기술 공동체 간에 가치와 이해관계가 서로 다르고, 기술 공동체와 정책 공동체 사이에 지식 격차가 크며, 기술 변화는 국가나 기관, 국제기구가 표준과 정책, 규정, 기준을 정하는 능력보다 앞서나갈 것이기 때문이다. 이러한 요인은 모두 집단적 의제 설정에 제동을 건다. 미래 국제 거버넌스에 대한 도전은 이러한 기술과 그 밖의 미래 도전에 따른 여러 분야에 걸친 충격에 놓여 있을 것이며, 이는 다양한 쟁점 영역 전체에 걸친 – 그들 중 하나의 깊이가 아니라 – 시너지 효과의 조정과 전략적 이해가 효과적인 국제 거버넌스 집행에 필요할 것임을 시사한다.

- **인공지능, 유전체 편집, 인간 역량 증강.** 향후 수십 년 동안 인공지능, 유전체 편집, 인간 역량 증강의 발전은, 사람들의 삶에 영향을 미치고 인간이란 무엇인가에 관한 개념을 확장하는 중요한 법률 및 보안 결정을 자동화함으로써 가장 논쟁적인 가치문제를 제기할 가능성이 있다. 이러한 기술 분야의 발전은 국가 간 그리고 국가와 국민 간 관계에 영향을 미칠 것이다. 이러한 기술에 잠재된 가능성과 위험성을 고려할 때, 국가·기업·대중·종교인 간 국제적·지역적·국가적·지방적 수준의 논쟁이 격화될 것이다. 지지하는 이들은 이러한 분야의 큰 발전이 질병을 고치고 빈곤을 줄이며 생명을 연장할 것이라고 주장하지만, 비판하는 이들은 그것이 – 우발적으로든 의도적으로든 – 인류를 항구적으로 변화시킬 위험이 있으며 어쩌면 개인이나 집단의

소멸을 초래할지도 모른다고 경고한다. 그러한 기술을 관리할 정책이나 법률 및 조약은 기술 발전의 속도나 광범위한 성격 때문에 보조를 맞추지 못할 것이다.

사이버와 우주의 기술 개발도 새로운 표준 수립이라는 문제를 제기할 것이다. 우리는 향후 20년간 국가, 대중, 민간 행위자가 그 분야에서 무엇을 규범으로 보고자 하는지를 대략 이해하는 정도에 불과하지만, 민간의 상업적 행위자들이 규범의 발전을 형성하는 데 큰 역할을 하리라는 것은 분명하다.

- **사이버.** 정보 유출·악용·파괴를 망라하는 사이버 공격이 향후 20년 동안 국익을 추구하고 적을 공격하는 데 더욱 광범위 하게 이용될 가능성이 있으며, 이는 무력 충돌과 국가 간 내정불간섭 원칙에 관한 법률에 새로운 과제를 던져줄 것이다.
- **우주.** 더 많은 국가와 상업 회사가 우주 역량을 강화함에 따라, 우주 활동 통제를 위한 전통적인 국제적 접근 방식은 도전을 받을 것이며, 선진국은 군사 및 첩보에서의 우위가 줄어드는 것을 볼 것이다. 개발도상국과 민간 회사 등의 우주 활용이 늘게 되면, 혼잡이 가중된 우주 환경에서 안전한 운행을 보장하는 능력을 보유한 국제 공동체의 중요성이 커질 것이다. 하지만 다양한 영역에 걸친 노력이 새로운 기술력에 대해서만 있는 것은 아닐 것이다. 수많은 장기적 쟁점은 점차 더욱 광범위하고 복잡한 문제의 요소로 나타날 것이다.
- **해양 온난화.** 해양 온난화는 어류가 좀 더 차가운 해수로 이동하는 원인이 되는 한편, 자원 관련 문제와 지방 경제에 대한 압박을 조성할 것이다.

- **기후.** 기후변화는 농업 생산을 위협할 것이며, 급속하게 늘어나는 빈곤국의 취약성을 악화시킬 것이다.
- **무역협정.** 무역 및 경제 협정은 복잡하고 논쟁적인 쟁점, 예를 들어 유전자변형생물, 지적재산권, 건강 및 환경 표준, 생물 다양성, 근로기준 등에 합의하는 것을 필요로 할 것이다. 이는 국내에 미칠 중요한 영향이 국제 정책 형성에 점점 더 반영될 것임을 시사한다.

UN이 단일 문제를 체제 내 각기 다른 부분에서 처리하게 되면 조화와 시너지 효과를 얻기가 어려울 것이다.

- **잔혹 행위 방지.** 잔혹 행위 방지를 개선하기 위한 노력은 UN의 인권과 안보 부서에 산재해 있다. UN은 비국가행위자들이 자행하는 대량 잔혹 행위를 시정하기 위한 능력이 제한적이다. 국가 권력이 미치지 않는 곳에서 주로 그런 상황이 발생하므로 '유효한' 교섭 상대가 없기 때문이다. 주권과 거버넌스 강화와 관련한 문제를 해결하는 것이 잔혹 행위 문제를 해결하는 데 필수적인 경우가 종종 있다.
- **테러 방지.** 형사사법제도 측면에서, 국제형사재판소가 활동적인 테러단체를 대상으로 사법권을 행사하는 데는 어려움이 있다. 기소는 대부분 테러리스트 조직보다 국가행위자나 군사 집단에 집중되는데, 이는 부분적으로 재판관마다 그러한 단체에 대해 다르게 정의하기 때문이다. 이러한 장애물에도 불구하고 국제형사재판소는 테러 문제에 대해 논의하고 대응하는 포럼으로 작용할 가능성이 있다.
- **인간의 이동성.** 인간의 국제적 이동성은 인구 – 주로 이주자, 피난민, 국내실향민 – 의 이동이 규모나 영역, 복잡성 면에서 증대하고, 인구통계적 불균형, 경제적 불평등, 국가 간 환경 변화의 영향이 커짐

에 따라 피난과 이주의 수가 높게 유지되어 국가 거버넌스를 압박할 가능성이 있다. 환경과학자들은 미래에 환경문제로 인한 이동 규모가 2050년까지 2500만 명에서 10억에 달할 것으로 매우 다양하게 추정하고 있다. 그중 가장 많이 인용되는 숫자는 2억 명이다. 이러한 숫자를 놓고는 열띤 논의가 전개되고 있다. 그러한 추정에 대해 일부 이민 전문가들은 난관을 극복하는 능력인 인간의 회복력, 그리고 이동이 불가능한 미래 인구수를 과소평가한 것이라고 주장하기도 한다. 분명한 점은 인간의 이동이 상당히 증가할 것이며, 그러한 인구에 대한 국가적 책무에 관해 검토하는 것이 – 오늘날과 유사하게 – 요구되리라는 점이다.

'특별한' 세계

기존의 문제와 새로운 문제 모두 복잡성이 증대하면서 집단적인 문제 해결에 대한 새로운 요구가 발생하고 있다. 국가들이 문제에 접근하는 방식이 바뀌고 있는데, 이는 문제의 복잡성이 커지는 동시에 글로벌 목표가 무엇인지를 놓고 특히 강대국 간 합의가 부족한 때에 더 많은 국가가 집단적 조치를 얻어낼 필요성이 있기 때문이다.

그럼에도 최근에 체결된 몇몇 획기적인 협정은 앞으로 몇 해 동안 진보가 계속해서 이루어질 수 있을 것임을 시사한다.

- 2015년 6월, UN 총회에서 재난 위험 경감을 위한 센다이 프레임워크(Sendai Framework for Disaster Risk Reduction)가 통과되었다.
- 2015년 7월, UN 회원국들은 개발 재원에 관한 아디스아바바 행

동 의제(Addis Ababa Action Agenda)를 채택했다.

- 2015년 9월 UN 총회에서 지속 가능한 발전을 위한 2030 의제(2030 Agenda for Sustainable Development)가 채택되었다.
- 2015년 12월 제21차 UN 기후변화협약 당사국총회에서 지구 온도 상승을 섭씨 2도 이내로 막기로 195개 국가가 합의했다.
- 2016년에 국제이민기구(International Organization for Migration)가 UN에 가입했다.

하지만 전체적으로 전략적 이해의 공유가 여전히 부족하며, 그 결과 선구적이고 여러 영역을 동시에 아우르며 보편적이기보다 오히려 문제 중심적이고 임시적이며 특정 쟁점 위주의 국제 협력이 지배적인 방식이 되었다. 국가, 기업, 활동가는 그들의 특정한 이유를 앞세우게 되고, 장기적으로 이러한 임시적 접근은 국제체제를 구성하는 UN 및 그 밖의 국제기구의 응집력과 방향을 상실하게 할 가능성이 있다. 하지만 자발적이고 비공식적인 접근 방법의 강점은 신뢰와 공통 언어, 공유된 목표를 창출하는 데 일조할 수 있다는 점이며, 이는 국제적 수준에서 합의를 통해 지원이나 재균형을 이끌어내는 데 도움을 줄 것이다. 현재의 기관들이 장차 효과적으로 기능할지 또는 새로운 기관이나 동등한 기제가 만들어질지는, 정부가 다양한 행위자와 어떻게 상호작용하는지, 그리고 국가들이 상대국의 이익을 인정하는 가운데 핵심 국익을 놓고 원활하게 협상하도록 현재의 기관과 강대국이 도울 수 있는지에 크게 좌우될 것이다.

- **더 많은 국가가 집단적이고 국제적인 조치를 얻어낼 필요가 있다.** 중요한 국가 – 즉, 그들의 협력 없이는 국제적 문제가 적절히 시정될 수 없는 국가들 – 의 숫자는 늘어났다. 2008~2009년 금융위기 여파와 이에

따라 G20이 핵심 그룹으로 떠오른 것은, 광범위한 영역에 걸쳐 있는 국가들이 어떻게 문제를 효과적으로 해결해나갈 수 있는지를 예시한다. 2008년 금융위기 이전부터 거의 10년 동안 존재한 이 그룹은 세계 경제위기를 관리하는 데 주요한 포럼이 되었다. 이는 강대국을 더 포괄하려고 해서가 아니라 어떤 국가나 소규모 국가 그룹만으로 당면한 문제를 해결할 수 없기 때문이었다. UN의 기후변화협약은, 진보의 결과, 다양한 이익을 대변하는 더 많은 국가들이 정해진 목표를 달성하려면 집단적으로 행동할 필요가 있다는 것을 보여주는 또 다른 예다.

- **이제 늘어나는 행위자들이 문제를 해결하는 동시에 문제를 발생시키고 있다.** 원조나 개발 및 기타 경제적 쟁점, 인권과 중요하게 관계된 민간·지역·준국가 행위자의 수는 증가할 가능성이 있다. 이러한 추세는 해당 분야에서 국가의 역할을 축소시킬 것이지만, 국제기구에서 제의하는 전체적인 목표를 받쳐줄 수도 있다. 하지만 그러한 네트워크는 양 방향에서 단절되었다. ISIL과 어나니머스 같은 집단을 비롯해 상호 연결이 더 잘된 '야만적인' 세계는 체제의 근본을 위협할 것이다. 한편 민중영합주의와 외국인 혐오는 증대할 것이지만, 새로운 기술은 국제 인권 체제를 확대하려는 이들을 보호하고 아마도 그들에게 힘을 실어줄 것이다.
- **국가들은 논란이 많은 쟁점에 대한 '공유된' 이해를 조성하기 위해 포럼을 구축하고 있다.** 국가들은 자기 이익에 관한 가시성과 목소리를 높이고 자기 견해에 대한 지원을 얻고자 지역기구나 다당사자 포럼, 비공식 자문 과정을 구축하고 있다.

공식적인 환경에서, 중국과 러시아는 그들 각자의 지역에서 자신이 정당한 지배력을 가지고 있다고 간주하는 것을 확고히 하고자 새로운 합의를 구축해왔다. 예컨대 지역 경제에 영향력을 행사하기 위한 플랫폼으로 중국은 아시아인프라투자은행을, 러시아는 유라시아연합을 추진하고 있다.

중국과 러시아는 브라질, 인도, 남아프리카공화국 등 신흥 강국과 더불어 자신들의 관점을 알릴 초국가적 플랫폼을 확보하고자 브릭스(BRICS)라고 알려진 구속력 없는 정상 플랫폼을 구축해왔다. 멕시코, 인도네시아, 한국, 터키, 호주도 공유된 가치와 이익을 기반으로 믹타(MIKTA)라는 유사한 플랫폼을 만들었다.

이러한 기구는 신흥 강국이 전 세계적 도전을 해결하기 위한 새로운 방안으로, 또는 국제적 규칙과 규범을 바꾸려는 것은 아니지만 권력을 내세울 수 있기 때문에 – 때로는 소그룹으로 일하기가 더 손쉽기 때문에 – 나타난 것이다. 하지만 이러한 신흥 강국은 새로운 기구를 만든다 해도 현 체제의 힘을 인정할 경우 전통적인 기구에 대한 투자를 계속할 것이다.

기존 기구에서 국가 간 위계질서를 바꾸려는 노력은 특권을 얻고자 하는 시도로 지속될 것이다. 국가 간 권력의 위계질서 방향을 재설정하려 하는 기구로는 브릭스 주도의 신개발은행(NDB)과 중국 주도의 아시아인프라투자은행(AIIB: 세계은행과 IMF 보완), 유니버설 크레디트 레이팅 그룹(UCRG: 민간 부문의 신용평가기관인 무디스와 S&P 보완), 차이나 유니온페이(China UnionPay: 마스터카드와 VISA 보완), 중국 국제결제시스템(CIPS: SWIFT 지불 처리 네트워크 보완)이 있다.

- **다당사자 다자주의는 국가의 노력을 보완할 것이다.** 정부관리들은 향후 다자 협력을 독점하지는 않겠지만 지배할 것이다. 국가의 규제 당국과 전문위원은 해외의 상대와 관계를 맺음으로써 관리 방식을 알릴 것이다. 공급사슬이 복잡해진 시대에 이러한 일은 이미 의약

품의 안전성과 신뢰성을 보장하기 위한 노력에서도 일어나고 있다. 미국식품의약청(FDA)은 자신의 한계를 인정하고 전 세계적인 의약품 안전 격차를 해소하고자 특히 중국, 인도 등 주요 생산국과 함께 비공식적인 '국제의약품규제자연합' 설립에 앞장섰다. 그리고 국제회계기준위원회(International Accounting Standards Board: IASB)는 민간 당국이 미래 국제 거버넌스에 어떻게 개입할 수 있는지에 관한 좋은 예시다. 이 위원회는 델라웨어에 설립된 독립적인 재단에서 조직한 것으로, 대형 회계 기업에서 위촉한 전문위원을 통해 EU 27개국과 약 90개국을 대상으로 회계 기준을 개발하고 있다.

핵심 선택

미래의 여러 가지 도전에 대처하는 한 가지 방법은 국가의 정치지도자들이 여러 기관에 걸친 학제 간 관계를 필요로 하는 전략적 지침을 마련하는 것이다. 금융에서는 일부 행위자들이 이미 그러한 모델을 실험하고 있다. '지속 가능한 발전 목표' 같은 다중 분야 의제에 들어 있는 시너지 효과를 더 잘 이해함으로써 국가와 기관은 모두 긍정적인 결과를 이끌어내기 위한 자문과 지원을 더 잘 수행할 수 있다. 국가의 수장만이 국내에서 부처 간 의제에 대해 압력을 가할 수 있는 권위를 쥐고 있는 만큼, 정치지도자들이 열쇠가 될 것이다. 그러한 접근 방식은 오늘날 매우 단절적인 국제체제에 균형을 맞춰줄 것이다.

- 호혜성 개념을 바탕에 둔, 국익에 관한 새롭고 더 폭넓은 광의의 정의는 국제적 수준의 심의 과정에서 국가들이 훨씬 더 큰 통일성을

발견하게 해줄 것이다. 인류가 마주할 실존적 도전의 수가 늘어남으로써 '집단적 이익'은 '국가적 이익'이 될 것이다.

하지만 다음과 같은 발전 동향은 여전히 불확실하다.

- **국가와 국제기구가 연합해서 공통의 문제를 프로그램에 따라 시정하고 이끌어가기 위해 적합한 자원을 이용할 수 있는가.** 이는 부분적으로, 국가가 국제적 참여를 – 경쟁적 우선 사항으로 보기보다 – 국가적 요구 사항과 동일하게 중시하면서 그러한 사항을 지원하기 위해 연합하고 대중의 신뢰를 누리는 것에 달려 있을 것이다. 그것은 또한 현장에서 자금 접근성을 개발하고 중요한 프로그램을 내놓는 대규모 민간 파트너십과 재단 – 게이츠재단, 세계백신면역연합(GAVI), 에이즈·결핵·말라리아 퇴치 세계기금, 세계교육기금 등 포함 – 이 맡는 역할에 달려 있다.
- **국제기구의 감시 및 준수 수단은 지정학적 긴장 상태를 줄이기 위한 신뢰를 구축하는 조치로서 기능할 것인가.** 이는 국가가 국제협정에 명시된 선거 감시, 무기 검사, 여타 합의 준수 사항을 받아들일 용의가 있는지에 달려 있을 것이다. 예컨대 시리아에서 화학무기를 제거하는 UN의 임무는 이례적인 국제 협력으로 기록되었으며, 국내 무력 충돌을 겪고 있는 국가에서 전체 대량살상무기류를 제거한 첫 번째 사례다.
- **기관 및 국가를 세계적 전환으로 안내하는 것과 함께, 기후변화를 완화하며 인류의 공공재를 다루는 등의 중대한 쟁점에 관해서 엘리트들은 전략적 비전을 얼마나 효과적으로 이끌어내는가.** 국제기구 사이의 리더십은 편협과 안일로 치우칠 유혹을 극복하기 위해 장기

적 관점과 국제적 사고방식을 – 단기적으로는 단호하게 – 촉진할 필요가 있을 것이다.

- **민간 행위자들는 전통적으로 국가 또는 공권력의 책임이던 국제적 규칙 제정 및 집행, 분쟁 해결에 얼마나 개입할 것인가.** 국내법과 국제법은 여러 나라의 법률제도에서 서로 다르게 구축되어 시행되지만, 전부는 아닐지라도 대부분의 나라에서는 그 과정에 국가 권력이 개입한다. 하지만 민간 행위자들이 규칙을 제정하고 집행하며 분쟁 해결에 나서는 일은 더욱 일반화되고 있다. 예컨대 이베이와 페이팔의 고객센터는 16개 언어로 일하고 매년 약 6000만 건에 달하는 구매자와 판매자 간 분쟁을 해결한다. 인터넷이 점점 더 깊이 침투함에 따라 온라인 커뮤니티에서 자가 감시가 가능해졌고, 이는 집단의 규범을 따르지 않는 이들을 부끄럽게 할 수 있다. 이러한 기제는 전 세계에 걸쳐 같은 정도로 접근되거나 이용되지는 않지만, 거버넌스에 기여하는 행동을 대표하며, 시간이 흐름에 따라 사람들이 선택할지 모를 더욱 광범위한 장소를 제공할 것이다.

분쟁

HOW PEOPLE FIGHT

주요 강대국 간 이해 대립, 테러 위협 지속, 이어지는 취약국가의 불안정, 치명적 교란기술 확산 등으로 인해 국내 분쟁을 포함한 분쟁 위험이 향후 20년간 증가할 것이다. 지난 20년 동안 분쟁의 숫자와 강도가 감소하던 추세는 이제 역전된 것으로 나타난다. 기관에서 내놓은 보고서에 의하면, 현재 분쟁 수준은 높아지고 있으며 전투 관련 사망자와 기타 분쟁으로 인한 인명 피해는 빠르게 늘고 있다. 더욱이 기술 진보와 새로운 전략, 세계의 지정학적 맥락 변화 – 셋 다 종래의 전쟁 개념에 이의를 제기한다 – 때문에 분쟁의 성격이 변화하고 있다. **이러한 상황은 모두 미래의 분쟁이 더욱 확산되고 다양화하며 혼란을 초래할 것임을 시사한다.**

- **'확산된다.' 이는 전쟁 수단에 대한 접근성이 더욱 커지면서 국가나 비정부·준국가 단체(테러단체, 범죄 네트워크, 반군, 용병, 민간 기업)를 포함한 다양한 행위자와 동기부여가 된 이들이 분쟁에 뛰어들 수 있기 때문이다.** 민간의 군사보안 업체와 조직 숫자가 늘어난 것이 그러한 확산의 한 예다. 이들은 분쟁지대에서 국가의 군대를 보충하고 대체하는 인원을 제공하며 잠재적으로 평화유지군이 될 수 있다. 분쟁은 더욱 복잡해지고 전투요원과 비전투요원의 전통적인 차이는

참가자 범위가 확장되면서 의미를 잃는다.

- **'다양화한다.' 이는 분쟁 수단이 경제적 압박이나 사이버 공격, 정보전 등 '비군사' 역량부터 선진 재래식무기와 대량살상무기에 이르기까지 넓은 범위에 걸쳐 다양하며, 우주와 가상공간을 비롯한 다양한 영역에서 발생할 것이기 때문이다.** 우발적 사건이 발생할 가능성이 있는 부분에 대해 효과적으로 대비해야 할 정부의 역량은 잠재적 분쟁 형태의 다양성으로 말미암아 더욱 위협받을 것이다.
- **'혼란을 초래한다.' 이는 국가와 테러단체가 전통적인 군사 수단을 통해 전장에서 적군을 격퇴하는 것보다 중요 기반시설과 사회적 응집력, 정부 기능을 교란하는 것을 점점 더 강조하기 때문이다.** 거의 분명히 적들은 혼란을 야기하기 위해 사회의 강화된 연결성과 어디에나 뻗어 있는 가상공간의 특성을 이용하려고 할 것이다. 예컨대 테러리스트들은 공포를 확산하고 목표로 삼은 사회의 정신에 대한 공격의 파괴력을 높이고자 계속해서 소셜 미디어나 다른 형태의 미디어를 이용할 것이다.

핵심 트렌드

다음 네 가지 전반적 추세는 향후 20년 동안 사람들이 어떻게 싸우게 될 것인지에 관해 분쟁의 변화하는 특성을 보여줄 것이다.

평시와 전시 구분이 모호해진다. 미래의 분쟁은 구분되는 개별 조건으로서 전쟁과 평화의 개념을 약화시킬 것이다. 핵과 선진 재래식무기의 존재는 강대국 간 전면전을 억지하는 데 기여할 것이지만, 더 낮은 수준의 안보 경쟁은 지속될 것이며 때로는 증가하기도 할 것이다. 그러한 분쟁은 강압 외교, 사이버 침입, 미디어 조작, 비밀공작과 사보타주, 정치 전복, 경제적·심리적 강제, 대리전과 대리 공격, 그 밖의 간접적 군사 수단 사용을 특징으로 삼을 것이다.

- 이러한 접근 방식은 주로 비전투 수단을 사용하되 종종 전투력 배치로 뒷받침함으로써 전면전의 턱밑에 머물면서 시간이 흘러 정치적 목표를 달성하는 것을 목표로 한다. 이러한 추세는 이미 발생하고 있다. 각각 남중국해와 우크라이나에서 중국과 러시아가 취한 행동이 바로 그러한 사례다.
- 분쟁에 대한 이러한 접근 방식이 새로운 것은 아니지만, 중국이나 러시아 같은 국가들은 이러한 접근 방식이 전통적 군사력보다 미래 분쟁에서 점점 더 필수불가결한 요소가 될 것으로 본다. 사이버 도구와 소셜 미디어 같은 기술 발전도 준전면전 수준의 분쟁을 일으키고 불안정성을 뿌리는 새로운 수단이 될 수 있다. 또한 그러한 역량은 공격 원점을 모호하게 함으로써 상대의 효과적인 대응을 저해할 것이다.

이러한 전략은, 주기적인 테러 공격의 위험이 지속되는 것과 더불어 다가오는 수십 년 동안 안보 환경의 새로운 기준으로서 아마도 평시와 전면전 사이의 '회색지대'에서 발생하는 지속적인 경제적·정치적·안보 경쟁을 초래할 것이다.

- 국가들이 '회색지대' 접근 방식을 사용하는 것은 전면전을 회피하기 위한 것이겠지만, 아마도 착오나 사고, 적 '정지선' 오판에 따른 우발적인 확전 위험을 증대시킬 것이다.

- 국가와 비국가 실체는, 대의명분을 세우고 추종자를 고무하며 마음이 같은 이들에게 행동을 취할 동기를 부여하기 위한 신앙 기반 이데올로기나 민족주의, 그 밖의 형태의 정체성 정치를 활용하고자, 정보 네트워크와 멀티미디어 역량 등 '비군사적' 도구를 사용할 것이다. 예컨대 중국의 군사 저술에 따르면, 중국은 미래 중국의 군사작전에 대한, 그리고 적의 결의를 약화시키기 위한 국제적·국내적 지원을 확립하는 데 미디어·법적·심리적 형태의 전쟁 – '세 가지 전쟁' – 이 중요하다고 본다.

비국가단체가 더 큰 혼란을 야기할 수 있다. 치명적인 교란 기술과 무기가 확산되면서 국가의 권위에 도전하려는 테러리스트, 반군, 운동가, 범죄조직 등 비국가·준국가 단체들의 역량이 향상될 것이다. 종교적 열정이나 정치적 이념 또는 탐욕으로 동기를 부여받은 이러한 단체는 비용을 강요하고 국가 거버넌스를 훼손하는 데 더욱 숙달된 듯하다. 예컨대 어나니머스와 같은 운동단체는 자신의 명분에 대한 주의를 끌고자 정부의 기반시설을 대상으로 점점 더 파괴적인 공격을 가할 것으로 보인다. 비국가단체도 더 큰 화력을 쥐고 흔들 것이다. 대표적인 예로 헤즈볼라나 ISIL, 우크라이나의 반군 등은 지난 10년간 정교한 무기를 확보해왔다.

- 상업적 기술과 무기가 확산되고, 일부 국가가 자국의 이익을 추구하는 데 이러한 집단을 대리인으로 활용하려는 탓에, 이러한 추세는 지속될 가능성이 있다. 대전차 유도 미사일, 무인 드론, 암호화된 통신 체계 등 점점 더 치명적이고 효과이며 진화한 휴대용 무기와 기술의 확산은 테러리스트와 반군의 위협을 더욱더 증대시킬 것이다. 정밀유도로켓과 드론 같은 무기에 대한 접근은 그러한 세력에게 핵

심 기반시설, 전방작전기지와 외교시설을 공격하기 위한 새로운 타격 자산을 제공할 것이다.

또한 이러한 단체는 대응책 개발을 복잡하게 하는 맞춤형 무기와 '총명한' 사제 폭발물을 만드는 데 적층가공, 자율 제어 시스템, 컴퓨터 프로세서, 센서 등과 같은 상업적 기술을 활용할 것이다. 이러한 단체는 도시 환경에서 활동함으로써 효율성과 생존 가능성을 높이려고 한다.

- 치명적인 교란기술의 확산은 반군, 테러리스트, 취약한 군대가 '비정규' 형태의 전쟁을 더욱 효과적으로 수행할 기회를 제공할 것이다. 위성항법시스템과 이동통신 사용은, 더 우세한 군사력과의 대규모 직접 교전을 회피하면서 사상자를 발생시키고, 적의 자원과 정치적 결의를 소진시키기 위해 더욱 효과적이고 조직적이며 소규모 단위의 공격과 분산 작전을 수행할 수 있게 해줄 것이다.
- 폭력의 민영화 증가와 다양한 행위자 참여는 정부와 국제기구가 관리할 수 있는 능력을 압도하는 다수의 소규모이지만 상호 연결된 분쟁이 출현하는 것을 의미한다.

원격 작전 능력이 증대된다. 사이버 역량, 정밀유도무기, 로봇 시스템, 장거리 타격 미사일, 무인 공중·지상·해상·잠수 이동체가 확산되면서, 전쟁 양상이 특히 분쟁의 초기 단계에서 적군과 직접적으로 충돌하기보다 원격 작전 중심으로 전환될 것이다. 정밀무기와 무인 시스템은 미국 병기의 주력이지만, 이러한 능력이 지속적으로 확산됨에 따라 미래의 분쟁에서 양측 모두 이러한 능력을 보유할 잠재성이 커진다. 장거리 미사일, 정밀유도탄, 재래식 탄도 및 순항 미사일, 무인 이동체, 공중 방어 시스템을 갖춘 선진 군대는 영토 주변 공중 및 공해 접근을 시도하는 적군을 위협할 수 있을 것이다. 또한 스크램제트 엔진과 초음속 비행체의 개발로 조준된 목표물에 도달하는 시간을 크게 단축할 수 있을 것이다. 예를 들어, 미국 군부 전문가에 따르면, 미사일과 초음속 비행체, 유인 타격무기를 포함한 장거리 정밀 타격 능력 개발은 서부 태평양에서 작전 중인 미 해군과 파견군의 위험을 증대시키는 중국의 전략에 매우 중요하다.

외국의 군사 개입을 저지할 뿐 아니라 원격 작전 능력을 갖춘 일부 국가는 핵심적인 해양 요충지에 대한 통제를 표명하고 현지의 영향권을 구축할 수 있을 것이다. 중대한 기반시설과 정보 네트워크에 대한 사이버 공격은 행위자들이 더 강력한 적 군대를 우회함으로써 원격지에서 상대방에게 직접 비용을 떠안길 수 있을 것이다. 예를 들어 러시아 관리들은, 미래 전쟁에서 초기 공격은 정보 네트워크를 통해 핵심적인 기반시설을 파괴하고 적의 정치적·군사적 명령 통제를 교란하는 것이 될 것이라고 공개적으로 언급했다.

- 무인 무장 드론을 포함한 타격 시스템의 자동화가 증대하고 고수준의 자율적 무기 시스템이 확산되면 분쟁 촉발의 잠재적 문턱이 낮아진다. 왜냐하면 위험에 처할 인명이 줄기 때문이다. 적들은 또한 방어를 압도하고자 대량의 무인 시스템을 '벌 떼'처럼 이용할 것이다.
- 아마도 장거리·정밀유도 무기의 확산은 예컨대 국가의 에너지 생산, 통신, 외교시설, 경제, 안보 등과 관련한 중대한 기반시설에 대한 타격을 비롯해 비용 강요 전략을 촉진할 것이다.
- 장거리·정밀유도 재래식무기를 비슷하게 갖춘 군대들은 양측이 자체 시스템이 공격받기 이전에 먼저 타격을 가할 유인이 있기 때문에, 이들이 연루된 미래의 위기는 불안정해질 위험이 있다. 게다가

적의 타격 역량 파괴를 시도하는 측에서는 운항·표적 정보를 제공하는 위성 등 적의 지휘·통제·표적설정 시설을 먼저 공격 대상으로 삼을 것이다. 예를 들어, 러시아와 중국은 궤도 위성을 파괴할 수 있는 무기체계를 지속적으로 강구하고 있는데, 이는 장차 미국 등 제3국의 위성을 큰 위험에 빠뜨릴 것이다.

- 테러단체는 여러 다른 나라에서 동지를 모집해 그들이 본국에서 테러를 수행하도록 부추기는 '가난한 자' 방식의 장거리 공격을 가할 것이 거의 분명하다.
- 민간 부문 네트워크와 기반시설에 대한 사이버 공격은 기업을 미래의 분쟁으로 끌어들일 수 있다. 개인과 비국가단체에 의한 기회주의적인 사이버 공격과 결합된 이러한 추세는 국가가 승인한 행위와 사적 행위 사이의 차이를 혼란스럽게 할 것이다. 중대한 에너지·통신·의료 시스템 등 핵심적 기반시설을 보호하는 것은 점점 더 중요한 국가 안보 과제가 될 것이다.

핵 및 기타 대량살상무기에 대한 새로운 우려가 발생한다. 향후 20년 동안 기술이 진보하고 전력의 비대칭성이 증대하면서 핵무기와 그 밖의 여러 형태의 대량살상무기가 제기하는 위협은 앞으로 커질 것이다. 현재의 핵무기 보유국은 2035년까지 자국의 핵전력을 현대화하지는 않더라도 계속 유지할 것이 거의 확실하다. 예를 들어 러시아는 여전히 핵무기에 의존할 것이 거의 확실한데, 그것은 억지력으로서, 자국보다 더 강력한 재래식 군사력에 대항하기 위해, 그리고 초강대국 지위를 확보하기 위해서 필요하기 때문이다. 러시아는 자국의 중대한 이익이 걸린 상황에서 재래식 분쟁이 지속되어 대규모 핵 교환으로 확전될 위험을 보여줌으로써 분쟁을 '단계적으로 완화하기' 위해 군사 교리에 핵무기의 제한적 사용을 담고 있을 것이다.

- 이와 유사하게 파키스탄은 단거리 '전장' 핵무기를 도입해 인도의 재래식무장에 대응해 사용하겠다고 위협해왔고, 이로써 핵 사용의 문턱이 낮아졌다. 북한의 ICBM 개발을 포함한 핵 '무력 과시', 그리고 이란이 포괄적 공동행동계획(JCPOA)과 핵확산금지조약(NPT)에 따른 공약을 위반하고 핵무기를 개발할 가능성은 여전히 향후 20년 동안 걱정거리가 될 것이다.
- 첨단기술, 특히 바이오기술의 확산 또한 신규 행위자가 대량살상무기 역량을 획득할 수 있는 문턱을 낮출 것이다. 취약국가들의 내부 붕괴로 불법으로 무기를 탈취함으로써 테러리스트가 대량살상무기를 사용하는 길이 열릴 수 있다.
- 향후 20년 동안 해상에서 인도, 파키스탄, 또는 중국이 핵무기를 배치함으로써 인도양의 핵무장화가 늘어날 것이다. 이들 국가는 이러한 상황 전개를 자국의 전략적 억지력 향상으로 보고 있을지 모르지만, 핵무장 함정 간 사태 발생 시 대응 지침이 불확실한 핵보유국이 다수 존재한다는 것은 오판과 우발적인 확전 위험을 증대시킨다.
- 생물학작용제(biological agents)를 사회를 교란하거나 테러를 자행하기 위한 무기로 개발하는 것에 대한 기술적 장벽은 낮아질 것이다. 제조 비용이 줄고, DNA 배열과 합성이 개선되며, 유전체 편집 기술이 전 세계적으로 이용 가능해지고 있기 때문이다.
- 일부 국가들은 억지력과 전장에서의 전술적 사용을 위해 지속적으로 화학작용제(camical agents)를 중시할 것으로 보인다. 제조가 용이해진 일부 화학무기를 테러리스트나 반란 집단이 사용할 가능성은 우려를 자아낼 것이다.

핵심 선택

미래에 인간이 어떻게 싸우게 될 것인지는 새로운 지정학적 맥락, 그리고 분쟁과 확전을 증가시키거나 완화시키는 주요한 행위자들이 내리는 결정으로부터 큰 영향을 받을 것이다. 미국은 비록 일부 지역에서 상대적 우위가 줄어들지라도 다른 국가에 비해 핵심적인 안보·군사 우위를 유지할 것이 거의 확실하다. 이는 미국의 경제력, 유리한 인구통계학적 상황, 지리적 위치, 기술적 우위, 정보에 대한 개방성, 동맹 체계 때문이다. 그러한 것들은 새로운 안보 환경을 형성할 기회를 워싱턴에 제공한다. 하지만 다른 국가 및 비국가단체는 미래의 전쟁을 위해 그들 자신의 개념과 역량을 개발하는 데 지속적으로 미국 군대를 – 모방 대상뿐 아니라 – 경쟁 상대로 여길 것이다. 더욱이 장차 대규모 전쟁 발생 가능성, 그 비용, 확전 잠재성에 관한 핵심적인 불확실성이 남아 있다. 또한 이러한 불확실성은 미국과 그 동맹국들이 신뢰 구축 조치를 통해 최악의 결과를 완화하고 회복력을 증대하며 가장 불안정한 단계적 확전 역량의 개발과 사용을 제한하는 국제협정을 촉진할 잠재적 가능성을 시사한다.

국제적 또는 지역적 주역들이 초국가적 테러리즘, 종파 간 폭력 사태, 국내 분쟁, 취약국가 등 미래의 지정학적 상황 전개와 안보 도전에 어떻게 대응할 것인지는 향후 20년 동안 국가 간 경쟁과 더 광범위한 분쟁 가능성에 중요한 영향을 끼칠 것이다. 중국과 이란, 러시아는 아마도 인근 지역에 대한 영향력 확대를 모색할 것이며, 미국과 여타 국가들이 그들의 이익에 간섭하지 않기를 바랄 것이다. 이러한 상황은 주요 해상 교통로를 포함해 아시아 주변과 중동에서 일어나고 있는 지정학적 경쟁과 안보 경쟁을 영속화할 가능성이 있다. 경제력과 군사력의 국제적 재분배와 국내 정치에서의 민족주의 발흥에 대응하여 강대국과 지역 강대국 간 긴장 역시 고조될 수 있다. 안보 위협의 다양성과 장차 지역의 여러 우발적 사건이 동시다발적으로 발생할 잠재성은 이를 관리할 미국의 군사력을 압도할 위험이 있으며, 이 때문에 적절한 군사적 동맹과 다자간 접근 방식을 지속적으로 취할 필요성을 강조한다.

- 강대국들이 경쟁이 격화하는 상황에 대응해 어떤 선택을 하느냐에 따라 미래의 분쟁 가능성이 결정될 것이다. 핵 억지력 및 경제적 상호의존 등 강대국 간 전면전을 억제하는 요소는 아마도 여전히 남아 있을 것이다. 하지만 경쟁국들이 신뢰 구축 조치를 취하지 않는 한, 아마도 분쟁 성격의 변화는 더 큰 오판 위험을 초래하고 강대국들의 분쟁 가능성을 높일 것이다.
- 초국가적 테러리즘의 위협이 지속되고 국가가 '회색지대' 전략을 사용함에 따라, 아마도 외부의 강대국이 미래의 국내 분쟁에 개입하거나 대리전에 뛰어드는 일이 늘어날 것이다. 국가 내에서 발생한 분쟁을 해결하기 위해 강대국과 국제기구 사이에 협력이 이뤄진다면 절실하게 필요한 안정을 가져올 수 있을 것이다. 하지만 경쟁적인 목표를 가진 다양한 행위자들이 개입하면 지역 분쟁을 연장하고 확장시켜 불안정을 키울 위험이 있다.

장거리 타격 시스템과 사이버 공격력, 더욱 정교한 테러리스트와 반란 활동이 확산되는 것은 비용이 증대되고 해결책이 없는 분쟁으로 치닫는 경향을 암시한다. 중대한 기반시설과 사회, 정부 기능, 지도층의 의사결정을 혼란에 빠뜨리는 것을 강조하는 강대국과 비정부단체의 전략은 이러한 추세를 악화시키고 국내의 공격을 포함한 미래의 분쟁이 확대될 위험을 증대시킨다. 만약 예기치 않은 사이버 공격력의 이점이 가장 현대적인 군부의 정보 의존적 선진 군사 시스템을 망가트리는 능력을 창조한 다면, 미래의 분쟁 성격은 크게 변화할 것이다.

- 미래 분쟁에서는 아마도 전통적인 공중·육지·해상·해저 영역을 넘어 다양한 영역에서 전투가 벌어질 것이다. 거기에 컴퓨터 네트워크, 전자기 스펙트럼, 소셜 미디어, 외계 우주 및 환경이 – 적이 경쟁 우위와 새로운 비용 부과 수단을 모색하기 때문에 – 가담할 것이다. 예컨대 환경 영역에서 미래 분쟁은 상수도 시설을 통제하거나 상대에게 경제적 비용을 떠안기는 환경 파괴를 의도적으로 가할 개연성이 있다.
- 회복력을 향상시키기 위한 노력은 치명적인 비용을 감당해야 할 적의 능력을 감소시킬 것이다. 예를 들어 결정적인 기반시설과 네트워크의 보안 및 예비분을 확충하고 방어 시스템을 배치하며 사회의 비상 준비 태세 수준을 향상시키는 것이다.

대응 시간을 줄이는 무인화·자동화된 무기 시스템과 고속 장거리 타격 시스템 같은 군사력의 발전은 위기 발생 시 새롭지만 불확실한 확전의 역학을 조성할 가능성이 있다. 더구나 – 사이버, 유전자, 정보 시스템, 컴퓨터 가공, 나노 기술, 지향성 에너지, 자율적 로봇 시스템 같은 분야에서 – 기술 발전의 빠른 속도는 미래의 분쟁에서 기습 공격 잠재성을 증가시킨다.

- 전투원들의 이해관계와 역량의 비대칭성이 존재하는 분쟁은 아마도 의도적 또는 우발적 확전으로 이어지기 쉬울 것이다. 일부 국가는 군사적 개입을 저지하거나 휴전을 이끌어내고자 대량살상무기 사용을 포함해 상대적 우위에 있는 재래식 군대에 맞서 확전을 놓고 위협하는 선택을 할 수 있기 때문이다.

전쟁의 변모하는 성격

전통적 형태의 전쟁	새로운 형태의 전쟁
군사력 사용	비군사·비밀 수단 사용 증가
적 군대를 표적으로 삼음	인식된 적, 사회를 표적으로 삼음
군대 간 직접적인 충돌	원격 정밀무기, 로봇 시스템, 정보 공격을 사용한 원격 타격
군사 요원 및 무기 파괴	핵심적인 군사·민간 기반시설 파괴
보복 공포를 바탕으로 한 억지	확전 공포를 바탕으로 한 억지
전장에서 적을 패배시킴으로써 승리	적의 군대가 의존하는 지원 시스템(정치, 경제, 정보 등)을 교란함으로써 승리

테러리즘

TERRORISM

국가·비국가·준국가 행위자들이 손해를 입힐 수 있는 수단은 그러한 행동을 하려는 동기와 마찬가지로 다양하다. 이러한 추세는 여러 형태의 폭력 사이의 구분을 더욱 흐리게 할 것이다. 정부들은 '전쟁', '반란' 또는 '범죄 행위'와 대비해 어떤 행동이 '테러리즘'을 구성하는지를 놓고 논쟁을 계속할 것이다. 이러한 상황 전개는 우리의 대테러활동이 대체로 진화를 계속하리라는 것을 시사한다.

향후 5년 동안과 그 이후의 테러리즘의 미래를 형성하는 추세는 현재 진행되고 있는 두 가지 동향이 어떻게 해결되느냐에 달려 있을 것이다. 첫째, 많은 내전과 외전 – 가장 중요한 것은 시리아 내전이지만 아프가니스탄, 이라크, 리비아와 사헬, 소말리아, 예멘 및 여타 지역의 분쟁 – 의 해결 또는 지속은 향후 폭력의 강도와 지형을 결정할 것이다. 특히 지난 5년 동안 통치받지 않는 공간의 확산은 극단주의를 초래한 환경을 조성했으며, 싸우고자 하는 수천 명의 지원자들의 입대를 조장했다. 안보의 형태가 갖춰질 때까지 교전 상태는 계속 증가할 것이다.

둘째, 현재의 외국 용병들을 신원 확인하고, 급진적 입장을 버리게 하며, 사회로 재통합하지 않으면, 그들은 장차 폭력적인 비국가행위자들의 모집 대상이 될 것이다. 이와 유사하게 더 나은 통합, 교육, 경제적 기회를 달성하지 못하고 불만을 품은 이민자들은 폭력적인 극단주의자 집단에게 최상의 모집 대상이 될 수 있다.

- 정부가 안전을 보장하거나 정치적·경제적 안정을 제공할 능력이나 의지가 부족한 국가 또는 지역은 고도의 폭력을 겪으며 극단주의가 번성하는 영역과 일치한다. 안정성과 대응적 거버넌스가 부족한 상태 – 특히 아프리카, 중동, 남아시아에서 – 는 테러리즘을 유발하는 여건을 계속 조성할 것이다.

종교에 대한 극단적인 소수의 해석은 아마도 – 분명히 지금부터 5년간, 그리고 어쩌면 앞으로 20년간에도 – 테러리즘의 명분으로 가장 빈번하게 언급될 것이다. 다음과 같은 세 가지 동인에 주목할 만하다. ① 중동의 많은 지역에서 국가 구조의 지속적 붕괴 가능성과 시아파와 수니파의 종파주의를 부채질하는 이란과 사우디아라비아 간 대리전쟁 ② 종교를 인용하는 여러 형태의 무장단체 간, 무장단체 내의 긴장과 서구의 패권에 대한 지속적 인식. ③ 극단주의자 운동에서 '저쪽의 적(far enemy: 미국 등 서구–옮긴이)'의 존속.

비록 종교적으로 추동된 테러리즘이 일어나는 장소가 계속 변하고 있다고 할지라도 시아파와 수니파 사이의 분열, 극단주의 수니파와 그들이 '비종교인'으로 여기는 사람들 간의 분열은 단기적으로 악화될 것으로 보이며, 2035년까지 줄어들 것 같지 않다. 거대하고 급격한 정치적 변화를 겪고 있는 지역에서 ISIL이든 알카에다든 간에 살라피 지하디즘 같은 강력한 이데올로기가 수 세대에 걸친 독재 정부, 젠더 불평등, 경제 불균형과 결합할 때 폭력은 더욱 기승을 부릴 것이다.

심리적·상황적 요인들이 결합해 사람들을 테러리즘에 참여하도록 추동하며 테러단체가 자원을 끌어모으고 응집력을 유지하는 데 일조한다. 신참자와 지지자에게 동기를 부여하는 요인은 개인과 상황에 따라 그 중요성이 매우 상대적이므로 일반화하기 어렵다. 그럼에도 개별적인 참여의 가장 중요한 동인 중 일부는 다음과 같다.

- **권리가 박탈되고 억압과 굴욕을 받으면** 사람들은 권력을 추구하고 폭력을 통해 통제하려고 할 수 있다. 소외가 어느 수준에 달하면 불만에 의해 추동된 폭력의 일관된 원천이 될 것이다. 소외가 발생하는 것은 사회문화적 주류와 단절되고, 결혼할 수 있는 기회가 줄어드는 데 대해 대처하고자 정치적 과정에 참여하려고 해도 그렇게 할 수 없으며, 또한 사회로부터 자기가 생각할 때 '당연히' 받아야 할 경제적 혜택과 신분을 획득할 수 없기 때문이다. 그러한 좌절감은 어느 누구에게나 영향을 미칠 수 있다. 잠재적인 테러리스트 대상자는 사회적 계급, 경제적 신분 또는 교육 배경으로 제한되지 않는다. 또한 보통의 집단 또는 민족과 친족 유대 – 동료, 사회 또는 가족 네트워크 포함 – 에 불만을 가지는 인식은 가해자로 간주한 대상에게 복수나 폭력을 행하는 동기가 될 것이다. 모험, 명성, 소속감에 대한 개인적인 욕망은 개인적으로 테러리스트로 참여하는 한 원인이 될 것이다.
- '탈국가화'. 유럽 국가 정체성을 가질 효과적인 유인이 없으며, 유럽 도시에서 살고 있는 젊은이들이 태생지 공동체와 단절되어 극단주의 조직의 잠재적인 신규 가입자를 만들어낸다.
- 오늘날의 분쟁지대를 초월한 민족적·종교적 긴장 상태는 민족주의와 공동체의 폭력·테러리즘을 폭발시키는 원인이 될 수 있다. 실례로 체첸인과 러시아인, 태국에서 말레이인과 태국인, 미얀마에서 이슬람교도와 불교도, 중앙아프리카에서 기독교인과 이슬람교도

사이에 그러한 일이 발생했다. 이러한 상황은 초국가적 테러 운동이 이용하는 분쟁지대를 형성했다.

• 대지, 수자원, 생물 다양성이 퇴화하고, 극단적 이상기후가 빈번하게 나타나며, 특히 기후변화 영향으로 환경이 변화하면서, 취약국가와 실패국가는 압박받는 국민들에게 충분한 식량과 물을 공급하는 것에 대해 더 큰 압력을 받을 것이다. 지방과 지역의 식량·물·에너지 체계에 대한 만성적이고 심각한 압박 간의 상호작용은 일부 정부 – 특히 중동과 중앙아시아, 남아시아에서 – 의 실패를 초래했다. 그러한 정부들은 대중의 요구에 부응하지 못하거나 부족한 자원의 불공평한 배분을 시정하지 못했다. 이러한 상황의 시정을 바라는 대중은 장차 폭력적인 행동을 촉발할지 모른다.

기술은 새로운 균형점을 선보여 테러리스트의 의사소통, 모집, 병참, 치명성을 촉진하는 한편, 당국에는 위협을 식별하고 특징지을 수 있는 더욱 정교한 기법을 제공할 것이다. 비국가행위자들은 기술을 이용해 자신의 활동과 정체를 감추고 모호하게 할 수 있으며, 기술은 그들이 서로 대화하고 신규 회원을 모집하며 메시지를 전파하는 데 핵심이 될 것이다. 또한 기술 진보로 말미암아 테러리스트의 대량살상무기 사용이라는 고충격·저확률 시나리오가 현실화될 가능성이 커지고, 더욱 치명적인 재래식 무기가 테러단체에 확산될 수 있을 것이다.

• 기술로 인해 위협은 상대적으로 잘 조직되고 통제된 알카에다로부터 파편화된 지하드의 호전성으로 더욱 분산될 수 있다. 이러한 추세는 대테러활동에 난제를 제기하고 미래의 테러 음모와 전략의 성격을 바꿀 것이다.

이전에 테러의 고조는 여러 세대를 거치면서 절정에 달했다가 쇠퇴했다. 종교적 동기에 의한 현재의 테러 고조 – 이것이 1990년대 중반 이후 전 세계 테러를 지배했다는 주장이 있다 – 는 동기, 영역, 동원, 정당화 측면에서 이전의 고조와 다르며, 아마도 상당히 오래 지속될 것이다. 현재의 종교 분쟁은 감소하기는커녕 강화되고 있다. 수니파와 시아파의 분리, 그리고 ISIL의 부상은 전 세계적으로 극단주의와 양극화를 심화시키고 있다. 아프가니스탄으로 간 오사마 빈 라덴이 알카에다의 핵심으로 10년 이상 활동한 것처럼 ISIL(그리고 그 밖의 각종 극단주의자 단체들)에 의해 급진화되고 있는 현재의 청년 세대가 향후 20년 동안 수니파 극단주의 상황을 지배할 가능성이 있다.

- 현재 테러리즘이 강화되고 있지만, 만약 국가들이 테러의 기저 요인을 시정할 수 있다면 중동과 북아프리카에서 테러가 상당히 감소할 가능성이 있다. 정부들이 수많은 불만과, 권리를 박탈당했다는 인식을 해소할 수 있는 정치·경제 개혁을 제도화할 수 있다면 그것은 개혁을 성취할 수 있는 유일한 수단으로서 극단주의 이데올로기를 실추시키는 데 기여할 수 있을 것이다.
- 향후 젠더는 아마도 대테러활동에서 역할이 증대될 것이다. 특히 정치 개혁의 전제로서 폭력을 권장하는 내러티브에 대응하는 것과 관련해서 그렇다. 몇몇 국제 NGO들은 이 문제를 다루고 있다. 예를 들어 맥킨지글로벌연구소에서 어머니와 부인에 관해 실시한 조사의 결론은 여성 – 특히 어머니 – 은 폭력적인 극단주의를 감소시키는 데 핵심적인 역할을 수행할 수 있다는 것이다. 그들은 자식이 극단주의에 빠지는 경고 징후를 조기에 인식할 수 있는 독특한 능력을 가지고 있기 때문이다. 여성이 가정과 사회에서 자기 관점을 드러낼 수

있는 권한을 갖게 하는 것은 테러를 퇴치하는 핵심적인 투자다. 하지만 여성을 평화적이라는 틀에만 맞춘다면 정책결정자들이 정보를 수집하고 예방 수단을 마련할 중요한 기회를 놓칠 수 있을 것이다. 여성은 폭력을 권장하고 단원을 모집하며 사건을 일으키는 데에도 적극적인 역할을 수행할 수 있다. 2016년 9월 4일 프랑스 경찰은 파리의 노트르담 성당 근처에 주차된 차에 폭발물이 가득한 것을 발견했는데, 이 버려진 차를 발견해 ISIL과 연계된 여성 테러리스트 조직을 일망타진하게 되었다.

- 젠더 역할과 남성성에 대한 견해도 대테러 작전에 영향을 미칠 것으로 보인다. 왜냐하면 정보기술과 아이디어의 공유로 허용 가능한 '남성적' 행동의 인식을 넓힐 수 있기 때문이다. 연구에 의하면, 폭력은 때때로 상처받은 남성성의 감정과 연계되어 있다. 남성이 남편, 아버지, 부양자라는 전통적인 역할을 수행할 수 없을 때 그들은 폭력에 의존하게 된다. 몇몇 NGO가 젠더 규범의 개념을 수정하도록 권장한 것도 남성성과 모든 수준의 폭력 사이의 연결을 개선하는 데 일조할 것이다.

옮긴이(가나다순)

김용진 서강대학교 국문과를 졸업하고 외신 전문 잡지 ≪월간 TODAY≫ 편집장을 역임했다.

박동철(박안토니오) 서울대학교 국제경제학과를 졸업하고, 미국 오하이오 대학교에서 경제학 석사학위를 받았다. 주EU대표부 일등서기관, 이스라엘 및 파키스탄 주재 참사관을 지냈고, 현재는 정보평론연구소를 운영하면서 연구와 집필 활동에 매진하고 있다. 옮긴 책으로 『글로벌 트렌드 2025』, 『정보 분석의 혁신』, 『글로벌 트렌드 2030』, 『창조산업: 이론과 실무』 외 다수가 있다.

박삼주 서울대학교 경제학과를 졸업했다. 옮긴 책으로 MIT 지식 스펙트럼 시리즈 『밈 이해하기』(근간)와 『정보와 사회』(근간)가 있다.

박행웅 한국외국어대학교 영어과 및 동 대학원을 졸업하고, 류블랴나 주재 KOTRA 관장 및 KOTRA 정보기획처장을 지냈다. 옮긴 책으로 『인터넷 갤럭시』, 『네트워크 사회』, 『마누엘 카스텔의 커뮤니케이션 권력』, 『저작권 판매 성공을 위한 가이드』 외 다수가 있다.

백계문 서울대학교 법과대학을 졸업하고, 중앙대학교 대학원에서 교육학 석사학위를 받았다. 옮긴 책으로 『법관은 어떻게 사고하는가』, 『사회생활에서 본 리스크』, 『중국 문제: 핵심어로 독해하기』, 『21세기 패자는 중국인가』 외 다수가 있다.

글로벌 트렌드 2035

진보의 역설

지은이 미국 국가정보위원회

옮긴이 김용진, 박동철, 박삼주, 박행웅, 백계문

펴낸이 김종수

펴낸곳 한울엠플러스(주)

편집 김다정, 조수임, 최규선

초판 1쇄 인쇄 2017년 2월 8일

초판 1쇄 발행 2017년 2월 20일

주소 10881 경기도 파주시 광인사길 153 한울시소빌딩 3층

전화 031-955-0655

팩스 031-955-0656

홈페이지 www.hanulmplus.kr

등록번호 제406-2015-000143호

ISBN 978-89-460-6293-1 03340

Printed in Korea.

책값은 겉표지에 표시되어 있습니다.